高等学校教师教育创新培养模式"十四五"系列教材

学与教的心理学：
原理与应用（第二版）

主　编　刘启珍　彭恋婷
副主编　贺　霞　张　梦　范　丹
参　编　丁舟舟　王　梦　王琴瑶　吕　莉　宋星怡
　　　　张立春　郑传芹　胡　雪　徐玙仙

华中科技大学出版社
http://www.hustp.com
中国·武汉

图书在版编目(CIP)数据

学与教的心理学:原理与应用/刘启珍,彭恋婷主编. —2 版. —武汉:华中科技大学出版社,2021.1(2021.12重印)
ISBN 978-7-5680-2779-3

Ⅰ.①学… Ⅱ.①刘… ②彭… Ⅲ.①教育心理学-教材 Ⅳ.①G44

中国版本图书馆 CIP 数据核字(2020)第 249133 号

学与教的心理学:原理与应用(第二版) 刘启珍 彭恋婷 主编
Xue yu Jiao de Xinlixue:Yuanli yu Yingyong(Di-er Ban)

策划编辑:曾　光
责任编辑:赵巧玲
封面设计:孢　子
责任监印:朱　玢

出版发行:华中科技大学出版社(中国·武汉)　　电话:(027)81321913
　　　　　武汉市东湖新技术开发区华工科技园　　邮编:430223
录　　排:华中科技大学惠友文印中心
印　　刷:武汉科源印刷设计有限公司
开　　本:787 mm×1092 mm　1/16
印　　张:14.25
字　　数:362 千字
版　　次:2021 年 12 月第 2 版第 2 次印刷
定　　价:45.00 元

本书若有印装质量问题,请向出版社营销中心调换
全国免费服务热线:400-6679-118　竭诚为您服务
版权所有　侵权必究

再版前言

《学与教的心理学》第一版是2012年完成的。在7年的使用过程中得到了省内外心理学界的广泛关注,社会反响积极,证明它确实是一本很务实、应用性非常强的教材。但是随着社会的发展,国家对师范生培养工作越来越重视,教育部陆续出台相关政策和文件,这些政策及文件就是本次教材修订的主要依据。它们是《普通高等学校师范类专业认证实施办法(暂行)》、教师资格证考试要求、《教师教育课程标准(试行)》。另外,教材的修订还考虑到了教材的应用性、应用对象的针对性、教材的可读性等。本次教材的修订力度还是很大的,主要做了以下工作。

第一,减少部分理论知识。对教育心理学中的各种理论,如学习理论、动机理论等的介绍,在保留核心观点的前提下,对一些枝节性的内容,以及一些较深较难、应用性不太强的观点进行了删减。

第二,强调理论的分阶段应用。这是本书的特色。修订后的教材继续注重教育心理学原理的应用,但是突出了在应用上的特点,这些应用上的特点是分年龄阶段来进行分析的。比如,各派学习理论、学习动机理论、学习迁移理论等,都是分年龄阶段来谈理论的应用;再比如,品德培养的有效方法、动作技能、学习策略的学习等,都是分幼儿阶段、小学阶段和中学阶段来分别讨论的。在学习概述一章里,增加了各年龄阶段学生的学习特点。

第三,重新组织了内容。首先,对学生心理方面的内容进行了重新组织,将以前按照认知发展和社会性发展来组织内容改变成按照学生心理发展的共性和差异性来组织内容,并增加了各年龄阶段学生的心理特点;其次,对学习理论及应用也由原来的先介绍全部的学习理论再谈应用变成分别介绍学习理论及其在各年龄阶段的应用,使各种理论及其应用的特点更加突出。

第四,扩充相关重要内容。教师对学生学习知识及成长有着非常重要的影响和作用,教师心理一直以来是教育心理学的重要内容,教师的社会心理角色、教师的成长等问题的研究意义重大,因此,第二版将第一版第一章第三节"教师心理"扩充为一章。联合国教科文组织、国际教育发展委员会编著的《学会生存》一书中写道:"未来的文盲,不再是不识字的人,而是没有学会怎样学习的人。"如何教会学生学习、思考和创造,即让学生掌握学习策略是当前教育关注的热点,"学会学习"在今天已经成为学校教育的重要目标之一。因此,第二版把第一版知识学习中的"学习策略的学习与教学"一节扩充为一章,帮助师范生在以后的教学中教会学生学会学习。

本次再版工作由刘启珍总体负责全书的设计和审定,本书第一版一部分作者参与了修订工作,同时,一批新作者加入进来,修订工作的完成是全体作者共同劳动的成果。承担本次编写和修订任务的作者大多是高校教师,也有少数来自其他行业,他们都有扎实的心理学功底。本书的编写分工如下:第一章由刘启珍(湖北大学)编写;第二章由宋星怡(湖北省汉口监狱)编写;第三章由范丹(广州大学)编写;第四章由王琴瑶(湖北工业大学)编写;第五章由彭恋婷(恩施职业技术学院)编写;第六章由张梦(湖北大学)编写;第七章由胡雪(武汉地铁集团有限公司)编写;第八章、第十三章由贺霞(江汉大学文理学院)编写;第九章由郑传芹(汉江师范学院)编写;第十章由王梦(江汉大学文理学院)编写;第十一章由吕莉(湖北大学)编写;第十二章由丁舟舟(湖北大学)、张立春(湖北大学)编写;第十四章由徐玥仙(湖北铁道运输职业学院)编写。主编刘启珍和彭恋婷负责对全书进行了统稿,副主编贺霞、张梦、范丹参与了统稿和校对工作,研究生李晨璐对参考文献进行了整理。

除了书后所列的主要参考文献外,本书在编写和修订过程中,还参考了不少国内外的文献和研究报告,限于篇幅没有一一列出,在此向所有研究者表示感谢。

由于时间和水平的原因,书中难免有疏漏之处,恳请读者指正。

刘启珍

2019 年 10 月

目录

第一章 绪论 ……………………………………………………………………………………（1）
    第一节 教育心理学的对象、任务及性质 ………………………………………………（1）
    第二节 教育心理学研究的基本原则与方法 ……………………………………………（5）
    第三节 教育心理学产生和发展的简史 …………………………………………………（7）

第二章 学生心理与发展 ……………………………………………………………………（12）
    第一节 认知发展的理论 …………………………………………………………………（12）
    第二节 人格发展的理论 …………………………………………………………………（15）
    第三节 各年龄阶段学生的心理特征 ……………………………………………………（19）

第三章 学生的心理差异与因材施教 ………………………………………………………（29）
    第一节 智力差异与教育 …………………………………………………………………（29）
    第二节 学习风格差异与教育 ……………………………………………………………（36）
    第三节 人格差异与教育 …………………………………………………………………（40）

第四章 学习概述 ……………………………………………………………………………（46）
    第一节 学习的实质及意义 ………………………………………………………………（46）
    第二节 学习的分类及教学意义 …………………………………………………………（50）
    第三节 影响学习的因素 …………………………………………………………………（55）
    第四节 学习理论概述 ……………………………………………………………………（58）

第五章 行为主义学习理论及应用 …………………………………………………………（61）
    第一节 经典性条件作用理论及应用 ……………………………………………………（62）
    第二节 操作性条件作用理论及应用 ……………………………………………………（65）
    第三节 社会学习理论及应用 ……………………………………………………………（74）

第六章 认知主义的学习理论及应用 ………………………………………………………（81）
    第一节 格式塔的顿悟学习理论 …………………………………………………………（82）
    第二节 布鲁纳的认知-发现学习理论 ……………………………………………………（85）
    第三节 奥苏伯尔的认知-同化学习理论 …………………………………………………（89）
    第四节 加涅的信息加工学习理论 ………………………………………………………（93）

第七章 学习动机及其培养 …………………………………………………………………（99）
    第一节 学习动机概述 ……………………………………………………………………（99）
    第二节 学习动机理论 ……………………………………………………………………（104）
    第三节 学习动机的培养和激发 …………………………………………………………（112）

第八章 学习迁移及促进 (118)
第一节 学习迁移概述 (118)
第二节 学习迁移理论 (120)
第三节 影响学习迁移的因素 (125)
第四节 学习迁移的有效促进 (128)

第九章 知识的学习与教学 (132)
第一节 广义的知识观与分类 (132)
第二节 陈述性知识学习的过程与条件 (135)
第三节 程序性知识的学习过程与条件 (142)

第十章 学习策略的学习与教学 (147)
第一节 学习策略的概述 (147)
第二节 学习策略的学习过程 (153)
第三节 学习策略的教学 (155)

第十一章 动作技能的学习与教学 (162)
第一节 动作技能概述 (162)
第二节 动作技能形成的过程 (164)
第三节 影响动作技能学习的条件 (168)
第四节 各年龄阶段学生动作技能的教学要点 (172)

第十二章 态度和品德的学习与培养 (175)
第一节 态度与品德概述 (175)
第二节 态度与品德发展的主要理论 (178)
第三节 态度与品德学习的一般过程 (181)
第四节 良好态度和品德培养的有效方法 (183)

第十三章 教学设计 (187)
第一节 教学目标的设置与陈述 (188)
第二节 学习者分析 (192)
第三节 选择教学策略、方法和媒体 (195)
第四节 教学评价设计 (199)

第十四章 教师心理 (204)
第一节 教师角色及其职业特点 (205)
第二节 教师的职业心理品质及其完善 (207)
第三节 教师的成长 (212)

参考文献 (217)

第一章 绪论

 本章学习提要

- 教育心理学的研究对象、任务与学科性质。
- 教育心理学研究的基本原则与方法。
- 教育心理学产生和发展的历史。

 导入案例

教育心理学：常识还是科学？

当教育心理学家们经过思索和研究，耗费了大量精力和资金提出一个原理，听起来却不言自明，没有什么新东西。这时人们会说："谁不知道！这不过是常识！"教育心理学到底是常识还是科学？教育心理学家的发现真能对教师有所帮助吗？看看下面的例子。

奖励一定能够增强学习动机吗？对这个问题，你将做出怎样的回答？心理学家德西做过一个实验：让一些孩子解答一些妙趣横生的智力难题。开始他对所有的孩子都不奖励，尔后，他把孩子分成两组，其中一组每解答一道难题就奖励一美元，另一组则没有任何奖励。在安排孩子休息和自由活动的时间里，他发现，尽管有奖励的那一组孩子在有奖励解答的时候解题十分努力，但在自由活动的时间里，却很少有人在自学解题；而没有奖励的那一组却有很多孩子在继续认真地解答尚未解答的难题。从总体上来说，有奖励组的孩子对解答难题的兴趣减少了，而无奖励组的孩子反而兴趣更浓厚。人们习惯将这种现象称之为"德西效应"。这个实验说明了用金钱奖励在短时间内可能有一定的激励作用，但不一定能起到长久的积极作用，外部动机（奖励）可能损害内部动机（兴趣）；它还说明了奖励并不是一件简单的事，奖励是要讲究方法和技巧的。

如上述例子所示，如果你认为教育心理学家花时间耗资金发现的只是一些显而易见的常识，那就大错特错了。常识毕竟只是常识，科学研究要比常识更可靠，所以教师不要让自己的决策仅仅停留在常识水平上，最好根据科学研究的结论做出自己在特定情境中的教学决策。从这一点来看，教育心理学的研究能够为教师提供学与教的系统的理论知识和科学研究成果，帮助教师做出科学的教学决策。那么，教育心理学是研究什么的？它又是如何进行研究的？教育心理学是怎样产生和发展的？这是本章要讨论的主要问题。

第一节 教育心理学的对象、任务及性质

一、教育心理学的对象

吸收前人观点，本教材将教育心理学定义为"主要研究学校教育情境中学与教的心理基

本规律的科学"。

在理解教育心理学的研究对象时,应注意以下几个要点。

第一,教育心理学研究学生"学"的规律,也研究教师"教"的规律,但以研究学生学习的心理学规律为主。在学校教育的过程中既有教师的教,又有学生的学,教有教的法则,学有学的规律。学生的学是在教师的影响下进行的,但教师的教必须以学生的学为依据。因此,教育心理学首先要研究学生学习的内在心理过程、特点及规律。教育心理学中讲的"学",不仅指知识技能的学习,而且包括态度、品德和行为习惯的学习。把学生的学习作为教育心理学的研究对象,既体现了教育心理学与其他教育学科的联系,又体现了其区别。因为它仅研究有关学生学习这一构成要素,而不研究其他的构成要素。这样,本学科就可以同其他教育学科相区别。同时,由于学习是以心理变化适应环境变化的个体现象,因而学习属于心理科学所要研究的一个领域,而教育心理学以学生的学习为研究对象,所以它又可以同其他心理科学相区别。

第二,教育心理学强调研究学与教的"心理规律",研究学习的内部心理过程与心理机制。

第三,教育心理学研究学与教的"基本"心理学规律,或者一般心理学规律,而研究各学科学与教的"具体"的规律,应是各种学科教学心理学的特殊任务。如语文教学心理学、数学教学心理学都有其特殊的学与教的心理学规律。

第四,教育心理学主要是研究"学校教育情境"中的学与教的规律。学习现象非常普遍,动物身上也有学习现象,它广泛地存在于社会生活中,教育心理学虽然可以涉及但不宜过多涉及动物学习和非教育系统中的学习的规律,以保证对学生学习规律的研究更加集中和深入。

二、教育心理学的任务

作为一门独立学科的教育心理学,主要有两个方面的任务。

1. 研究、揭示学生"学"的心理规律

(1) 研究学生学习的性质、特点以及学生学习结果的性质与结构。涉及的问题如什么是学习,学生的学习有什么特点,作为学习结果的"能力"和"倾向"(或说"能力"和"品德")具有什么样的性质和结构,等等。

(2) 研究学生学习的分类。对学生学习进行分类的目的,不仅可以使借以反思我们的教育目标有没有忽略某些类型的学习,而且还可以揭示不同领域、不同类型学习的特殊规律,以便对学生学习进行分类指导。

(3) 研究学生学习的过程。教育心理学既要揭示学习的一般过程,也要揭示各类学习(如知识的学习、品德和态度的学习、动作技能的学习)的特殊过程,以及学习的各个阶段、各个环节的心理过程、心理机制等。

(4) 研究学生学习的条件。包括学生自身的条件(如学生的心理发展特点、知识基础、能力与人格、态度与动机等)和情境条件,认知方面的条件和非认知方面的条件。将各种条件加以组织安排用以刺激、推动、维持学生学习,正是教学的根本任务。

2. 研究、揭示教师"教"的心理规律

教师的教作为影响学生学习教育心理学重要外部因素(如教师对关于教育、教学、学生潜能以及自身能力的信念态度,教师的教学、能力等),都会对学生的学习及教学过程产生影响。教育心理学要通过本学科角度的研究,阐述在教育教学过程中教师如何根据学生心理特点与规律来确立教学目标,选择教学媒体、方法,组织教学活动,从而为确立合理的教学原则和建立完善的教学理论提供心理依据,并帮助教师配合学生学习的各个阶段,提供适当的教学事件,提高教学效率。

三、本教材的内容体系和构成

从上面的分析中,我们可以这样说,教育心理学既研究学生的学,也研究教师的教。确切地说,教育心理学是一门通过科学方法研究"学"与"教"相互作用的基本规律的科学。教育心理学也因此可称为学与教的心理学。在"学"的方面,教育心理学主要研究"学生心理"和"学习心理",在"教"的方面,教育心理学主要研究"教师心理"和"教学心理"。因此,学生心理、学习心理、教师心理、教学心理构成了教育心理学的研究对象与内容。

（一）学生心理

学生心理主要涉及学生心理的共性方面和个体差异方面。学生心理的研究旨在帮助教育者(教师)了解学习者(学生)的心理活动特征。

学生是学习的主体,每个阶段学生的心理发展具有不同于其他年龄阶段的特点。它是教师进行教学设计时必须考虑的重要内容,因此在分析学生心理时,离不开学生的认知特点和社会性特点(自我意识、情绪情感、同伴关系等)的重要内容。

学生不仅有共性,而且存在发展上的个体差异。学生心理的个体差异方面,涵盖了较多的主题,如智力与创造力、学习与思维风格、人格与气质、社会文化多样性、特殊学生等。

（二）学习心理

学习心理是教育心理学的核心内容。在本书中主要涉及学习理论(如学习概述、行为主义学习理论、认知主义学习理论)、学习动机、学习迁移、分类学习心理(如认知领域的学习、动作技能领域的学习、态度与品德的学习)。

（三）教师心理

教师的心理品质和专业素质直接影响着教师与学生的互动和教学效果,因此教师心理正越来越受到教育心理学研究者的重视。教师心理已经成为教育心理学的重要组成部分。教师心理的研究涉及教师的角色与特征、教师的专业品质、教师成长等。

（四）教学心理

良好的设计和计划是教学成功的一半。教师往往通过教学设计将课程转变成学生的活动、作业和任务。本书中的教学心理主要从课堂教学设计的角度,分别对课堂教学设计的各环节如教学目标的设置与陈述、学习者分析、教学策略、方法和媒体的选择、教学评价中的心理学问题进行了深入的分析,其中不仅有理论的介绍,而且有具体的方法和措施。

专栏 1-1

教育心理学和邻近学科的关系

一、教育心理学和普通心理学的关系

从教育心理学与普通心理学的对象及方法论来说,这两门学科之间是特殊与一般、个性与共性的关系。因为普通心理学的对象是各领域所共有的心理现象及一般规律,而教育心理学的对象局限于教育系统中学生学习的心理规律。例如,普通心理学研究动机,主要研究动机的一般特征、结构及其在日常生活中的表现等方面的问题,而教育心理学主要研究的是在学生学习过程中不同动机对学习效果的影响,并阐述如何对学生的学习动机进行培养与激发。另一方面,教育心理学也以教育中特有的心理规律等知识补充和丰富普通心理学的内容。

二、教育心理学和儿童心理学的关系

教育心理学与儿童心理学的关系非常密切。因为教育工作不能脱离儿童心理的发展状况,而教育又能促进儿童心理的发展。二者的关系可以理解为,教育心理学的研究对象与儿童心理学的研究对象既有联系与交叉的一面,但又各有不同的侧重点。教育心理学研究的是正在成长和发展的儿童和青少年,而儿童心理学研究的儿童和青少年又大多是在校学习的学生;儿童心理学研究在各个不同的年龄阶段心理的各个不同侧面(认知的社会性的)的心理特点及其发展规律,教育心理学研究学生的认知的学习、动作的学习及态度和品德的学习都要结合各个不同年龄的学生的心理发展水平。简言之,教育心理学研究学生学习的心理学规律,儿童心理学主要研究儿童的发展。

三、教育心理学和课程与教学论的关系

教育心理学是教育科学中的基础性学科,很多教育分支学科都与教育心理学有着密切的联系。如课程与教学论作为教育科学中的核心性研究内容就与教育心理学密切相关。课程与教学论的研究重在提出教学实践的基本原则和方法,说明应该如何实现有效的课程和教学,而教育心理学的研究则重在揭示教育教学条件下的学生心理活动的规律及其应用,如知识、技能、能力、态度和品德的心理结构及其形成发展规律,学习者的个体差异的研究,学习过程、学习策略等的研究,为课程和教学设计提供心理学依据。即课程与教学论的研究需要以教育心理学的研究作为重要基础,而教育心理学要更好地指导课程和教学实践,也必须密切结合各类课程及其教学的整体研究和实践,研究各学科的学习和教学心理。

四、教育心理学的学科特点

可以从不同的侧面对教育心理学的学科特点进行理解和分析。从学科的范畴来看,它既是心理学的一个分支学科,又是以教育学与心理学结合而产生的交叉学科;从学科的作用来看,它研究教育教学情境中主体的心理活动特点及规律,为解决教育教学中的理论问题提供科学依据,是一门理论性学科(具有基础性),又是一门应用性较强的学科(具有实践指导性),它非常关注与教育教学情境有直接关系(诸如学生的学习心理、教师的教学心理等)的问题,以便为解决学校教育教学的实践问题提供具体原则和操作方法;从学科的发展来看,教育心理学还是一门交叉学科,其交叉性的特点主要表现在自然科学与人文社会科学的交叉,且兼具自然科学和人文社会科学的某些特征。教育心理学研究要运用自然科学的研究方法和手段,如实验法计算机等,因而使其具有自然科学的某些特性,教育心理学重视的是教育教学情境中作为社会主体的人与人之间的交互影响,以及人在智能和社会性发展中的各种心理现象和规律,这又使其带有明显的人文社会科学的色彩。

第二节 教育心理学研究的基本原则与方法

一、教育心理学研究的基本原则

教育心理学研究的基本原则是指本学科研究在其设计、实施及结果阐释过程中所应遵循的方法论上的指导原则。

(一) 客观性原则

客观性原则是任何科学及其研究都必须遵循的原则。教育心理学的研究工作和其他科学研究工作必须具有严肃性和严密性，必须遵守客观性原则。

所谓客观性原则是指研究者对待客观事实要采取实事求是的态度，从客观事实出发，如实地反映心理现象的本来面目，既不能歪曲事实，也不能主观臆测。教育心理学的研究过程，尤其在实验设计、材料收集上要注意尊重客观事实，坚持实事求是的科学态度，如实地记录外部刺激和被试的肌体反应、行为表现和口语报告等，从心理现象所依存的客观条件和外部活动表现去揭示规律；从客观事实到研究结论的推论也要建立在逻辑规则上，要注意全面分析，不可任意取舍，不能轻率地用个人已有的知识去填补观察上的空白，用对预期效果的推论来代替客观事实，或者仅凭一时一事来下结论；当观察的结果与事先假设相矛盾时，应该尊重观察到的客观事实。

客观观原则要求我们在教育心理学研究中主要采用客观方法。客观的研究方法是保证获取真实、客观资料与数据的关键环节。通过科学的研究设计与统计处理手段，可以准确地反映各种变量之间的关系，为揭示其内在的客观规律提供科学依据。

(二) 系统性原则

系统性原则是科学的系统理论的具体体现。基本含义是要坚持整体系统的观点，多层次、多侧面进行研究，不能孤立、片面、割裂式地看问题。系统性原则是教育心理学研究应遵循的重要原则之一。系统性原则要求研究者要将学生的心理看作由机能上相互联系的要素构成的整体，并从心理系统与环境、心理系统内部构成要素及其相互制约关系来认识各种心理现象的性质及规律。

(三) 理论联系实际的原则

与心理学其他分支一样，在教育心理学的研究中，理论与实践是辩证的统一。理论联系实际原则要求教育心理学的研究应从教育实践的需要出发，研究的课题应来源于实践，研究过程要紧密结合教育实际，研究成果要接受教育实践的检验，服务于实践。实践是理论的源泉，也是检验理论正确与否的唯一标准，而理论指导实践，服务于实践，并在实践中不断发展。这种理论来源于实践，又在实践中得到发展的原则对教育心理学尤其有重要意义。

(四) 教育性原则

教育心理学的研究应注意贯彻教育性原则，也就是说，研究者进行研究要符合学生身心发展规律。这样才具有教育意义，有利于学生的正常良性发展，一切不利于学生身心健康的研究都是不允许的，这是进行教育心理学研究不容违背的一个基本伦理道德原则。

二、心理学研究的基本方法

教育心理学的研究方法很多,但从总体上来看,教育心理学的研究方法可以分为两类:描述性的研究方法,它是对教育教学活动中发生的特定情境的事实与关系进行详细的描述;实验性的研究方法,它是在控制严格的实验条件下,操纵教育教学情境中的一些变量而研究其效应的方法。

(一)描述性的研究方法

教育心理学研究中常用的描述性研究方法很多,这里仅介绍四种。

1. 观察法

观察法(自然观察法)就是在自然的情境中对被观察者的行为做系统的观察记录以了解其心理的一种方法。例如,观察学生在听课时的表现,以了解其注意力的集中情况。

从观察者和被观察者之间的关系来看,观察有两种主要形式:参与观察和非参与观察。根据观察要求不同,观察法又可以分为长期观察和定期观察。

为了避免观察的主观性和片面性,使观察时能够获得正确的资料,在使用观察法时应遵循以下几项原则。

(1)观察必须要有明确的研究目的,对拟观察的行为特征要加以明确界定,做好计划,按计划进行观察。

(2)观察必须是系统的,而不是零星偶然的。

(3)必须随时如实地做好记录,严格地把"传闻"与"事实""描述"与"解释"区分开来。如果能用录音机、录像机做记录,效果更好。

(4)应在被观察者处于自然状态的情况下进行观察。

观察法是收集资料的初步方法。它使用方便,有经验的教师如能善于运用,是可以收集到所需资料的。但观察法积累的资料只能说明"是什么",而不能解释"为什么"。因此,由观察所发现的问题尚需用其他研究方法做进一步的研究。

2. 调查法

调查法的主要特点是,以问问题的方式,要求被调查者就某个或某些问题回答自己的想法。调查法可分为书面调查法和口头调查法两种。

书面调查法即问卷法,是研究者根据研究课题的要求,设计出问题表格让被调查者自行填写用来收集资料的一种方法。口头调查法即访谈法,是研究者根据预先拟好的问题向被调查者提出,以一问一答的方式进行调查。

3. 测验法

测验法就是用标准化的量表来测量被试者的智力、性格、态度以及其他个性特征的方法。测验的种类很多。按一次测量的人数,可把测验分为个别测验(一次测一人)和团体测验(一次同时测多人)。按测验的目的,可把测验分为智力测验、特殊能力测验(性向测验)和人格测验等。

4. 个案研究法

个案研究法是对一个人或一组人的问题进行研究的方法,有时也与纵向的追踪研究相结合,系统记载被试某些心理活动的发展状况,某些教学心理问题产生与发展的原因,提出相应的解决措施。这种方式比较适合于特例研究,如超常儿童、特殊才能儿童、学习有困难的儿童及品德不良儿童等,研究中要求对个案的材料收集齐全、详尽,只有这样,才能对所关心的问题提出中肯的意见。

(二)实验性的研究方法

观察法、调查法、测验法等上述这些描述性研究方法可以用来发现两个(或几个)变量之间的相关程度,即关系的疏密程度,从而为我们通过一个变量预测另一个变量的发展提供有效手段;但这些方法却不能确定变量之间是否存在着因果关系。要确定变量之间的因果关系,必须借助于实验性研究方法即实验法。

实验法就是在控制的情境下系统地操纵某种变量的变化,来研究此种变量的变化对其他变量所产生的影响。由实验者操纵变化的变量称为自变量或实验变量(通常是刺激变量);由实验变量而引起的某种特定反应称为因变量。实验需在控制的情境下进行,其目的在于排除实验变量以外一切可能影响实验结果的因素(无关变量)。在实验中实验者系统地控制和变化自变量、客观地观测因变量,然后考察因变量受自变量影响的情况。因此,实验法不但能揭明问题"是什么",而且能进一步探求问题的根源"为什么"。

用实验法研究心理学问题必须设立实验组和对照组,并使这两个组在机体变量方面大致相同,控制实验条件大致相同,然后对实验组施加实验变量的影响,对照组则不施加影响,考察并比较这两组的反应是否不同,以确定实验变量的效应。

教育心理学在进行实验研究时,有时在特定的实验室环境下,借助于各种科技手段与专门的实验仪器设备来获得资料和信息。这种实验被称为实验室实验。它的优点是获得的实验数据真实可靠,但是人为性较大,研究结论缺乏生态性,难以推广到真实的教育教学情境中。

在教育心理学领域,除了在严密控制实验条件下的实验室实验外,还有一类更为重要的实验法叫自然实验法。自然实验也叫现场实验,是在实际教育教学情境中对实验条件做适当控制所进行的实验。例如,要研究小学一年级儿童普遍存在着的感知算式错误(把加法做成减法,或把减法做成加法)的原因,实验者在一个班里按一定的计划加强实验性训练,对另一平行班则不进行这种实验性训练,进行正常教学,对获得的材料加以整理和分析,就可以找出影响小学一年级儿童感知算式错误的原因。

自然实验的优点是在实际的教育情境下进行的,是把心理学研究与实际的情境结合起来,具有直接的实践意义,较好地避免了实验室实验的情境人为性,所得结果比较接近于实际,能较真实地反映教育教学过程中的心理现象;同时它也和观察法不同,不是纯客观地观察教育的自然进程,而是在教育的实际情况下改变某些条件,给被试以必要的影响,从而观察学生心理上所产生的变化,所以较具主动性,所得结果比较准确。但是自然实验法也有缺点,即容易受无关因素的影响,不容易严密控制实验条件。要精密地控制实验条件,还需用实验室实验。

第三节　教育心理学产生和发展的简史

教育心理学是教育与心理学相结合的产物,是教育与心理学相结合而发展起来的一种科学研究和知识体系。这种结合可以从两个方面来分析。一方面,教育工作本身需要研究人,研究教育对象,因此教育促进了心理学的发展。另一方面,心理学的发展又有力地推动了教育事业的发展。心理学使教育工作建立在科学的基础上。教育是一种非常重要而又十分复杂的事业,它需要许多科学为它服务,其中显得特别重要的是心理学。一些著名的教育改革运动都是以某种心理学理论为基础的。

> **专栏 1-2**
>
> 从心理科学与教育实践之间关系上来看,梅耶认为,对该问题的回答经历了三个主要阶段:①单向路径,20世纪初期的幼稚乐观主义阶段,主张将心理学直接应用于教育实践;②死胡同路径,20世纪中期的悲观主义阶段,心理学与教育学两条路径互不相干;③双向路径,20世纪后期的谨慎乐观主义阶段,教育实践中的问题界定了心理学的研究课题;同时,心理学的研究指导着教育实践。① 这三个阶段构成了教育心理学100年来的曲折发展历程。表1-1对这三条路径进行了概述。

表1-1 心理学与教育之间的三条路径

阶　段	二者间的关系走向	时　期	情感状态	对心理学与教育的看法
阶段1	单向路径	20世纪初期	幼稚乐观主义	心理学应用于教育;教育是心理学的应用场所
阶段2	死胡同路径	20世纪中期	悲观主义	心理学忽视教育;教育忽视心理学
阶段3	双向路径	20世纪后期	谨慎乐观主义	教育界定了心理学的研究;心理学影响了教育实践

一、教育心理学的初创时期(20世纪20年代以前)

真正使教育心理学成为一门独立学科的人是美国心理学家桑代克。他立志于用准确、精密、数量化的方法研究和解决有关学习的问题。1903年,桑代克出版了《教育心理学》。这是西方第一本以"教育心理学"命名的专著。之后,此书又发展成三卷本《教育心理大纲》,于1914年出版。西方教育心理学的内容体系由此而开始确立。他的教育心理学分为三部分:第一部分讲人的本性;第二部分讲学习心理;第三部分讲个别差异及其原因。虽然其论述有机械化和简单化的倾向,但他是用严格的科学方法研究学习和教育问题的,较以往单纯用内省和思辨方法去解决教育心理学问题有了本质的区别。因此,心理学界一般都认为桑代克是教育心理学的开山鼻祖,称其为教育心理学之父或教育心理学的奠基人。

> **专栏 1-3**
>
> 桑代克的教育心理学体系包括三个部分,即三个分卷论述的内容。
>
> 第一卷《人的本性》主要论述与人的先天倾向有关的问题,涉及先天倾向的成分、作用、生理和解剖特性以及各种先天倾向出现与消失的顺序和时期。桑代克的基本观点是人是先天倾向和后天环境、教育的产物。他认为,教育心理学的职责是弄清:人的本性是什么?人的本性改变依据什么规律?

---

① [美]理查德·迈耶.教育心理学的生机——学科学习与教学心理学[M].姚梅林,严文蕃,等,译校.南京:江苏教育出版社,2005.

第二卷《学习心理》论述学习心理学规律,是他的教育心理学的核心部分。他将学习分为四类:一般动物能获得的联结形成、包括概念在内的联结形成、辨别学习和有选择的思考或推理学习。他论述了每类学习的过程和条件。

第三卷《个别差异及其起因》主要论述了个别差异的先天原因,如性别差异、家族遗传、成熟等问题。此外还讨论了环境教育对个别差异的影响,认为环境和遗传两者都很重要。

二、教育心理学的发展时期(20世纪20年代至50年代末)

20世纪20年代以后,儿童心理学、发展心理学的研究取得了重大进展。法国心理学家比纳首创智力测验后,各种类型的测验,如成就测验、能力倾向测验人格测验先后开展起来,并广泛运用于教育中。教育心理学吸收了心理测验的有关研究成果,从而大大扩充了自身的内容。20世纪30年代以后,各种应用心理学发展很快,教育心理学也将其纳入自身的学科体系。到了20世纪40年代,弗洛伊德的人格发展理论广为流传,有关儿童与社会适应以及心理卫生的内容进入了教育心理学的研究领域。20世纪50年代,程序教学和机器教学兴起,同时信息论的思想逐渐为许多心理学家所接受,这些成果也影响和改变了教育心理学的内容。

在这期间,学习理论一直是教育心理学的主要研究领域。20世纪20年代以后,行为主义心理学占优势,强调心理学的客观性,重视实验研究,在动物与人的学习的研究上,取得了许多重要研究成果,并形成了许多理论和学派。这些理论和学派之争,也反映在教育心理学中。行为主义心理学重视客观实验,形成了良好的传统,但是,用动物和儿童的比较简单的心理过程去推测人类高级的心理活动,缺乏对人类学习的实质性认识,对课堂教学情境中的学习研究较少,因而对教育实践的指导作用不大。

与此同时,杜威则以实用主义为基础的"从做中学"为信条,进行改革教学的实践活动,对教育产生了相当深远的影响。这一时期的教育心理学虽然有了长足的发展,但在内容和体系上仍存在不少缺陷。其主要表现在以下两个方面。

一是内容庞杂,未形成独立的理论体系。西方的教育心理学教科书种类繁多,以美国来说,每年出版的教育心理学教科书及教育心理文选之类的书籍有上百种,各书的课题、内容体系均不一致。涉及的范围很广,有普通心理学、儿童心理学、动物学习理论、人格心理学、心理卫生、心理统计与测量以及各学科心理学。由于上述心理学的各分支都已发展成为独立的学科,教育心理学难免不与这些学科重复,加之教育心理学本身又没有严格的理论体系,因此当它的内容得到扩充时,便显得非常庞杂。

二是对人类的高级心理活动研究较少,尤其是对学生课堂中知识的学习研究较少,难以应用于教育教学实践,因而对教育实践作用不大。这一时期,西方心理学界以行为主义占优势,强调进行客观的研究,主张研究外显行为而拒绝研究内部心理活动。这使得行为主义在揭示动物心理、人的低级心理以及发展研究技术方面做出了贡献,但却回避对人的高级心理活动的研究,只借用动物和儿童的简单心理活动去推测人类的高级学习过程。这种倾向反映在教育心理学中,导致实际课堂教学情境中的学习研究很少。

三、教育心理学的成熟与完善时期(20世纪60年代至今)

从20世纪60年代开始,西方教育心理学的内容和体系出现了某些变化。

一是内容日趋集中。教育心理学教科书的内容和体系都是围绕有效地教与学而组织的、与教和学关系不大的属于其他学科的内容都逐渐删去了,教育心理学作为一门具有独立的理论体系的学科正在形成。

二是注重为学校教育实践服务。如20世纪60年代初,美国心理学学家布鲁纳发起了课程改革运动,美国的教育心理学逐渐重视探讨教育过程和学生心理,重视教材、教法和教学手段的改进,还有不少教育心理学家开始把学校和课堂看作是社会情境,注重研究其中影响教学的社会心理因素,如班级的大小、学生的角色等。

三是行为派与认知派关于学习理论观点的分歧越来越小,它们都在吸取对方合理的东西,都希望填补理论和实践的鸿沟。认知心理学家不再否定条件反射、强化、尝试与错误等现象的存在,同时否认人的心理的内部认知过程的极端行为主义者也越来越少见,学派界限趋于模糊。

进入20世纪80年代以后随着信息技术特别是计算机的发展,美国教育心理学家围绕着计算机辅助教学的条件和效果进行了大量的研究工作,特别是多媒体计算机的问世,使计算机辅助教学达到了一个新的水平,这时教育心理学家主要针对这种学习的特点开展研究,如何培养学生的元认知能力以及自我监控的能力等,这些研究对新技术条件下的教育改革具有重要的意义。

四、教育心理学的未来发展趋势

尽管心理学与教育这二者的关系在过去有些摇摆不定,但今日的教育心理学在改进教育实践、完善心理学理论等方面具有极大的潜力。教育心理学的未来光明,正显现出如下颇具生机与活力的发展趋势[①]。

(1) 研究学习者的主体性。例如,探讨学生是如何进行知识建构的;探讨如何为学生创设最近发展区以促进其自身的认知发展;如何为学生建构学习支架以帮助其自主学习过程;如何营造出以学习者为中心的学习环境;研究学生在多元智力、学习风格等方面存在的个体差异。

(2) 研究学习者的能动性。例如,探讨学生是如何在学习过程中进行反思、自我监控、调节和管理;探讨学生如何进行自我激励(涉及自我效能感、学习目标、信念系统以及成就归因等)。

(3) 研究学习的内在过程和机制。例如,研究知识获得的深层加工过程(如双向建构过程、概念地图学习等)、高级知识的获得过程、先前经验的构成以及概念转变过程等。认知与学习机制的研究与脑科学的研究结合在一起成为基础研究的新方向。

(4) 研究社会环境的影响。例如,研究社会合作、师生之间或同伴之间的互动对认知与情感的影响等。

(5) 研究实际情境的影响。例如,探讨实际问题情境性和真实性任务对学习的作用、知识的情境化性质、基于问题的学习以及结构不良领域的问题解决等。深入研究不同学科(如科学、数学、阅读、写作等)的学习和教学问题,以及研究学校以外的各种情境中的学习问题(如成人学习、基于工作的学习、终身学习等)。

(6) 研究文化背景的影响。例如,研究不同文化背景对学习的影响、多元文化的交汇对教学的影响。

---

① 陈琦,刘儒德.当代教育心理学[M].北京:北京师范大学出版社,2007.

（7）研究学习环境设计和有效教学模式。例如，研究发现和探索学习、合作学习、建模、支架式教学以及跨学科项目研究的制作等。

（8）研究信息技术的利用。例如，研究如何利用和管理学习资源和过程；研究信息技术环境下学习过程与教学模式；研究网络环境下的学习与远距离教学等。

【思考与练习】

1. 教育心理学是怎样的一门学科，谈谈你的看法和理解。
2. 简述教育心理学产生和发展的历程。
3. 谈谈你对教育心理学研究的客观性原则和教育性原则的理解，并说明在实际研究中应如何遵守这些研究原则。
4. 用本章所介绍的教育心理学的实验研究方法，就你感兴趣的某一教育教学问题，设计一个小实验。

第二章 学生心理与发展

本章学习提要

- 皮亚杰和维果斯基的认知发展理论。
- 弗洛伊德和埃里克森的人格发展理论。
- 各年龄阶段儿童心理发展的特点。

导入案例

我们经常发现这样一种现象:幼儿教师花大力气教幼儿记住某首儿歌,有时候孩子们不能完全记牢,但他们偶尔听到的某个童谣,看到的某个电视广告,只需一两次他们就对广告词熟记心中。这到底是因为什么呢?我们将通过这章的学习找到答案。

学生的心理发展与教育之间存在着比较复杂的相互依存的辩证关系。一方面,学生的心理依赖于教育,教育对学生的心理发展起着主导作用,教育作为一种外部决定性的条件,制约着心理发展的过程和方向;另一方面,心理发展的水平是教育的起点与依据,是教育的前提。学生的心理发展主要表现为认知的发展和人格的发展,因此,本章将先介绍学生的认知发展和人格发展的理论,然后介绍各年龄阶段学生的心理特征。

第一节 认知发展的理论

一、皮亚杰的认知发展理论

瑞士心理学家皮亚杰(图2-1)是20世纪杰出的发展心理学家。他在20世纪60年代提出的发生认识论,形成了其独具特色的认知发展观,对教育产生了巨大的积极影响。

(一)建构主义的发展观

皮亚杰认为,个体心理发展既不是起源于先天的成熟,也不是起源于后天的经验,而是起源于个体与环境不断相互作用中的一种心理建构过程。

皮亚杰认为,认知结构的基本单位是图式。图式是活动的组织和结构,是个体对世界的知觉、理解和思考的方式。人最初的图式来源于先天的遗传,表现为一些简单的反射,如抓握反射、吸吮反射等。为了应付周围的世界,个体逐渐丰富和完善自己的认知结构,形成了一系列的图式。

皮亚杰认为,个体主要通过同化和顺应两条途径来实现和外界环境的平衡。皮亚杰正是以这两个过程来阐释主体认知结构与环境刺激之间的关系:当有机体面对一个新刺激时,如果主体能够利用已有的图式或认知结构把新刺激整合到自己的认知结构中,就是同化;而当主体不能利用原有图式接受或解释外界环境中的新刺激时,其认知结构须随新刺激影响而改变的过程就是顺应。同化是图式的量的变化,表现为认知发展的一种暂时的平衡;而顺应则是图式的质的变化,是图式的重建和调整,表现为认知发展的一种新的平衡。

图 2-1　皮亚杰

(二) 认知发展的阶段性

皮亚杰认为个体从出生到成熟的发展历程中,认知结构在与环境的相互作用中不断重构,表现出具有不同质的发展阶段,他把个体认知发展分成四个阶段:感知运动阶段、前运算阶段、具体运算阶段和形式运算阶段(表 2-1)。

表 2-1　认知发展的四个阶段

阶　　段	年　　龄	表　　现
感知运动阶段	0~2 岁	儿童主要通过探索感知觉与运动之间的关系获得动作经验,依靠感觉和动作与外界环境保持平衡。在这个阶段儿童形成了一些动作图式,开始使用符号和语言并获得客体永久性
前运算阶段	2~7 岁	儿童的认知表现出了符号性特点,从动作思维发展到表象思维,思维是不可逆的,并具有自我中心性,尚未获得"守恒"的概念
具体运算阶段	7~12 岁	儿童的思维具有了抽象性,能进行逻辑推理,但受到具体事物的束缚,出现了"守恒"的概念
形式运算阶段	12 岁后	儿童的思维已摆脱具体事物的束缚,能根据各种可能的假设进行推理和逻辑思维,出现了反省思维

皮亚杰对于认知发展阶段有以下观点。

第一,儿童认知发展是连续性和阶段性的统一。认知发展本身是一个认知结构连续地组织、再组织的构造过程,但它造成的结果即儿童认知发展的外在表现是不连续的,即发展具有阶段性。

第二,以具有质的差异的认知结构作为各阶段的划分标准。在不同的发展阶段,儿童的认知表现出了质的不同,阶段的上升并不代表个体的知识在量上的增加,而是表现在认知方式或思维过程品质上的改变。

第三,儿童认知的发展具有顺序性和定向性。各认知阶段出现的先后次序是固定不变的,既不能跨越也不能颠倒。

第四,每一阶段都是前一阶段的延伸,前一阶段的结构是构成下一阶段结构的基础,但前后两个阶段具有质的差异。

(三) 影响认知发展的因素

1. 成熟

成熟是指神经系统和内分泌系统的成熟,为认知发展提供了生理基础。

2. 练习和经验

练习和经验指个体对物体施加动作过程中的练习和习得的经验。经验包括物理经验和数理逻辑经验。物理经验指个体作用于具体的物体上获得的关于物体的颜色、形状、大小等经验，数理逻辑经验不是通过个体感知物体本身而获得的关于物体性质的认识，而是通过对外部事物施加一些动作，从动作及相互关系中抽象出来的经验。因此，皮亚杰说，"知识来源于动作，而非来源于物体。"[①]

3. 社会性经验

社会性经验指社会环境中人与人之间的相互作用和社会文化的传递。社会环境因素主要涉及教育、学习和语言等方面。社会环境因素对个体的发展具有重要影响，它可以加速或阻碍个体的认知发展。

4. 平衡化

具有自我平衡调节作用的平衡化过程在认知发展中起关键作用。皮亚杰认为，智力的本质是主体改变客体的结构性动作，是介于同化和顺应之间的一种平衡，是主体对环境的能动适应。实现平衡的内在机制和动力就是自我调节。自我调节是认识活动的一般机制，使得认知结构由低级水平向高级水平发展。

二、维果斯基的社会文化理论

维果斯基（图 2-2）是苏联心理学家。他从历史唯物主义的观点出发，在 20 世纪 30 年代提出文化历史发展理论。

（一）心理发展观

图 2-2　维果斯基

维果斯基认为，心理发展就是个体心理在环境和教育的影响下，低级心理机能逐渐向高级心理机能转化的过程。低级心理机能是动物进化的结果，是个体早期以直接的方式与外界相互作用时表现出的特征，如基本的知觉加工和自动化过程；而高级心理机能则受人类文化历史制约的、以符号系统为中介的心理机能，如记忆的精细加工。它使人类心理在本质上区别于动物。高级心理机能具有一系列不同于低级心理机能的特征：它们是随意的、主动的；其反应水平以概括和抽象为特征，具有以符号或词为中介的间接结构特点；它们是社会文化历史发展的产物；心理活动具有个性化。

在心理机能由低级向高级发展的原因上，维果斯基强调了三点：一是心理机能的发展起源于社会文化历史的发展，受社会规律的制约；二是从个体发展来看，儿童在与成人交往的过程中通过掌握高级的心理机能的工具——语言、符号系统这一中介环节，使其在低级的心理机能的基础上形成了各种新质的心理机能；三是高级心理机能是不断内化的结果。

（二）教学与发展的关系

关于教学与发展的关系，维果斯基提出了最近发展区的思想。他认为，教学要取得效果，必须考虑和区分儿童的两种发展水平。第一种水平是现在发展水平，即儿童独立活动时所达到的解决问题的水平；第二种水平是在有指导的情况下所达到的解决问题的水平，也即通过教学所获得的潜力。这两种水平之间有一个差距，维果斯基把儿童独立地完成某种活

---

① ［瑞士］J. 皮亚杰，B. 英海尔德. 儿童心理学［M］. 吴福元，译. 北京：商务印书馆，1980.

动所能达到的水平和在他人指导下所达到的水平之间的差距叫最近发展区。最近发展区为学生提供了发展的可能性,也为教师提供了教学的现实性,教学创造着最近发展区,现有发展水平和可能发展水平之间的动力状态是由教学决定的,教与学的相互作用促进了发展。

根据上述思想,维果斯基提出教学应当走在发展的前面。教学不仅仅要以学生的认知发展为前提,更应着眼于学生的最近发展区,通过教学不断地把潜在的发展水平变成现实的发展,从而促进学生的发展。因此,教学的作用表现在两个方面:一方面它可以决定儿童发展的内容、水平和速度等;另一方面也创造着最近发展区。只要教学充分考虑到儿童现有的发展水平,而且能根据儿童的最近发展区给儿童提出更高的要求,就一定能够促进儿童的发展。

最近发展区在教学上的应用主要体现为支架式教学上。

专栏 2-1

在百分数教学中,老师与小林、小丽和小明一起进行小组学习。小林很快做出了答案;小丽还在埋头苦做,并自言自语;小明已经放弃努力,四处张望。此时老师没有和往常一样对小丽和小明讲解如何解题,他让小林说一说解题的过程。

"我是这样想的,要求卖掉的书的百分比,我先要得到一个分数,有了一个分数,我就把它化成小数,然后就得到百分数了。你们看,我的第一步是这样的……"

小林在说的时候,小丽和小明一直在跟着小林的思路。

接下来,老师就对小丽和小明说:"现在你们两个帮我解这道题目,方方有12颗糖,送给红红9颗,那么方方送掉的糖的百分比为多少?"

小丽说:"为了……那么……如果……一旦我们得到一个分数,我们就能换算出一个小数,之后是一个百分数。"

"好的",老师微笑着说,"那么方方送掉的糖的分数是多少?"

"9/12。"

"很好,小丽、小明,现在请你说说我们怎样将这个分数换算成小数?"

"……"

"再看看这个分数,它是多少?"

"9/12。"

"好,为了把它换算成小数,我们应该用9除以几?大家接着往下做。"

老师发现,小丽很快算出了0.75,小明还是犹豫不决,不知道如何求得一个小数。

第二节 人格发展的理论

一、弗洛伊德的心理动力学理论

(一) 人格的结构

弗洛伊德(图2-3)设想,一个人的人格由本我、自我、超我三部分组成。一个人的行为实际上是这三种成分互相作用的动力过程。

本我(id)也叫原我,指原始的自己,包含个体生存所需的基本欲望、冲动和本能,是心理能量的基本源泉,也是人格结构中最基本、最重要的部分。它的活动只遵循"快乐原则",即它唯一的要求是获得快乐、避免痛苦、满足本能的需要。弗洛伊德说:"我们整个的心理活动似乎都是在下决心去追求快乐、避免痛苦,而且自动地受唯乐原则的调节。"①新生儿的人格结构主要是本我。

自我(ego)指现实生活中的"我",是意识结构部分,是通过后天的学习和对环境的接触发展起来的。自我既是从本我中发展出来,又是本我与外部世界的中介。自我按照"现实原则"进行操作,现实地解除个体的紧张状态以满足其欲望。因此,自我并不妨碍本我,而是帮助本我最终合理获得快乐的满足。

图 2-3　弗洛伊德

超我(superego)是从自我发展起来的,是人格结构中代表自我道德理想和良心的部分。超我的特点是追求完美,其目的是控制和引导本能的冲动。超我的活动遵循"道德至善原则"。超我就是道德化了的自我。

(二)人格的形成与发展

弗洛伊德认为,人格发展的基本动力是本能,尤其是性本能。弗洛伊德所说的"性"指一切能直接或间接地引起有机体快感的活动,即不仅包括与生殖有关的活动,而且包括了吸吮、大小便、皮肤接触等许多活动。在他看来,个体的许多活动都是与性有关的。因此,人们把弗洛伊德看成是泛性论者。

弗洛伊德认为,性本能表现为一种力量或能量、冲动,称之为"力比多"。在人的发展过程中,"力比多"要达到成熟必须经过一系列的发展阶段。根据"力比多"集中投放的身体部位(他称之为性感带,是机体获得快感的重要区域)的不同,他把人格的发展划分为五个阶段(表 2-2)。"力比多"在发展过程中会遇到两种危机:固着和倒退。固着是一部分"力比多"停滞在较初期的发展阶段上,倒退是"力比多"倒流到初期的发展阶段上,停滞固着的点越是多,倒退的可能也就越大。无论是固着还是倒退都是不正常现象。在弗洛伊德看来,一个人的个性或人格早在儿童早期,或者说在 5 岁前后就已形成了。早期"力比多"的发展变化好坏决定了人格发展的特征和心理生活的正常与否。

表 2-2　弗洛伊德关于人格发展的各阶段及特点

阶　　段	性 感 带	性的活动	人格障碍
口腔期	嘴、唇、舌、牙齿	吸吮、吞咽、咀嚼、咬	性满足不适当(过多或过少),会产生口腔型人格:吸吮哺乳、哭叫过多的孩子形成依赖、爱纠缠的人格;口欲满足差,会形成紧张与不信任的人格,成人后通常自恋、贪心,即使慷慨也是为了回报
肛门期	肛门、屁股	排泄或滞留排泄物	肛门型人格。肛门排泄的人格表现为邋遢、浪费、无条理、放肆;便秘型人格则过分干净、注意细节、小气、固执

---

① [奥]弗洛伊德.精神分析引论[M].高觉敷,译.北京:商务印书馆,1984.

续表

阶段	性感带	性的活动	人格障碍
性器期	生殖器	手淫	恋母或恋父情结：孩子有了与异性父母乱伦的观念，对同性父母想取而代之，但是通常会因为产生超我而压抑了这种冲动
潜伏期			对性缺乏兴趣
生殖期	生殖器	手淫、性交、情感	性冲动重新燃起

二、埃里克森的心理社会阶段理论

埃里克森（图2-4）是美国著名精神病医师，新精神分析学派的代表人物。他通过自己的临床观察和实际经验，对弗洛伊德的理论做了修正，并提出了代表新精神分析学派的人格发展理论。

（一）埃里克森的人格发展阶段理论

埃里克森认为，人格的发展持续一生，是一个逐渐形成的过程，他把人格的形成和发展过程划分为八个阶段，认为这八个阶段的顺序是由遗传决定的，但是每一阶段能否顺利度过却是由社会环境决定的，所以这个理论可称为心理社会阶段理论。每一个阶段社会文化都规定了个人的发展任务，它使得个体在每一阶段都有一个特殊的矛盾或核心问题。当这个特殊的矛盾解决了，人格就发展了一步。每个阶段都可能形成个人的心理危机。所以在人生的全过程中，每个阶段也都可以视为一个关键（危机）。如果个体解决了冲突，完成了每个阶段的任务就能形

图2-4 埃里克森

成积极的人格品质，完成得不好就会形成消极的人格品质。每个个体完成任务的程度各不相同，一般都介于积极和消极的两个极端之间，健康的人格品质应倾向于积极的那一端。

1. 婴儿期（0~1.5岁）

信任对不信任。这一阶段的发展任务是培养儿童的信任感，发展对周围世界，尤其是社会环境的基本态度。这期间孩子开始认识人了，当孩子哭或饿时，父母是否出现则是建立信任感的关键。信任在人格中形成了希望这一品质，它起着增强自我的力量。具有信任感的儿童充满希望，富于理想，具有强烈的未来定向。反之则缺少希望，时时担忧自己的需要得不到满足。

2. 儿童期（1.5~3岁）

自主对害羞和怀疑。该阶段主要的发展任务是自主性。由于这一时期儿童掌握了一些技能，如爬、走、说话等，开始有意志地决定做什么或不做什么，所以这时候父母与子女的冲突很激烈。如果父母对儿童的保护或惩罚不当，儿童就会产生怀疑，并感到害羞。

3. 学龄前期（3~6岁）

主动感对内疚感。这一时期发展的基本任务是形成主动感，克服内疚感。在这一时期如果幼儿表现出的主动探究行为受到鼓励，幼儿就会形成主动性，这为他将来成为一个有责

任感、有创造力的人奠定了基础。如果成人讥笑幼儿的独创行为和想象力,那么幼儿就会逐渐失去自信心。

4. 学龄期(6~12岁)

勤奋对自卑。这一阶段的儿童都应在学校接受教育。学校是训练儿童适应社会、掌握今后生活所必需的知识和技能的地方。如果他们能顺利地完成学习课程,他们就会获得勤奋感,这使他们在今后的独立生活和承担工作任务中充满信心。反之,就会产生自卑。

5. 青春期(12~18岁)

自我同一感对同一感混乱。该阶段的主要任务是发展自我同一感。所谓自我同一感是一种关于自己是谁,在社会上应占什么样的地位,将来准备成为什么样的人以及怎样努力成为理想中的人等一连串感觉。

青少年期儿童迫切地要求了解自我,要求形成一个真正的而不是附属于别人的独立的自我,因此,青少年期的主要任务是建立一个新的同一感或自己在别人眼中的形象,以及他在社会集体中所占的情感位置。这一阶段的危机是角色混乱。埃里克森把同一感危机理论用于解释青少年对社会不满和犯罪等社会问题上,他认为,如果一个儿童感到他所处于的环境剥夺了他在未来发展中获得自我同一感的种种可能性,他就将以令人吃惊的力量抵抗社会环境。随着自我同一感的建立,儿童形成了忠诚的品质。

6. 成年早期(18~25岁)

亲密感对孤独感。只有具有牢固的自我同一性的青年人,才敢于冒与他人发生亲密关系的风险。在恋爱中建立真正亲密无间的关系,从而获得亲密感,否则将产生孤独感。

7. 成年期(25~65岁)

繁殖感对停滞感。当一个人顺利地度过了自我同一性时期,在以后的岁月中将过上幸福充实的生活,他将生儿育女,关心后代的繁殖和养育。他认为,在这一时期,人们不仅要生育孩子,而且要承担社会工作,这是一个人对下一代的关心和创造力最旺盛的时期,人们将获得关心和创造力的品质。

8. 老年期(65岁以上)

完善感对绝望感。老年期的发展任务是获得完善感和避免失望、厌倦感,体验智慧的实现。这时人生进入了最后阶段,如果对自己的一生感到比较满意,则产生一种完善感。反之就不免恐惧死亡,觉得人生短促,对人生感到厌倦和失望。

(二)埃里克森的人格发展理论的教育价值

埃里克森的心理社会发展理论,对心理学研究和教育教学实践都有重要的启发意义。

埃里克森从理论上探讨了文化和社会因素对人发展的重要作用,从个体心理发展的各个层面和相互关系中去考察人的社会性发展和道德等的形成和发展,而不是孤立地看待它们的发展历程。适当的教育可以促进个体的发展,培养解决发展危机的能力,但不适当的教育也可能阻碍个体的发展。

埃里克森提出了个体发展阶段中的具体发展任务和需要解决的危机,有助于教育工作者了解教育对象,采取相应的教育指导,受教育者顺利发展。如中学生正处于发展的第五阶段,正是建立自我同一性的时期,各个方面处于剧变时期。这个时期的青少年希望摆脱父母的控制,成为独立自主的人。首先,教师要避免将学生简单地看作"孩子",而应当把他们看作成人,着重他们的每一个想法;其次,教师应给学生提供大量实践机会,明确具体的任务,让他们体验并解决问题,但同时也要注意同伴关系的影响。

第三节 各年龄阶段学生的心理特征

从幼儿园开始,儿童将在学校度过大部分的时间。对于教师来讲,了解各年龄阶段的心理特征,将有助于教育教学工作的进行。人的一生可以分为很多阶段,而每个阶段都有各自阶段的心理特征,本节将介绍各个时期学生的主要的心理特征。

一、幼儿的心理特征

(一) 幼儿认知的特点

1. 幼儿的感知觉

感知觉伴随着个体的一生,通过这一过程来认识自身和外部世界。在婴儿认知方面的能力中,感知觉是最先发展并且是最早成熟的心理过程。[1]

蒙台梭利认为,幼儿主要是通过基本感觉从周围的环境中获得经验,她把3~7岁称为"感觉敏感期"。

1) 各种感觉在认识事物中的地位的变化

3岁以前各种感觉都已具备,但在认识事物过程中,触摸觉始终起着主要作用。到了幼儿期,触摸觉虽然还在向日益精确和细致的方向发展,但它已经逐渐受视觉所控制,并处于视觉的从属地位,它在认识事物中的重要性已逐渐让位于视听觉。

2) 感知觉发展迅速,幼儿期结束时基本达到成熟水平

幼儿的感知觉随着生活经验的积累和大脑不断地发展发展非常快,如视力,如果以6~7岁儿童的视敏度为100%,那么5~6岁比6~7岁低10%,4~5岁比6~7岁低30%,可见,随着年龄的增长,视觉敏度不断提高,因此,幼儿读物的图和字,应当是幼儿年龄越小,图和字越大。

2. 幼儿的记忆

1) 记得快、忘得快

幼儿的记忆与神经活动的特点有着密切的联系,幼儿的神经系统有很大的可塑性,联结虽然快,但消失得也快[2]。所以幼儿的记忆表现出记得快、忘得快的特点。例如,在幼儿园里,当教师教幼儿唱一首儿歌时,幼儿能很快流畅地唱出来,但第二天就忘记该如何唱了。

2) 无意记忆为主,有意记忆开始发展

在幼儿早期,幼儿的记忆是以无意记忆为主。幼儿对那些具体生动、形象鲜明的事物能轻而易举地记住。对能引起幼儿兴趣、激起幼儿强烈情绪体验的事物,也很容易被幼儿记住。而对成人提出的以记忆为目的的一些内容,他们则很难记住。幼儿中后期,幼儿的有意记忆逐步发展。在这个时期,幼儿开始可以完成一些成人提出的记忆任务,他们常常还会主动采用一些记忆的方法(如重复念叨)来帮助记忆。

3) 形象记忆为主,语词记忆开始发展

形象记忆是指通过具体事物的形象进行记忆。它保持的是事物的感性特征,具有鲜明

---

[1] 林崇德.发展心理学[M].2版.北京:人民教育出版社,2009.
[2] 华红琴,翁定军,陈友放.人生发展心理学[M].上海:上海大学出版社,2000.

的直观性。语词记忆是指通过语言形式来对事物进行记忆。

儿童的形象记忆较语词记忆产生得早,幼儿的记忆带有很大的直观性,研究发现,幼儿对直观形象的记忆好于语词材料的记忆。幼儿的形象记忆和语词记忆都在不断发展,同时在整个幼儿期,幼儿的形象记忆效果都好于语词记忆。

4) 机械记忆为主,意义记忆开始发展

在幼儿早期,幼儿主要是以机械记忆为主。他们通常是通过一遍遍地重复来进行记忆。在这个时期,有的幼儿能将动画片的主题曲完整地唱出来,但实际上他们并不知道歌曲的内容是什么。有的幼儿能完整地念出一首诗,但也是通过死记硬背记住的。在幼儿期中后期,幼儿的意义记忆开始出现并迅速发展。我们会发现,这个时期的幼儿能够通过自己的理解来记住一些故事,在复述的时候并不是一字一句地复述,而是带有自己的理解来进行复述。在整个幼儿期,幼儿的机械记忆和意义记忆都在不断发展。

3. 幼儿的思维

幼儿思维的主要形式是具体形象思维。具体形象思维是利用事物的形象以及事物形象之间关系解决问题的思维。它表现为以下两个特点。

1) 形象性

由于表象功能的发展,幼儿的思维逐渐从动作中解脱出来,也可以从直接感知的客体中转移出来,从而较直觉行动有更大的概括性和灵活性。

2) 具体性

由于幼儿还不善于运用概念、判断、推理来论证复杂的事物,对抽象的问题往往不能理解,因此,他们往往依靠具体事物作为思维的支柱,对脱离形象的抽象概念较难处理,因而思维仍有很大的局限性,尤其是在处理复杂问题时,具体形象往往会产生干扰作用。

(二) 幼儿的游戏

1. 幼儿游戏的特点

尽管要回答什么是"游戏"很难有一个明确的解释,但并不妨碍我们理解幼儿游戏的特点。

1) 幼儿的游戏具有自发性

幼儿的游戏是"为游戏而游戏",并不带有其他含义。游戏是幼儿内心想要从事的活动,没有外在的压力和强迫,完全是由内部动机驱动的。幼儿从事的游戏是根据自己的兴趣需要自主选择的,也是根据自己的能力和体力进行选择的。在生活中,我们会观察到,幼儿几乎每天都在自发进行游戏,他们或自己玩玩具或找小伙伴一起玩。

2) 幼儿的游戏具有愉悦性

在幼儿进行游戏的过程中,幼儿是快乐的。在很大程度上来讲,幼儿之所以会进行游戏,是因为在游戏中幼儿能获得愉快的体验。幼儿在游戏时,是全身心投入游戏中的,他们在游戏中能做自己想做的事情、扮演自己想扮演的角色,从中获得满足感和愉悦感。对幼儿园里的孩子,教师有时会要求幼儿进行某些游戏,这些游戏通常是幼儿有意且被幼儿接受的,这并不违背愉悦性的特点。

3) 幼儿的游戏具有虚构性

幼儿的很多游戏都是在自己以及小伙伴的想象中进行的,是想象与现实的结合。电视广告里曾经有过这样的场景:一个小女孩趁妈妈不在家是时,穿上了妈妈的裙子、高跟鞋……很多女生小时候都有做过类似的事情。幼儿想要模仿成人的活动,于是他们往往借助想象和某些真实物品来完成这一想法。在想象中他们扮演着爸爸、妈妈、医生、护士等,并模仿人物的活动。

2. 游戏是幼儿的主导活动

在幼儿的日常生活中,除了睡觉、学习、吃饭的等活动外,游戏占据了大部分的时间。我国著名教育家陈鹤琴先生说过:"小孩子生来是好动的,以游戏为生命的。"①游戏是幼儿的主导活动,是促进幼儿心理发展的最好形式。游戏对幼儿的身心发展有着不可替代的作用。

1) 游戏有利于幼儿身体的发展

幼儿期是儿童生长发育十分旺盛和迅速的阶段,游戏能促进幼儿的生长发育。在游戏中,幼儿需要进行一系列的活动,例如走、蹦、跳、爬等。这些有利于幼儿骨骼和肌肉的发育、心肺功能的发展,幼儿的平衡力、灵活性以及动作的敏捷性都能得到提升。

2) 游戏有利于幼儿认知的发展

游戏伴随着幼儿的成长,幼儿通过游戏来感受、探索、体验外部世界。幼儿在游戏中能学到很多的知识,在用积木搭房子的时候,他们会先思考房子是什么样的,然后考虑如何摆放积木才能将房子搭起来,他们将考虑积木的大小、摆放位置等,在这个过程中他们也锻炼了空间想象力。幼儿期的游戏通常需要幼儿与小伙伴一起进行,在这个过程中,幼儿需要与其他幼儿进行交流,需要讨论如何使游戏更好地进行下去,这样幼儿的语言也会得到发展。

3) 游戏有利于幼儿的社会性发展

在游戏中,幼儿通常会表达自己的意见,同时也聆听同伴的意见,体验着人与人的关系。通过游戏,幼儿将学会如何与同伴沟通,学会分享,学会如何能更好地与同伴相处,幼儿的社会交往能力将会得到提升。游戏同样有助于培养幼儿的自控能力。在某些游戏中,幼儿需要遵守一定的规则,不然将不会再被同伴接受参加游戏。例如在捉迷藏中,幼儿被找到后就被淘汰,不能再进行这轮游戏。

(三) 幼儿的情绪

1. 情绪的易冲动性

幼儿常常处于激动状态,而且来势强烈,不能自制,往往全身心都受到不可遏制的威力所支配。年龄越小,这种冲动越明显。例如,想要一个玩具而得不到,就会大哭大闹,短时间内不能平静下来。随着年龄的增长、语言的发展,幼儿逐渐学会接受成人的语言指导,调节控制自己的情绪,5~6岁幼儿情绪的冲动性逐渐降低,情绪的调节控制能力逐渐加强。

2. 情绪的不稳定性

幼儿期的情绪是非常不稳定的,容易变化,表现为两种对立的情绪在短时间内互相转换。如当幼儿由于得不到喜爱的玩具而哭泣时,成人递给他一块糖,他就立刻会笑起来。这种"破涕为笑"的现象,在小班尤为明显。幼儿晚期,孩子情感的稳定性会逐渐增强,但仍受家长和教师的感染,所以家长和教师在幼儿面前必须控制自己的不良情绪。

3. 情绪的外露性

婴儿期的孩子,不能意识到自己情绪的外部表现。他们的情绪完全表露在外,丝毫不加控制和掩饰。到了2岁左右,孩子从日常生活中,逐渐了解了一些初步的行为规范,知道了有些行为是要加以克制的。幼儿晚期,儿童调节自己情绪表现的能力已有一定的发展。比

---

① 高月梅,张泓.幼儿心理学[M].2版.杭州:浙江教育出版社,1993.

如，在不愉快的时候也不哭，但这种控制是在一定范围内的。在正确的教育下，随着幼儿对是非观念的掌握，幼儿对情绪的调节能力会很快发展起来。

二、小学生的心理特征

儿童六七岁进入小学。小学期是儿童心理发展的一个重要转折期。在小学期，个体脑和神经系统的发育表现出均匀、平稳的特点。[①] 升入小学以后，儿童的主要任务变成了学习，人际关系更为复杂，面临的环境也更加多变，小学生的心理特征与幼儿期相比也有了较大的变化。

（一）小学生记忆的发展特点

1. 有意记忆成为主要方式

小学生的有意记忆和无意记忆效果都在不断提高，但有意记忆的发展更为突出，逐渐占据主导地位。研究发现，两种记忆效果都是随年龄增长而提高。8岁儿童仍是无意记忆占优势，而有意记忆的主导地位是从10岁（小学三年级）开始的。12岁以后有意记忆的优势更加明显，表现在中学生能逐渐学会根据不同的教材内容，由自己提出适当长远的记忆任务，主动选择良好的记忆方法。

2. 意义记忆逐渐占主导地位

随着年龄的增长、知识经验的丰富和思维能力的发展，小学生的机械记忆和意义记忆都在发展。小学低年级的学生主要还是采用机械记忆，到了较高年级时，儿童逐渐采用一些方法和技巧来进行记忆，以理解为主的意义记忆逐渐成为主导。

3. 词的抽象记忆逐渐占主导地位

小学生的形象记忆和抽象记忆都在发展，但从小学四年级开始，由于学生的思维从具体形象占优势发展到逻辑抽象占优势，所以相应学生的抽象记忆的发展速度也超过了形象记忆，并最终在中学阶段占了主导地位。

（二）小学生思维的发展特点

1. 抽象逻辑思维开始发展，但仍带有很强的具体性

抽象逻辑思维是以抽象概念为形式的思维，是依靠概念，通过判断、推理来揭示事物的本质特征。小学阶段，学生的抽象逻辑思维是在不断发展的，但仍带有很强的具体性。低年级学生的思维通常带有很强的具体性，对他们来说，脱离实际物体来进行思维是较为困难的。随着年龄的增长，个体的抽象逻辑思维不断发展。小学中高年级的学生对事物的感知开始能脱离实际物体，逐步能揭示一些事物的本质特征。

2. 思维发展存在明显的关键期

小学阶段，学生思维的主要特点是从具体形象思维为主要形式逐步过渡到以抽象逻辑思维为主要形式，而这个过程存在一个明显的转折期。一般认为，这个关键年龄在小学四年级（10～11岁），也有人认为，如果有适当的教育，这个关键期也可能提前到小学三年级。

3. 思维发展具有不平衡性

在整个小学阶段，学生思维是从具体形象思维为主要形式逐步过渡到以抽象逻辑思维为主要形式。思维中两者的比率在不断发生变化，这是思维发展的总体趋势。但对于不同

---

① 林崇德. 发展心理学[M]. 2版. 北京：人民教育出版社，2009.

的对象、不同的学科,则会表现出很大的不平衡性。

(三)小学生的情绪

1. 小学生的情绪情感内容日益丰富

小学生的情绪情感内容大都与学习活动和学校生活相联系。学习的成败、集体的地位、同伴关系的亲疏等都会使小学生产生各种各样的情绪体验以及不同水平的社会适应。

2. 情绪稳定性得到了一定程度的发展

小学一年级儿童还带有幼儿期情绪的不稳定性的特点,明显表现为在同伴交往中常因一点小事情使友谊破裂,但又会很快得到恢复。小学生中高年级的儿童情绪稳定性逐渐增强了,他们不会因为刺激或情境的改变很快改变自己的情感。

3. 情绪调节能力得到了提高

随着年龄的增长,小学儿童的情绪调节能力迅速发展。他们能够知道自己为什么会发怒、害怕或伤心,也能够知道其他人对这些情绪会做出什么样的反应,并相应地调整自己的行为或认知。他们逐渐掌握了一些情绪调节策略。

4. 情绪理解能力得到了发展

小学生能够整合内外线索来理解他人的情绪,共情反应变得更强,也会意识到人们对相同事件会有不同的情绪反应,能够理解人们可以同时体验到多种情绪。研究发现,7岁儿童只能识别同一性质的情绪,例如都是积极情绪,或者都是消极情绪;8岁左右,儿童渐渐懂得,个体在一件事情上可能体验到不止一种情绪;到了11岁,儿童才能理解面对一件事情,在同一个体上会出现一种以上的不同性质情绪。[①]

(四)小学生的同伴关系

同伴关系是指年龄相同或相近的儿童之间在共同的活动中建立起的人际交往关系。同伴关系具有其他人际关系无法替代的独特作用。它能满足儿童归属与爱的需要,随着年龄的增长,儿童不能仅仅从家人身上获得信任感、安全感,他们开始从同伴身上寻找归属与爱的寄托,满足他们交往的需要、爱的需要、尊重的需要;能为儿童提供社会学习的机会,同伴交往可以为儿童提供相互学习、分享知识经验的机会;为儿童提供神经参照和比较的依据,儿童在与同伴的交往中、在家长与教师的评价中,能逐渐发现自己与他人的区别,从中发现自己的长处与短处;有助于自我概念的形成,儿童在与其他儿童的交往中,可以逐渐认识自己在同伴中的形象和地位。

在小学里,我们经常会看到如下的情境:课间,小学生经常三五成群地聚在一起,或玩游戏,或相互追赶,或聊天。小学时期,同伴在儿童的生活和学习中日渐占据重要地位,并对儿童的发展产生影响。

小学儿童的同伴交往有以下特点:①与同伴交往的时间更多,交往形式更复杂;②儿童在同伴交往中传递信息的技能增强;③儿童更善于利用各种信息来决定自己对他人所采取的行动;④儿童更善于协调与其他儿童的活动;⑤儿童开始形成同伴团体。[②]

[①] [美]劳拉·E.伯克.伯克毕生发展心理学——从0岁到青少年[M].4版.陈会昌,等,译.北京:中国人民大学出版社,2014.

[②] 林崇德.发展心理学[M].2版.北京:人民教育出版社,2009.

三、中学生的心理特征

升入中学，个体发展进入一个新的阶段。在这个阶段，由于个体生理方面的成熟，其在心理上也会表现出一些新的特点。而随着人际关系的日渐复杂和学习压力的增大，其在情绪方面也会表现出这一阶段特有的特点。

（一）中学生思维的发展特点

1. 形式逻辑思维占优势

中学生的形式逻辑思维已获得大幅度发展，并在其思维活动中占主导地位。具体反映在以下两个方面。

1）运用假设进行思维

中学生比小学生有了更高程度的建立假设和检验假设的能力。在面临智力问题时，他们并不是直接去得出结论，或者经验性地进行归纳，而是使用以概念支撑的假设进行思维，通过挖掘出隐含在问题材料情境中的各种可能性，再用逻辑和实验的方法对每一种可能性予以验证，来确定哪一种可能性是事实。

2）推理能力不断提高，但发展水平不平衡

在整个中学阶段，逻辑推理能力不断提高，但不同种类的推理能力发展是存在差异的。一般是归纳推理能力优于演绎推理能力。因为人的认识总是由特殊到一般，再由一般到特殊，即先归纳后演绎。演绎推理总是在归纳推理的基础上进行的。

初中学生虽然已具备了各种逻辑推理能力，但还是初步的。而高中生的两种推理的发展水平仍存在差异，但它们的水平都随着年级的升高而提高了。其中演绎逻辑推理能力发展速度相对较快。在逻辑推理发展的个别差异上有增大的趋势，高中生之间的差异明显大于初中生，这说明越是难度较大的推理，分化也越大。

2. 辩证逻辑思维迅速发展

辩证逻辑思维是个体抽象逻辑思维发展的高级形式，是反映客观现实的辩证法，是主体自觉不自觉地运用辩证法所进行的思维。中学生的思维在形式逻辑思维占主导地位的同时，辩证逻辑思维也获得了迅速的发展。由于学习活动、社会生活、人际交往等都发生了本质变化，这些都促使青少年辩证逻辑思维得到快速发展。初中学生的逻辑思维则处于迅速发展阶段，是一种重要的转折时期；高中学生的辩证逻辑思维已趋于占优势的地位。辩证逻辑思维更完善更成熟地发展，要到青年中晚期才能完成。

3. 监控思维快速发展

随着年龄的增长，中学生会对自己的思维过程进行不断的反思，即中学生思维活动中的自我意识和监控能力逐渐明显化。思维监控是指为了保证达到预期的目的，在思维过程中将思维作为意识的对象，不断地对其进行积极主动的定向、控制、调节的能力。思维监控的发展是一个显著特点，也是其思维发展趋于成熟的一个标志。

在初一到高一期间，中学生自我监控能力的发展速度比小学生快得多，其计划性、准备性、方法性和反馈性得到了很好的发展。有关中学生自我监控能力的发展特点的研究发现，随着年龄的增长，中学生自我监控水平不断提高。在计划性方面，随着年龄的增长，初步思考时间延长，停顿次数减少；在监视性方面，随着年龄的增长，悔步次数逐渐减少；在有效性方面，认知操作的总时间减少，错误数也逐渐减少；同时自我监控中的计划性和监视性也影响认知操作的速度和准确性。[①]

因此,中学生对自己思维的反思和监控是不断发展的。

(二) 中学生的情绪情感

随着生理的发展、自我意识的高涨及社会经验的丰富,青少年的情绪情感有了特殊的表现形式。

1. 情绪容易激动,易产生激情

心理学家霍尔曾用"疾风暴雨"来形容这时候个体情绪强烈的特点。与小学生相比,中学生尤其是初中生的情绪容易冲动,爆发快,强度大,而且很不稳定。同样一个刺激,中学生对其产生的情绪反应强度要大得多。这一方面与此时个体的生理成熟程度有关,另一方面还与中学生社会性需要增多、自我意识增强密切相关。在日常生活中,中学生遇事易激动,易爆发激情。

2. 两极性

中学生情绪情感发展的一个显著特点就是起伏波动比较多,表现为情绪变化迅速,情绪反应快,平息也快,情绪维持时间较短和喜怒无常。他们的情绪很容易在快乐和痛苦这两个极端间摆动,例如在非常高兴、欢乐与欣喜的情绪后被烦躁不安、悲伤郁闷和忧愁的情绪所代替。

3. 内隐性和文饰性

中学生的情绪情感不再像小学生和幼儿那样毫无掩饰,他们能够很好地掩饰自己的情绪,能适当控制某些消极情绪,或对某种情绪予以文饰,以相对缓和的形式表现。在某些场合,他们可将喜、怒、哀、乐等各种情绪隐藏于心中而不予表现,有时候表现为情绪的表里不一,就像戴着一副假面具一样,让人捉摸不透其内心真实的感受。

(三) 中学生的同伴关系

1. 逐渐改变了团伙式的交往方式

进入中学以后,中学生突出表现出许多心理上的不安和焦躁,他们需要有一个能倾吐烦恼、交流思想并能保守秘密的地方,而团伙式的交往是不具备这种功能的,因此,中学生交友的范围随年龄的增长而逐渐缩小。他们在交友上越来越注意对方的内在素质,交往的内容也开始逐渐从活动的外在层面向内在认识和体验方面发展。这一阶段建立的友谊关系也相对稳定和持久。

2. 朋友关系日益重要,择友标准高

有调查表明,中学生的感情重心逐渐偏向于关系密切的朋友。他们与亲密朋友在一起的时间要比家人和其他人多,有了烦恼和喜悦,最先分享的是朋友。中学生对交朋友的意义有了新的认识,他们能够认识到朋友之间应该能够同甘苦共患难,能够从对方那里得到支持和帮助,因此,他们对朋友的质量产生了特殊的要求,他们认为朋友应该忠诚坦率、通情达理、关心别人、保守秘密等。

3. 出现了异性友谊

在幼儿期和小学阶段,儿童的交往一般是不分性别的,经常是男女儿童在一起游戏,即

[①] 沃建中,林崇德.青少年自我监控能力的发展研究[J].心理科学,2000(01).

使有时分出性别,也不是由于性别意识本身造成的,而是由于在兴趣方面存在差异。进入青春期以后,由于第二性征的出现,使男女生之间的关系出现了新的特点。双方都开始意识到了性别问题,并彼此对对方逐渐产生了兴趣。但是在最初,他们对异性的兴趣是以一种相反的方式表达的,如在异性面前表示轻视、漠不关心、言行攻击等,表面上相互排斥,互不接近。逐渐地,男女生之间开始融洽相处,而且在一些男女和女生心中,会有一位自己所喜爱的异性朋友。调查表明,女生一般对那些举止自然、友好、不粗鲁、有活力的男生更容易产生好感;而男生一般对那些仪表好、文雅、活泼的女生易产生好感,但男女生一般都不将这种情感公开出来,在许多情况下这是一个永久的秘密。

(四)中学生的自我意识

自我意识也称为自我,是指个体对自己作为客体存在的各方面的意识,如对自己各种心理活动、自己与客观世界的关系和人我关系、对自身机体状态等的认识、评价、感受和调节控制。

中学时期是自我意识突飞猛进快速发展的时期。随着生理发展的成熟,自我意识的发展也产生了巨大的变化,表现出前所未有的特点。

1. 自我认识上的独立主动性、全面性、概括性和理想化

1) 独立主动性

随着生理的快速发育和思维的发展,中学生能以积极主动的态度认识自我。他们经常思考的一个问题就是"我是一个怎样的人?""我应该成为怎样的人?"并通过各种方法加以确证。他们的自我认识(主要表现在自我评价上)开始摆脱对成人、权威的依赖,表现出真正个体的独立性,形成了个体独特而鲜明的自我评价。

2) 全面性

中学生由于生理上快速发育,他们对自我的认识已能从生理自我、社会自我和心理自我等方面全面展开,对生理自我、社会自我和心理自我都有较全面的认识,对自己的认识在内容上更为复杂和丰富,已经具有多层次和多因素的特点。

3) 概括性

在全面认识自我的基础上,中学生自我认识的概括性也不断体现出来。他们摆脱了单纯的感性认识的层面,如小学生和幼儿常对自我做具体而局部的描述,如"我喜欢唱歌,我喜欢跳舞,上课认真听讲,课后按时完成作业,听老师的话,不打架不骂人",而中学生则更倾向于做抽象和全面的描述,不再就事论事,能够脱离具体情境对自我进行理论上的概括,如形容自己"情操高尚,团结友爱,知识丰富,爱好广泛,谦虚,自信"。

4) 理想化

中学生的自我认识仍然带有片面性和不准确性,有高估自己和低估自己的倾向,尤其是不少中学生,对自我的认识常常带有理想化的成分。

2. 自我体验上的敏感性、丰富性和矛盾性

中学生的自我体验一般都比较敏感,凡涉及"我"的事物都会引起他们的兴趣,成为他们关注的事物,而与"我"有关的事物也往往能诱发他们强烈的情绪反应。他们非常关注自己在别人心目中的形象与地位,关心别人对自己的看法和评价。

中学生自我体验内容比较丰富,肯定体验和否定体验、积极体验和消极体验都同时存在。如愉快、热情、憧憬、自信、舒畅等,但也容易产生消极体验,在中学生身上最常见的消极情绪,主要有易怒、苦闷、压抑、抑郁、消沉、冷漠等。

中学生自我体验上还存在着矛盾性的特点。这主要表现为自尊感与自卑感相互交织。自尊和自卑是自我体验中相互对立的两种情感,这种两极的自我体验不仅在不同的中学生中经常出现,而且在同一个中学生身上也经常交织出现,使得中学生的自我体验表现出矛盾性。这一特点主要与中学生"理想我"与"现实我"的矛盾、"个体我"与"社会我"的矛盾有关。

3. 自我调控的自觉性、独立性和相对薄弱性

中学生有强烈的自我设计和自我完善的愿望,他们会对自己各方面都进行思考和探索:"我应该成为怎样的一个人?"在思考过程中,他们对自己的生活目标、事业理想、个人抱负都有了美好的设想,这些设想就逐渐成为他们的"理想我"。在行动上,他们会有意识地为自己的行动制定目标和制订计划,并能够根据计划一步一步地付诸实践,不会轻易受外界因素的干扰。这表现中学生对自我控制已有了自觉的要求。

由于生理、心理和社会成熟水平的提高,中学生产生了强烈的成人感,他们总是强烈期望摆脱幼稚性及对成人的依赖性,充分发展和满足自己的独立性,如他们经常向周围成年人表明自己的观点,讨厌被人看成孩子,喜欢独立地观察和判断事物、思考问题和独立行动,讨厌成人的唠叨、管教和指点,不希望成人过多地干预和控制,即在生活中和在心理上都想独立自主。这种独立性极端情况下就会出现我行我素和反叛(逆反心理)。据研究,中学生易出现逆反心理的情形有以下四种:①独立意识受阻;②自主性被忽视或受到妨碍;③个性伸展受到阻碍;④成人强迫他们接受某种观点[①]。

由于生理心理各方面的原因,中学生的自我调控能力相对薄弱。这种相对薄弱性一方面是与中学生的自我认识和自我体验的发展比较而言的。有研究表明,中学生的自我控制虽然有所发展,但是与自我意识的其他结构成分相比相对滞后。另一方面,和成人的自我控制相比,中学生对外界的诱惑的抵抗能力要差得多。

拓展阅读 2-1

中学生在自我设计中存在的问题

1. 富于浪漫和幻想色彩

许多中学生总想干一番大事业,使一生过得不平凡,过得轰轰烈烈,而把社会现实理解得太简单,对可能遇到的困难和挫折准备不足。

2. 常常为世俗观念所左右

中学生的价值取向往往容易受社会舆论或世俗价值观的影响,如升学,向往的只是名牌大学,而不愿意进一般的大学;工作,就想进大城市,去好单位等。

3. 期望水平过高

期望水平高固然可以激励人们奋发向上,但超过自己的现实可能性,就可能导致挫折和失败。很多中学生为自己设置了过高的目标,在追求目标达不到时,又不愿意或不善于调整目标。其实,社会需要各种各样、各个方面的人才,而不只是一种或几种人才。

【思考与练习】

1. 解释名词:图式、同化、顺应、最近发展区。
2. 简述皮亚杰关于认知阶段的划分。

---

① 林崇德.发展心理学[M].2版.北京:人民教育出版社,2009.

3. 简述维果斯基关于教学和发展的关系的主要观点。
4. 简述弗洛伊德人格发展的主要观点。
5. 简述埃里克森关于人格发展的主要观点。
6. 幼儿记忆和思维的特点有哪些?
7. 小学生的记忆和思维有哪些特点?
8. 中学生情绪情感上有哪些突出特点?
9. 简述中学生同伴关系有哪些特点。
10. 中学生的自我意识有哪些特点?

第三章 学生的心理差异与因材施教

本章学习提要

- 学生智力的差异与因材施教。
- 学生学习风格的差异及教学意义。
- 学生人格的差异与因材施教。

导入案例

新的学期开始了,王老师在教学过程中发现,有的学生很聪明但作业完成很不认真,有的学生对课程不感兴趣,有的学生不愿意参加集体活动,有的学生一遇到课堂提问就很紧张,有的学生在学习上落后其他人很多,不同学生的知识掌握水平也不尽相同。王老师希望能教育好每一位学生,让他们在新的学期都能学好知识,获得长足的进步,但面对班级上这些复杂的情况却不知道如何让所有学生能发挥他们最大的潜能,如果你是王老师你会怎么做呢?

要回答上面这个问题,我们必须了解个体心理差异。学生的个体差异是客观存在的,这些差异对教学有着十分重要的意义,因而在了解学生共性心理特征的同时,我们还要了解学生的差异心理,并根据学生的个体差异来组织教育。差异化教学作为一种教学取向越来越受到普遍的认同。在本章中,我们将会从智力、学习风格、人格这三个方面讨论学生的差异心理,并探讨这些差异在教学实践中的应用。

第一节 智力差异与教育

人们很早就意识到不同的个体在智力方面存在差异,但关于"什么是智力"一直存在争论。这种争论已经持续了一百多年且依然持续着。比较普遍的看法为:智力是为解决问题、适应环境而获取知识,并运用知识的一种或多种能力。智力和教学呈现一种交互影响的复杂关系,有效的教学需要在一定的智力水平上展开,智力的发展也离不开后天的良好教育。智力这一概念在教育中非常重要,但又很容易引起争议和误解,因此我们需要了解关于智力比较有影响力的几种理论和观点,以形成对智力的基本认识,并在教学中适当运用。

一、智力理论及个体差异

不同的智力理论从不同角度描绘了个体的智力差异,对我们理解学生的智力差异提供了借鉴与启示。

(一) 智力的心理测量学理论与个体差异

斯皮尔曼(1904,1927)通过对大量的认知测验间关系的考察,称这种在任何智力测验中都会用到的心理能力为g因素,除了这种一般能力,完成这些心理测验还需要一些特殊能力,他称之为s因素,完成任何智力都会运用到g因素和s因素。据此,他提出了智力的二因素论(图3-1),这两种因素是:g因素,即我们完成各种认知任务的整体能力,它与智力是相关的,是由智力活动的个体差异导致的,是智力的关键;s因素,指的是特殊的技能,如词汇技能和数学技能等,这些因素与智力是不相关的,它不提供个体智力的综合信息,只能解释个体在单一测验中的表现。

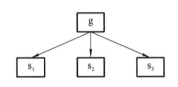

图 3-1 斯皮尔曼的智力二因素论

心理学家们采用标准化的试题和严格的测试方法来测查个体的一般能力,并用智力商数(简称IQ)来表示个体的智力水平。

其后学者卡特尔(1963)和霍恩(1998)提出了流体智力和晶体智力理论。流体智力指人在信息加工和问题解决过程中表现出来的心理效率和推理能力,运算速度、知觉、记忆、理解和推理等都属于流体智力。流体智力的神经生理基础可能与大脑容量的变化、髓鞘化(神经纤维被胶质包裹,让加工过程变得更快)、多巴胺受体的密度或大脑前额叶的加工能力有关,流体智力主要依赖于先天和大脑的神经解剖结构,受教育文化的影响较小。相反,晶体智力是在特定文化情境中应用恰当的问题解决方法的能力。晶体智力与个人所受的教育和所接触的文化有关,是经验的结晶,是以习得经验为基础的认知能力。传统的智力测验主要针对人的晶体智力。

卡特尔认为,流体智力和晶体智力有不同的发展曲线,流体智力会随着大脑的发展而上升,随着机体的衰老而减退,一般来说,流体智力到青春期(22岁左右)达到顶峰,然后随着年龄逐渐下降。晶体智力会随着年龄的增长、经验的丰富而逐渐增长,甚至到了70岁左右也没有明显的衰退。卡特尔认为,虽然人的流体智力在达到高峰后出现了衰退,但由于晶体智力的增长,人的智力处于高峰的时间可以持续数十年。

流体智力是晶体智力的基础。我们在解决问题时运用流体智力,并以此发展出自己的晶体智力,这两种智力包含在各种智力活动中,难以区分,比如数学推理同时需要流体智力和晶体智力。这一理论的重要意义在于,把人与生俱来的素质与通过后天学习而获得的东西区分开,不仅在智力研究中给了人们很大的启发,对适应学生的个体差异也有一定的指导作用。

(二) 智力的系统理论与个体差异

当代的一些理论家们倾向于将智力看到一个复杂的系统。下面介绍两种非常流行的有关智力的系统理论。

1. 霍华德·加德纳的多元智力理论

美国心理学家霍华德·加德纳(1983)在《智能的结构》一书中提出了多元智力理论。他认为人的神经系统经过了一百多万年的演变,形成了互不相干的多种智力。不存在单纯的某种智力和达到目标的唯一方法,每个人都会用自己的方式来发掘各自的大脑资源,这种为达到目的所发挥的各种个人才智才是真正的智力,它造就了人与人的不同。这八种智力的解释和教学应用见表 3-1①。

表 3-1 霍华德·加德纳的多元智力理论

智力类型	代表性人物	核心成分	教学应用举例
言语智力	诗人、作家、记者、演讲家、政治家	对声音、韵律和词义的敏感；对语言不同功能的敏感	让学生流畅地表达自己的某个思想观点
数理-逻辑智力	科学家、数学家、侦探、律师、工程师	具有分辨逻辑与数字模式的敏感度和能力；处理连锁推理的能力	帮助学生学会用数字、逻辑以及模型来量化和阐明一个思想观点
空间智力	航海家、雕刻家、画家、建筑师	对视觉空间的精确感知能力，并能够对最初的感知进行修正	帮助学生以空间形式将一个思想或观点表达出来
身体运动智力	舞蹈家、运动员、外科医生	对身体运动的控制能力以及熟练的器械操作能力	帮助学生协调整个身体的动作或掌握一些动作技能
音乐智力	作曲家、指挥家、演奏家、歌唱家、乐器调音师	创作及欣赏韵律、音调及音色的能力；对不同音乐表现形式的鉴赏	帮助学生理解和欣赏环境声音或者将思想观点以音乐旋律的形式表达出来
社交智力	教师、临床咨询师、销售员、管理者	能辨别他人的情绪、脾气、动机和需要，并做出恰当的反应	开展一些团体活动来帮助学生掌握人际交往技能
自知智力	哲学家、小说家、律师	把握和辨别自己感受的能力，并利用自己的感觉指导行为；了解自己的优缺点、需要和智力	让学生反思其能力和人格，从而使其更清楚自己是怎样的一个人，并知道如何完善自己
自然智力	植物学家、农民、猎人、生物学家	识别动物、植物的能力，在自然界进行区别判断的能力，理解系统和分类的能力（甚至也包括"智力"的分类）	提供一些材料让学生进行分类，并且分析自己是如何分类的

2. 斯滕伯格的三元智力理论

美国心理学家斯滕伯格在定义智力时，用范围更广的能力，而不仅仅局限于与学业任务有关的少数能力，强调智力是一套相互关联的加工过程或方面：分析性智力、创造性智力和实践性智力。每个方面都对应着不同的亚理论，即智力成分亚理论、智力经验亚理论、智力情境亚理论，其相互关系如图 3-2 所示。

智力的成分亚理论是斯滕伯格三元智力理论的核心，主要说明个体思维和问题解决所依赖的心理过程是怎样的，个体在问题情境中，运用知识分析资料，经由思考、判断、推理以

---

① ［美］哈维席尔瓦，理查德·斯特朗，马修·佩里尼.多元智能与学习风格［M］.张玲，译.北京：教育科学出版社，2003.

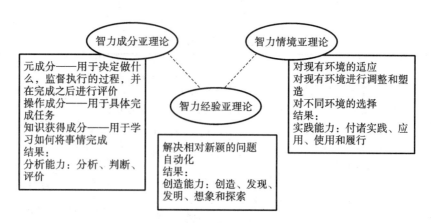

图 3-2 斯滕伯格的三元智力理论

达到问题解决的能力如何。斯滕伯格认为,智力所涉及的加工过程是人类共有的。这些加工过程被称为成分,根据成分的功能及其概括水平,可以将不同成分进行分类,斯滕伯格认为人思维和解决问题所依赖的心理加工过程至少存在三种不同的成分:元成分、操作成分和知识获得成分。斯滕伯格认为,个体就是通过应用元成分、操作成分和知识获得成分来解决不同情境中的问题的,并以此为基础发展出三种成功智力:分析性智力、创造性智力和实践性智力。

智力的经验亚理论主要解决个体运用已有经验处理新问题时,能否统合不同的观念形成顿悟或创造性地解决问题。创造性智力是个体成功应对新经验所必需的,是个体运用已有经验处理新问题时表现出来的能力。

智力的情境亚理论强调个体选择一个可能成功的环境。适应这个环境,并在必要时改造环境非常重要。将智力与个体日常生活情境联系起来,解释个体与周围环境相互作用的方式(适应、塑造和选择环境)。

这一理论对教学提供了很多启示。一方面教师需要关注每一种学习行为对发展智力三个方面的作用,使所有学生都能得到智力的全面发展。教师不仅要强调智力的学术性,而且要强调其实践性,还要考虑学生的文化背景。另一方面,教师要帮助学生认识、利用并发挥自己的智力优势。

二、学生的智力差异

学生智力的个体差异主要表现在智力类型不同,发展水平有高低不同,智力表现有早晚的不同。同时,智力还有群体间的差异,如不同性别的智力差异。

(一) 智力的水平差异

衡量智力发展的水平,心理学中通常用智商(IQ)这个概念。大量心理学研究表明,在全部人口中,智商分数的分布近似正态分布。有些人智力发展水平较高,有些人智力发展水平较低,而大部分人的智力属于中等水平。即智商 100 左右、处于中等水平的人占大多数,智商特别高或特别低的人比例很小。心理学家推孟曾经对 905 名(5~14 岁)儿童的智商进行研究,按照智商的高低,把智力分成 9 类。后来,心理学家韦克斯勒参照推孟的分类,标明了智力个别差异的群体分布,见表3-2①。

表 3-2 人的智力水平分布

智商(IQ)	智力等级	理论正态分布百分比/(%)	实际样组百分比/(%)
130 及以上	极优秀	2.2	2.3
120~129	优秀(上智)	6.7	7.4
110~119	中上(聪颖)	16.1	16.5
90~109	中等	50	49.4
80~89	中下(迟钝)	16.1	16.2
70~79	低能边缘	6.7	6.0
70 以下	智力缺陷	2.2	2.2

注:表中IQ值为韦氏智力测验分数。

尽管智力分布两个极端的超常和低常儿童所占比例不高,但是我国人口基数大,因此这些儿童的绝对数量也是相当可观的。

(二)智力的类型差异

人的智力发展水平有高低,智力除了在量上存在差异,在质上也存在差异,即智力的类型差异。

1. 分析型、综合型和分析-综合型

这是根据人们知觉和思维的方式和特点而划分的类型。属于分析型的人,在知觉过程中对细节感知清晰,但概括性和整体性不够;综合型的人具有概括性和整体性,但缺乏分析性,不大注意细节;分析-综合型的人,集以上两种类型的优点于一身,既具有较强的分析性,又具有较强的综合性。

2. 视觉型、听觉型、动觉型和综合型

这是根据人们在记忆进程中某一感觉系统记忆效果较好而划分的类型。视觉型的人视觉记忆效果最好;听觉型的人听觉记忆效果最好;动觉型的人有运动觉的参与时记忆效果最好;综合型的人用多种感觉通道识记时效果最显著。

3. 艺术型、思维型和中间型

这是根据人的高级神经活动中两种信号系统谁占相对优势而划分的类型。艺术型的人,第一信号系统(除语词以外的各种刺激物)在高级神经活动中占相对优势,在感知方面具有印象鲜明的特点,易于记忆图形、颜色等直观材料,思维富于形象性,想象丰富,而且具有高度的情绪易感性,比较容易发展艺术方面的能力。思维型的人则第二信号系统(语词)占相对优势,在感知方面注重对事物的分析、概括,善于记忆词义、数字和概念等材料,思维倾向于抽象、分析、系统化、逻辑构思和推理论证等,在学习和研究数学、哲学、物理、语言学等学科有较强优势。中间型的人,两种信号系统比较均衡,在感知、记忆、思维、想象等方面表现出的差异不明显。

---

① 张大钧.教育心理学[M].北京:人民教育出版社,2005.

(三)智力表现早晚的差异

所谓"人才早成,亦有晚就",智力表现出来的早晚也存在差异。有人在童年时期就显露出某些方面的优异才能,即所谓"早慧"。例如,杜甫"七龄思即壮,开口咏凤凰";音乐家莫扎特5岁能作曲,12岁能创作大型歌剧。有人到很晚的时候才表现出非凡的才华,即所谓"大器晚成"。例如,达尔文回忆说,一直到中学阶段除了生物一科成绩较好外,其他各科成绩都一塌糊涂;爱因斯坦到中学毕业时还表现平平;著名画家齐白石40岁以后才表现出绘画才能,50岁成为知名画家。

(四)智力的性别差异

1. 男女智力总体水平大体相当,但分布上有显著差异

大量研究表明,男女智力的总体水平大致相当,但在智力分布上有显著差异。总体而言,男性的分数离散程度更大,也就是说与女性相比,男性在成绩非常高和非常低的群体中所占的比例更大,也有更多的男性被诊断为学习障碍、注意力缺陷多动症、自闭症。

2. 男女智力结构要素存在差异,各自具有优势领域

从婴儿至学前阶段,多数研究并未发现男孩和女孩在总体的心理发展、动作发展和特定能力方面存在显著差异,在学校阶段及以后的生活中,心理学家也并未发现男性和女性在一般智力上存在差异,但是一些特定能力的测验却发现了性别差异。有研究者发现从小学高年级开始,女性在言语能力测验上表现得更为优异,与之相反,男性更擅长视觉空间能力测验。也有一些研究结果显示女性在语言能力上占优,在数学能力上与男性相当,但男性也确实在某些特定测验上表现得更为优秀。

三、智力差异与因材施教

| 专栏 3-1 |

国外一项实验研究,以五年级学生为被试对象,采用两种方法教他们阅读。一种方法为传统方法,即教师在阅读过程中很少给学生指导,要求学生自行监控与指导学习。另一种为个别指导法,即教师向每名学生讲解一定的阅读策略及监控方法。实验者通过标准测验测出学生的一般认知能力,然后用阅读理解测验测出学生在教学后的阅读理解水平。结果表明,在传统教学条件下,学生的智力水平越高,学习阅读的成绩越好。但在个别指导教学条件下,这种趋势明显下降,即低能生与高才生的成绩差异明显缩小。显然,学生的智力与教学处理之间存在着相互作用,适合高能力儿童的方法不一定适合低能力儿童,反之亦然。

为了适应学生的智力差异,在教育实践中常常采用不同的教学组织形式和教学方式,常用的教学组织形式有同质分组和留级或跳级,教学方式有掌握教学和个人化教学系统等。

(一)改革教学组织形式

1. 同质分组

同质分组,即按照学生的智力或知识程度分校、分班或班内分组来进行教学的一种组织形式。重点学校和非重点学校、同一年级的快慢班之分,性质上都是同质分组。同质分组能缩小学生之间的差异,以便以统一的进度和方法进行教学,教学的内容、方法、进度、要求和目标等采取相应的举措来提高教学质量。同质分组也有很多弊端。首先,很难找到一种理想的分组标准,如果按照智商来组织,小学低年级可行,但随年级升高学生的智力和知识发展并不同步,如果按照知识程度来组织,学生各科成绩参差不齐,难以获得对各门学科成绩的一致评价,年级越高这一情况越突出。其次,智力只是影响学习成绩的诸因素之一,这样组织教学或是对学生的非智力因素未予重视,或是对学生的潜能未予考虑。最后,同质分组在客观上给学生贴上了标签,这容易使学生滋长骄傲自满情绪或感到挫折、羞愧,不利于学生的成长。

2. 留级和跳级

留级和跳级也是一种教学组织形式,能缩小教学中学生能力之间的差距。跳级是让智商高、成绩好的学生提前进入高年级学习,以满足跳级学生的求知欲和发挥其学习潜能,当然跳级需要关注学生的身心全面发展。留级是让学习成绩没有达到规定标准的学生留在原年级再次学习。相对于留级,跳级的学生一般适应良好,有研究表明跳级对促进高才生的发展是有利的。在实践中,可以鼓励有能力的学生跳级,尽可能不要采取留级措施。

(二) 改进教学方式

本杰明·布卢姆的掌握学习、凯勒的个人化教学系统都突破了传统教学方式,有助于使教学适应学生的智力差异。

1. 本杰明·布卢姆的掌握学习

布卢姆认为除了智力分布于两端者,绝大多数学生的学习差异只是学习速度上的差异,只要按规律、有条理地组织教学,几乎所有的学生都能达到教学目标的要求。本杰明·布卢姆设计了一种掌握学习的程序,他将学习任务分成许多小的教学目标,然后将教程分成一系列小的学习单元,后一单元的学习材料直接建立在前一单元的基础上。掌握教学的教学过程有五步:①确定教学的内容和要求;②制订并实施教学计划;③测量学生的学习情况;④诊断存在的问题;⑤提供"矫正学习"或"深化学习"的程序。

采用掌握学习的教学方法,学生的成绩是以成功地完成单元的学习而不是以在团体测验中的等级名次为依据的。学生的成绩依然有差异,但这种差异表现在学生所掌握的单元数或成功地完成这些单元所花的时间上。研究和实践也表明,遵循掌握学习观、采用掌握学习程序,可以缩小学生在掌握单元知识上的差距,使大多数学生在课程学习上最终能够获得较高的等级。

2. 凯勒的个人化教学系统

个人化教学系统(Personalized System Instruction,PSI)是由美国心理学家凯勒及其同事创立,其目的是避免单调的讲授式教学和刻板的时间安排,允许学生按自己的速度进行,同时确保达到教学要求。在该系统中,一年的课程被分为15~30个单元(大约每周1个单元),每个单元通常包括一段导言,一张表格列出了所要达到的目标,一个程序建议用以达到这些目标,包括阅读注释或参考教科书中的特定部分。在学习进程中,向学生提供一些问题的练习,以帮助学生达到目标。PSI具有五个特点:①自定进度,即在规定时间内学生可自定单元学习的进度;②掌握,即只有掌握了某单元才能进入下一单元的学习;③相互辅导,即学生之间互帮互学;④指导,即为各单元学习提出学习建议,包括可利用的资源等;⑤自由式讲课,即授课是为了启发、指导、充实、提高,学生自愿参加。所以,PSI课程一般适合年级较高、独立性较强的学生,低年级学生和依赖性较强的学生实行起来比较困难。

第二节　学习风格差异与教育

一、学习风格

(一) 学习风格的概念

学者们虽然对学习风格的概念有争议,但大部分学者都认同:学习者在长期学习过程中逐渐形成和表现出来的特有的学习和思维方式、倾向或者偏好,都可以称之为学习风格。学习风格包含着十分广泛的内容。

(二) 学习风格的特点

1. 独特性

学习风格是以学习者的神经组织结构和机能为基础,在特定的家庭、教育和社会文化的影响下,通过个体自身长期的学习活动而形成,具有鲜明的个性特征。

2. 稳定性

学习风格是在长期的学习过程中逐步形成的。它一经形成,便具有持久的稳定性。尽管有研究表明,随着年龄的增长,大多数个体会变得更善于分析、深思熟虑、内向慎重,但个体学习风格的特点在同龄人中所保持的相对位置却具有较强的稳定性。当然,学习风格的稳定性并不表明它一点都不可改变,实际上,它仍有一定的可塑性。

3. 兼有活动和个性两重功能

具有鲜明个性特征的学习风格与其他个性特征的不同之处在于,它直接参与学习活动,学习风格具有活动性。能力、气质、性格等个性因素对学习的影响都是间接的,它们都必须通过学习风格这一中介才能发挥作用。而学习风格以其活动的功能直接参与学习过程,又以其个性的功能影响学习过程及其成效,这两种功能总是同步发挥作用的。

二、学习风格与认知风格

学习风格涉及诸多因素,不同的学者和研究者做了不同的探讨,我国学者认为学习风格可以从生理、心理和社会三个层面来进行细致的分析[①]。学习风格包含三个方面的要素。

1. 学习风格的生理要素

学习风格的生理要素主要指个体对外界环境中的生理刺激(如声、光、温度等),对一天内的时间节律以及对接受外界信息的不同感觉通道的偏爱。例如:在生理刺激方面,有的学习者需要在安静的环境中学习,有的则喜欢在背景音乐中学习;在时间节律方面,有些人喜欢在清晨学习,有些人喜欢在晚上或者深夜学习。

2. 学习风格的社会性要素

学习风格的社会性要素包括个体在独立学习与结伴学习、竞争与合作学习等方面表现出来的特征。例如,有些人喜欢独立学习,有些人喜欢与他人一起学习。

3. 学习风格的心理要素

学习风格的心理要素包括认知、情绪和意动三个方面。认知要素具体包括对信息的继

---

① 谭顶良.学习风格论[M].南京:江苏教育出版社,1995.

时性加工与同时性加工、场依存性与场独立性、分析与综合、记忆的趋同与趋异、沉思与冲动等；情感要素包括理性水平（学习者对学习的意识和自觉程度）、学习兴趣和好奇心、成就动机、抱负水平、焦虑水平；意动要素包括学习坚持性、冒险与谨慎等。

学习风格的心理要素实质上包括一个人的认知风格在学习中的体现，因此，在一些文献中人们也常将认知风格和学习风格当作同义语使用，但是二者是有不同的。把学习风格说成是认知风格，无疑缩小了学习风格的外延。虽然学习风格和认知风格是不同的两个概念，并不能完全等同，但两者之间关系密切，认知风格是学习风格的一个重要组成部分，是学习风格的核心与基础，学习风格包含了认知风格。

认知风格（cognitive style）用来描述个体在加工信息（包括接收、储存、转化、使用信息）时习惯采用的不同方式，也称认知方式，它表现为个体对外界信息的感知、注意、思维、记忆和解决问题的方式上。目前教育心理学家对认知风格没有普遍认可的定义，但大多数研究者都认为认知风格有以下三个特征：①它们是学生的理智特征；②它们描述的是那些在时间上相对稳定的特点；③学生在完成类似的任务时始终表现出这种稳定性。

三、几种常见的认知风格

（一）场依存型和场独立型

知觉信息的线索不仅来自外部环境，也可以来自身体内部，事实上，知觉过程始终表现为一种身体内部过程和外界信息输入之间微妙的平衡，美国心理学家赫尔曼·威特金提出在个体认知过程中的倾向性上存在着场依存型与场独立型两类差异。

场依存性者是"外部定向者"，基本上倾向于依赖外在的参照（身外客观事物）；场独立性者是"内部定向者"，基本上倾向于依靠内在的参考（主体感觉）。这种个体差异，是个体在周围视觉场中看到的东西与他内部感觉到的东西产生冲突的结果。

场依存型和场独立型这两种认知风格与学习有密切的关系。一般来说，场依存型者对人文学科和社会学科更感兴趣；而场独立型者在数学于自然科学方面更擅长。所以，在学习中，与学生的认知风格相符合的学科，成绩一般会好些。此外，场依存型者较易于接受别人的暗示，他们学习的努力程度往往受外来因素的影响；而场独立型者在内在动机作用下学习，会产生更好的学习效果，尤其明显地表现在数学成绩上。

心理学家们还对持这两种不同风格的教师所采取的教学方法做了比较，场依存性强的教师在讲课时，注意教材的结构和逻辑，偏向于使用较正规的、非个人的教学方式；而场独立性强的教师使用的结构不那么讲究，比较喜欢采用讨论的方法。如果教师与学生的风格相同，教学效果就会好些。

（二）整体性与系列性

英国心理学家戈登·帕斯克发现学生在学习认知策略方面的重要差异。

采取整体性策略的学生在从事学习任务时，往往倾向于对整个问题将涉及的各个子问题的层次结构以及自己将采取的方式进行预测。他们往往从自己感兴趣的地方着手，并且对趣闻轶事特别关注。所以，他们采取的方法有点类似于小说家或新闻记者常用的方式，而不是科学家们常用的方式。采取系列性策略的学生，则一般把重点放在解决一系列问题上。他们在把这些子问题联系在一起时，十分注重逻辑顺序。由于他们通常都按顺序一步一步地前进，所以，只有在学习过程快结束时，才对所学的内容形成一种比较完整的看法。如果他们要使用类比或图解等方法,也是比较谨慎的。

戈登·帕斯克还发现,这两组学生在学习任务结束时,都能达到同样的理解水平,尽管他们达到这种理解水平时采取的方式是完全不同的。但是若过分坚持自己偏爱的学习风格也会产生弊端,过分坚持采用整体性策略容易犯轻易下论断的毛病,表现为不审查取用的例子或类比运用是否恰当、概括是否失度,仅仅依据少量证据就匆忙做出结论;过分坚持采用系列性策略则易犯缺乏远见的毛病,表现为不敢使用类比,不尝试建立总体图景,不善于提出自己的假设,害怕认识上的风险。

(三)冲动型与慎思型

杰罗姆·卡根(1964)经过一系列实验发现,有些学生知觉与思维的方式是以冲动为特征的,有些学生则是以慎思为特征的。冲动型思维的学生往往以很快的速度形成自己的看法,在回答问题时快速做出反应;慎思型思维的学生则不急于回答,他们在做出回答之前,倾向于先评估各种可能性,然后提出较有把握的答案。冲动型与慎思型认知方式反映了个体信息加工、形成假设和解决问题过程中的速度和准确性差异。

专栏 3-2

杰罗姆·卡根主要根据学生寻找相同图案或辨认镶嵌图形的速度和成绩来对学生的认知风格做出区分。图 3-3 是镶嵌图形测试的一个例子。实验者要求学生尽可能快地做出回答,但是在每次错误反应后,还要再做尝试,直到找到正确答案为止。因此,学生若要很好地完成任务,还是有点压力的,而且要迅速做出抉择。学生在这种情境里会形成一种正确反应与迅速反应之间竞争的焦虑感。测验成绩是根据做出反应的时间和错误反应的数量来决定的。图 3-4 是相似图形匹配测验中的一个例子。第一个图形是标准图,要求儿童从后面的 8 个相似图形中找出一个和标准图形一样的图,计分时也考虑两个方面:一个是判断的正确性,一个是做出判断所花的时间。

通过这类测验,可以识别出两种不同的认知风格。冲动型学生一直有一种迅速确认相同图案的欲望,他们急忙做出选择,犯的错误多些;慎思型学生则采取小心翼翼的态度,做出的选择比较精确,但速度要慢些。

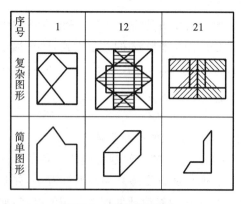

图 3-3　镶嵌图形测验

图 3-4　相似图形匹配测验

有的心理学家认为,冲动与慎思的区别,表明了学生在信息加工策略方面的重要差异。有些研究发现,慎思型学生在完成需要对细节做出分析的学习任务时,学习成绩好些;冲动型学生在完成不太需要注意细节或紧急的任务时,成绩要好一些。解决问题的能力,冲动型学生并不一定低于慎思型的学生,一般认为冲动型学生学业成绩差,主要是因为学校里的测验往往注重对细节的分析,而他们擅长的则是从整体上来分析问题。

冲动-慎思性认知风格差异的起源与教养方式有联系,也就意味着这种认知风格是可以训练的,这对教育特别有意义。如果教师认为慎思对于完成某些学习任务来说是更适合的认知风格,可以训练儿童慎思。

(四)内倾性与外倾性

卡尔·荣格根据长期的临床经验,认为存在着两种不同的心理类型,即内倾性和外倾性,人们用这两种相反的方式来看待世界。外倾者的行为主要指向外部世界的各种事件,他们的思维是受客观事物支配的;内倾者往往是根据个人的价值观和标准来评判外部事件,思维常局限于个人对事物的理解和看法。卡尔·荣格认为两种极端的思维方式都是有危害的。极端的外倾者思维,往往因纯粹经验性事实的堆积而导致思维瘫痪,也影响对这些事实的意义的理解;极端的内倾者思维则表现出另一种危险的倾向,即强迫种事实置于它的映像的阴影之下,或完全忽视这些事实,自由地展现它奇妙的主观映像。

艾森克等人对内倾和外倾的一些实验结果表明,在学术方面,内倾明显优于外倾,因为内倾者很可能不为他们对社会活动的兴趣而分散精力,保持注意的时间更长些,长时记忆也比外倾者更强些。其他研究结果发现,内倾者在大学入学考试时比外倾者的成功率高。后来有些心理学家发现,在小学里,外倾者的成绩始终比内倾者要好些,而到了13岁后,这种关系就不大明显了。此外内倾的男孩和外倾的女孩在学习上往往比较成功。可见,内倾和外倾两种思维方式与学生学业成绩之间确实存在着关系,但这种关系并不是直接的。

四、学习风格差异与学习

个体稳定的带有个人特征的学习风格对学习有着明显的影响。这种影响主要体现在以下三个方面。

1. 不同学习风格的个体对学习环境有不同的偏爱,当学习中的环境刺激与其学习风格的偏爱一致时,则促进其学习

比如学习者对环境中背景声音的偏爱或对噪音的承受能力是不同的,有些学习者学习时需要绝对的安静,而有的学习者则需要伴随背景音乐(如音乐、广播)才能集中注意。

2. 不同学习风格的个体对学习内容有不同的偏爱,通过不同的学习态度影响学习成效

研究表明,场独立型学习者一般偏爱自然科学、数学,且成绩较好,两者之间呈显著的正相关。他们的学习较为主动,学习动机以内部动机为主,较少依赖外部的监控和反馈,偏爱较为宽松的教学结构及相应的教学方法;而场依存型学习者一般偏爱人文社会科学,且成绩较好。他们学习较多地依赖教师、家长等外部监控与反馈,学习动机以外部动机为主,需要严密的教学结构,希望得到教师明确具体的讲解与指导。场独立型与场依存型学习者在学习上的不同特点见表3-3。

表3-3 场独立型与场依存型学习者在学习上的不同特点

	场独立型学习者	场依存型学习者
学科偏爱	自然科学	社会科学

续表

	场独立型学习者	场依存型学习者
学习成绩	自然科学成绩好,社会科学成绩差	社会科学成绩好,自然科学成绩差
学习态度	独立自觉,内在动机支配	易受暗示、欠主动,外在动机支配
教学偏好	偏爱结构松散的教学	偏爱结构严密的教学

3. 不同学习风格的学习者,运用各自偏爱的或擅长的学习方式进行学习,从而取得较好的学习成效

邓恩(1986)等人的研究发现,20%～30%的学龄儿童喜欢通过听觉、40%喜欢通过视觉接受并储存信息,另有一些学习者通过具体操作活动较为有效地获取知识,还有一些人则是属于两种或三种感觉结合型。传统教学课堂较多采用言语讲授和板书的方法,对擅长通过听觉和视觉接受信息的学生比较有利,他们的学习成绩相对较好;而对擅长通过动觉接受信息的学生不利,他们往往成绩不理想,甚至经常不及格。

第三节 人格差异与教育

学生的差异心理除了智力差异、学习风格和认知风格差异外,还有人格差异。有的学生活泼好动,有的学生安静乖巧,有的学生开朗外向,有的学生腼腆内向,有的学生大胆泼辣,有的学生胆小拘谨……这些心理差异都是人格差异的表现。教育者该怎样理解和界定人格?如何理解学生的人格特征和人格差异?学生的人格差异与学习和教育又有怎样的关系?教育者该怎么根据学生的人格差异进行教育?下面将具体谈到这些问题。

一、人格及其结构

(一) 什么是人格

到目前为止,不同的学者对人格的界定各不相同,综合来看,可以将人格界定为:人格是在各种交互作用过程中形成的内在动力组织和相应行为模式的统一体,它构成一个人的思想、情感及行为的特有模式,这个独特模式包含了一个人区别于他人的稳定而统一的心理品质。

(二) 人格的基本性质

人格是一个具有丰富内涵的概念,它具有以下几种基本性质。

1. 独特性

一个人的人格是在遗传、成熟和环境、教育等先后天因素的交互作用下形成的。不同的遗传、生存及教育环境,形成了各自独特的心理特点。人与人没有完全一样的人格特点。强调人格的独特性,并非排斥人格的共同性,生活在统一社会群体中的人有一些相同的人格特征,比如中华民族是一个勤劳的民族,这里的"勤劳"品质,就是共同的人格特征。

2. 稳定性

人格具有稳定性。人格的稳定性反映在三个方面。一是人格形成方面。一个人的某种人格特点一旦形成后,就相对稳定下来,想改变它是有点难的事情。二是在人格表现方面。

人格特征在不同时空下表现出一致性的特点,即在不同时间、不同情境下人格表现出一致性。

3. 统合性

人格是一个系统,系统中包含各种人格的结构成分与功能,人格的各种成分都处于一个统一的相互依赖的关系之中。这种结构关系赋予了每一种成分特殊的含义,完整的人格是一种自我统一的人格特征的组合。人格是由多种成分构成的一个有机整体,受自我意识的调控。当一个人的人格结构各方面彼此和谐一致时,其就会呈现出健康的人格特征;否则,就会使其发生心理冲突,产生各种生活适应困难,甚至出现"分裂人格"。

4. 功能性

人格在一定程度上影响一个人的生活方式,甚至会决定某些人的命运,因而人格是人生成败、喜怒哀怨的根源之一。人们常用人格特征来解释某人的言行及事件的原因。面对挫折和失败,坚强者能发奋拼搏,懦弱者一蹶不振。这就是人格功能的表现。悲痛可以化为力量,也可以使人消沉,当人格具有功能性时,表现为健康有力,支配着一个人的生活与成败;而当人格功能失调时,就会表现出软弱、无力、失控等。从这个角度来讲,人格会起到决定一个人命运的作用,而人格功能强的人会把命运掌握在自己的手中。

(三)人格的结构

人格是一个复杂的结构系统,它包含许多成分,其中包括气质和性格、自我调控系统等方面,这些成分相互影响相互制约统一为一个整体。自我调控系统是人格中的内控系统或自控系统,具有自我认知、自我体验和自我控制三个子系统,其作用是对人格的各种成分进行调控,保证人格的完整、统一和谐。气质和性格主要反映了人格生物性和社会性两个层面的内容。这里主要介绍人格结构中的气质和性格。

1. 气质

气质(temperament)一词在心理学上的含义通常是指一个人生来就有的心理活动的动力特征。所谓动力特征是指心理活动的强度、速度、稳定性与灵活性,如知觉速度,思维敏捷程度,情绪的速度与强度,意志努力的程度,注意的稳定性等。我们常说的脾气和秉性就是气质的体现。人的气质差异是先天形成的,受神经系统活动过程的特性所制约。孩子刚一出生时,最先表现出来的心理差异就是气质差异,有的孩子爱哭好动,有的孩子平稳安静。

气质是人的天性,无好坏之分。它只给人们的言行涂上了某种色彩,但不能决定人的社会价值,也不直接具有社会道德评价含义。一个人的活泼与稳重不能决定他为人处世的方向,任何一种气质类型的人既可以成为品德高尚、有益于社会的人,也可以成为道德败坏、有害于社会的人。气质不能决定一个人的成就,任何气质的人只要经过自己的努力都能在不同实践领域中取得成就,也有可能成为平庸无为的人。

2. 性格

性格(character)一词在心理学上通常是指一个人对现实的稳定的态度体系及习惯化了的行为方式。它包括个人对人、对事物、对工作学习的态度总和及与之相适应的行为方式,是态度学习的结果。性格主要是在实践活动中,在人与客观世界相互作用的过程中形成的。

性格表现了一个人的品德,受人的价值观、人生观、世界观的影响。性格是在后天社会环境中逐渐形成的,是人的最核心的人格差异,性格有好坏之分,能直接地反映出一个人的道德风貌。

二、人格差异与学习

(一)气质差异与学习

由于气质反映了一个人的活动的能量和时间方面的动力特点,它对人的日常生活、学习和工作有一定的影响。学生的气质千差万别,它由人的先天因素决定的。我们可以把学生相对地分为不同的气质类型,但却不能据此就把学生区分为优劣、好坏,因为任何一种气质类型都既有积极的方面,又有消极的方面,或者说在一种情境下是积极的,在另一种情境下可能是消极的。例如,胆汁质的人热情开朗、精力旺盛、刚强,但任性、脾气暴躁、容易冲动;多血质反应灵敏、容易适应新环境,但兴趣容易转移、注意力不稳定、粗枝大叶、变化无常;黏液质的人沉着、稳重、自制、冷静、踏实,但反应缓慢、缺乏生气;抑郁质的人在工作和学生中耐受力差、容易疲劳,但感情细腻、审慎小心、观察力敏锐、想象力丰富。可见,气质本身无好坏之分。各种气质类型既有向积极方向发展的一面,也有可能向消极方向发展的一面。

气质只是心理活动的动力特点,只赋予人的心理活动和行为以独特的色彩,而不会决定人们的智力发展水平和以后社会价值的大小和成就的高低。不同气质类型的人在学校里都可以成为学习上的优等生。

气质是个人心理活动稳定的动力特征,尽管它不决定一个人的智力水平,但它影响个体智力活动的特点和方式,在个体智力活动上打上独特的烙印,使学生在学习活动上表现出差异性。苏联一位心理学家曾对同班两位学生A和B进行了追踪研究。A具有明显的多血质和胆汁质的特征,B具有明显的抑郁质特征。气质对他们智力活动的影响具体表现在以下三点。一是在学习和工作的精力上:A学生精力充沛,在他身上很少见到疲劳状态和学习间歇,在从事紧张的工作和学习后,他只需要短暂的休息就能恢复其精力;而B学生极易疲惫。二是在注意的特点上:A学生能够一下子关心很多事物,复杂的情况和变化不会降低他的精力;而学生B做功课的时间很长,对任何简单的作业都要准备和沉思,对每一种小的障碍或意外的情况,他都会给予长时间的注意。三是在掌握新教材和复习旧教材的方式上:A学生对新教材特点感兴趣并充满着热情,新教材使他精神焕发、兴奋和满足,但在复习旧教材时,明显地缺乏兴趣;B学生在学习新教材时常常感到困难和疲劳,但在复习旧教材时,表现出主动性,思维具有高度的准确性和明晰性。

(二)性格差异与学习

性格差异主要表现为性格类型的差异,不同性格的学生在学习上的表现也不尽相同,对学生性格的分类主要有以下三种。

1. 根据心理活动的倾向,分为外向型和内向型

不同性格的学生在学习工作中的表现是不同的。外向型学生爱交朋友,乐于助人,开朗大方,兴趣广泛,关心集体生活,独立性强,爱参加娱乐活动,对新事物比较敏感,社会适应力强;内向型学生爱安静,不爱与人交往,常常一个人待在教室,比较孤独、沉闷,对新事物反应迟缓,社会适应力差。在现实生活中,绝对的外向型或者绝对的内向型性格是很少的,大多数人都是中间类型,同时兼有外向和内向的特点,有时候人们表现得比较外向,有时候人们表现得相对内向。

2. 根据理智、情感、意志三种心理机能在性格结构中的优势情况,将性格分为理智型、情绪型和意志型

理智型学生通常以理智来评判周围的事物,并以理智支配和调节自己的行动,理智型学生相对于同龄人来说比较成熟,他们遇事冷静,凡事三思而后行。情绪型学生通常凭自己的情绪好坏来评估事物,行为受情绪的影响大。情绪学生常常表现出冲动、急躁、不善于冷静思考等特点。意志型学生有明确的行动目标,善于克服行动中的困难,具有果断、坚定、行动积极等特点。意志型学生常常明确自己的奋斗目标,并善于调节自己的行为,自制力强,行为坚决果断,一旦决定的事情就会坚持到底。不同性格的学生,他们在处理同一件事情时常有不同的表现。但是具有典型性格特征的学生也是比较少的,大部分学生是混合型的性格类型,如理智-情绪型、理智-意志型、情绪-意志型。

3. 根据个人独立性的程度划分,性格分为独立型和顺从型

独立型和顺从型的性格与人的认知风格中的场依存和场独立是紧密联系的。独立型的学生在学习上有较强的独立性,他们不易受别人的暗示和环境的影响,独立能力强,有自己的主见,善于发现问题和解决问题。顺从型的学生易受别人的影响,常常在别人的多次暗示下做出与自己意志相悖的选择和决定,独立性差,对困难和意外事件的处理缺乏主见。在学校生活中,独立型学生善于自己思考问题,自己解决问题,无论是学习还是生活上的事情都非常有主见;顺从型学生则常常向教师或同学求助,往往难以独力完成一项学习任务,对教师的话常常言听计从,不会自己发现问题和独立解决问题。

三、人格差异与因材施教

(一)针对气质差异的教育

学生的气质类型是因材施教的重要心理学依据,气质影响学生在上课、完成学业时的表现。首先教师需要认识到学生的气质差异,可以通过观察法分辨学生的气质类型。基于学生在各项活动中的行为表现,根据学生一贯的行为特点,对照气质心理特征的指标来确定学生的气质类型。教师也可以用问卷法来判断学生的气质类型和特征,一般的气质量表都是自陈式问卷,需要学生根据自己的实际情况真实作答。其次,教师应依据不同的气质类型和特征,采取不同的教育策略,确保每个学生的全面发展。

对胆汁质的学生,要着重发展其热情、豪放、勇敢、主动进取等品质,防止粗暴、暴躁、任性等不良品质的进一步发展。为此,教师应当要求他们善于抑制自己,要求他们学会沉着、镇静地进行思考和其他活动,培养他们在行为上和对人态度上的自制力,培养他们扎实的工作作风。在教育方法上,对胆汁质学生宜用"以柔克刚"和"热心肠冷处理"等有效方法。

对多血质的学生,要着重培养其朝气蓬勃、满腔热情、足智多谋等优良品质,防止虎头蛇尾、粗心大意、朝三暮四等不良特点的产生。为此,要给他们提供参与多种活动的机会,与此同时强调认真负责的态度、对活动的坚持性及严格的组织纪律性;在激发他们多方面兴趣的同时,培养他们的中心兴趣。在教育方法上,要做到"刚柔交替":在他们满不在乎时,批评要有一定的刺激强度;在他们对错误能冷静对待时,要耐心帮助,做好巩固工作。

对黏液质的学生,要着重发展其冷静、工作踏实、有毅力、以诚待人等优良品质,防止墨守成规、执拗等不良品质的产生。这一部分学生常常容易被教师忽视,教师应当以满腔热情吸引他们参加集体活动,激发他们对班集体、对他人的热情和积极情绪,引导他们生动活泼、机敏地完成各项任务。

对抑郁质的学生,要着重发展其敏感、认真细致等优良品质,防止怯懦、多疑、孤僻等消极心理的产生。为此,教师要鼓励他们多参加集体活动,在与他人的交往中消除疑虑。在教育方法上,要给他们更多的关怀、同情、称赞和鼓励,避免在公共场合批评他们。

(二) 针对性格差异的教育

教师需要通过观察、测量、调查等方法综合了解和判断学生的性格类型,根据学生的性格特征寻求相应的教育对策。同时,性格是在实践活动中形成的,离不开后天的教育和培养,针对性格差异的教育除了根据学生的性格差异因材施教外,还要注意培养学生良好的性格。

1. 根据学生的性格类型因材施教

对于外向的学生来说,他们的典型特点是心理活动倾向于外部,开朗外向、乐于交往,兴趣广泛,社会适应力强,根据这些特点,教师要支持学生广泛地参加社会活动,使他们性格优势在活动中得到充分的体现。同时外向型学生容易出现的问题是急躁、粗心、大大咧咧、不思考、冲动等,教师就要在活动中提醒学生细致、沉稳、三思而后行等,或者直接交给学生那些需要细心、精加工的任务,使学生的性格劣势得到锻炼和培养。对于内向型学生来说,他们的典型特点是心理活动倾向于内部,内向沉静,不善交往,内省深思,社会适应力弱,根据这些特点,教师要积极鼓励学生参与集体活动,交给他们那些需要慎思、稳重的任务,使他们看到自己在集体活动中所起的作用,正确认识到自己的价值。同时,鼓励他们与别的同学交往,增强人际交往能力。

当然学生的性格是多种多样的,教师不仅要了解学生的性格类型差异,而且要判断学生在性格类型基础上的一些细小差异,进行"量体裁衣"。例如,同样是外向型学生犯了错误,对开朗直率的学生,教师可以直接批评,语气可以严厉一些;对自尊心强的学生则应委婉一些,点到为止;对粗暴急躁的学生则要避其锋芒,以疏导为主。

2. 发挥集体的作用,培养学生良好性格

学校中的校风、班风、学风、纪律、舆论等对学生的性格形成起着直接促进作用,特别是学校中的班集体,更是直接影响学生性格的形成,集体潜移默化的作用能帮助学生克服性格上的缺点和不足,培养良好的学习习惯,端正学习态度,全面发展。第一,良好的校风、班风、学风是一种无形的精神力量,对培养学生关心集体、团结友爱、诚实正直、遵守纪律等性格特征有重要的作用。第二,学生容易在集体中形成合作与竞争,培养学生信任、体谅、相互帮助、团结、拼搏、进取、责任感和荣誉感等性格特征。第三,教师可以利用集体活动塑造和培养学生的良好性格。第四,教师可以利用班集体的舆论,引导学生形成健康性格和学习习惯。第五,学生在班集体中会出现从众心理,良好的班集体有助于学生不良性格的改造和优良性格的强化。

3. 引导学生进行自我教育是实现培养学生良好性格的重要途径和方法

首先教师要帮助学生学会自我分析和自我评价,性格的自我分析和自我评价的过程,是一个自我认识不断深化的过程,是性格不断完善和发展的重要环节。其次,教师要帮助学生学会自我教育,包括自省、自警和自炼。通过反思自己的思想和行为,对缺点和不良行为进行自我提醒,有意识地创造一些锻炼的机会,使自己的性格品质得到发展和完善。最后,教师还要帮助学生学会自我调适的方法,帮助学生积极面对学习中的困难和挑战,及时消除学生的不良情绪,使学生保持良好、坚韧的性格品质。

【思考与练习】

1. 解释下列名词:智力、学习风格、认知风格、场独立、场依存、人格、气质、性格。
2. 试述比较有影响力的智力理论及其观点。
3. 学生的智力差异主要表现在哪些方面?教师该如何根据学生的智力差异进行教学?
4. 论述学生认知风格的差异对学生学习的影响。
5. 试从不同人格理论的角度,谈谈对学生人格差异的理解。
6. 人格差异对学习活动的影响是怎样的?如何根据学生人格的差异因材施教?

第四章 学习概述

本章学习提要

- 学习的实质及意义,学生学习的特点。
- 学习的分类与教学意义。
- 影响学生学习的内外部因素。
- 学习理论的主要派别及新趋势。

导入案例

一位8岁男孩的母亲坚持让她的儿子承担一些家务,完成这些工作以后,小男孩可以赚取每周的零用钱。积蓄了两三个星期以后,他可以用这些零用钱购买一个他自己喜欢的小玩具,因此,他形成了对金钱价值的理解。

一位来自小城市的大学生第一次接触到与自己的观念有所不同的见解。在与同学激烈的争论之后,她对自己的观点进行反思,并逐渐改变了自己的观念。

一位幼童非常喜爱一条邻居家的狗,但是这条狗咬了他的手。这一事件发生后,他每次见到狗就会哭泣并迅速跑向母亲。

"学习"一词对每个人来讲并不陌生。学习无时无刻不发生在我们的生活中。终身学习、学习型社会、活到老学到老……类似这样的词语我们也是耳熟能详。虽然"学习"一词涉及的面很广,我们在生活中也无时无刻不体验着学习,但一提到学习,人们更多想到的是学生在学校教育情境中的学习。教育心理学是研究学校情境中学与教的心理学规律,而教师的教是为了学生的学,因此学习心理构成了教育心理学的核心内容,学习成为教育心理学的中心课题。

那么学习的实质到底是什么,学习有哪些种类,学习过程受哪些因素的影响,学习与个体的生理发展和心理发展有什么关系等将是本章探讨的内容。

第一节 学习的实质及意义

一、学习的实质及意义

(一)学习的定义

虽然学习一词人们很熟悉,但要给学习下一个严谨的定义并不是每个人都能做到的,心理学家在探讨学习心理的实质问题上也曾有过许多不同的看法。经过多年的争论,今天,大多数心理学家都同意,学习是由经验或练习而导致的行为或行为潜能的较为持久的变化。这一界定字数虽然不多,但含义深刻。

这一定义可从以下几点来进行理解和说明。

第一,学习是以行为或行为潜能的变化为标志的。学习是有机体获得行为经验的过程,通过学习,有机体将出现某些方面的变化。从不知到知,从不会到会,从不懂到懂,都是变化过程。这种变化既可以是知识、技能、能力的获得,也可以是兴趣、信仰、价值观的形成,还可以是情感、态度和人格的形成;行为的改变有时是明显的、外在的、可见的,有时是隐性的、潜在的。

第二,学习引起的行为变化是能够相对持久地保持的。无论是外显的行为变化,还是内隐的行为潜能的变化,只有持续时间较长,才可以称为学习。我们不能简单地认为凡是行为的变化就意味着学习的存在,因为个体身上的行为变化并不都是由学习引起的,个体的某些生理条件也能引起行为的改变,如疲劳、疾病、适应、药物等都会引起行为的改变,但这些改变都可能是暂时的,不能持久地保持。

第三,经验或练习是学习发生的基本途径。这里的经验或练习是相对于遗传和成熟而言的。个体身上的行为变化有可能由于生理成熟或衰老等因素引起,而且这些变化也可能是持久的变化,如青春期的青少年由于发育会导致嗓音的变化,这种变化能长期保持,但与经验或练习无关,因而不能称之为学习。

还需要指出的是,仅有练习或经验还不一定是学习,如儿童从不会叫妈妈到会叫妈妈,这是学习,但以后仅仅重复地叫妈妈,这种重复的活动或练习就不是学习了。

根据上述学习的定义,可以发现学习是一个多层次、多侧面的心理活动。从层次上来讲,第一层次的学习是指动物与人共有的,第二层次的学习是指人类的学习,第三层次的学习是指学生的学习,第四层次的学习是指具体领域的学习(如知识的学习、品德的学习、技能的学习等)。

(二)学习的意义

学习之所以成为教育心理学的核心问题之一,是因为它对个体的生存和发展具有十分重要的意义和作用。学习的作用可以从以下两个方面来分析。

1. 学习的生物学意义

学习是有机体适应环境、与环境取得平衡的条件和手段。动物要适应复杂多变的环境,就需要学习。在一定意义上,我们可以把学习视为同生命本身并存的,因为一切具有高度组织形式的动物的生活都离不开学习。动物的生命形式越是低级,在适应环境的过程中越是依赖于本能行为,学习的作用就越小,而动物的生命形式越是高级,本能行为在全部行为中所占的比例就越小,学习的作用就越大。

2. 学习的社会意义

对于人类来讲,学习就不是简单地适应环境的活动,而具有其社会意义。因为人不仅是生物个体,更是社会个体。人的这种特性决定了学习对人类具有重大的意义。个人只有通过学习,才能逐渐完成人的生物性和社会性的结合,生物的人才能逐渐适应社会进入社会,成为社会的人。

庄子曰"吾生也有涯,而知也无涯"。1944年的"首届世界终身学习会议"上提出了"终身学习是21世纪的生存概念"。一个人出生以后就在不断地学习,不断地获得新的发展,不断满足生产和生活对新知识的需要,也就是学会在社会上生存,学会成为一个社会人。联合国教育、科学及文化组织国际教育发展委员会在《学会生存——教育世界的今天和明天》一书中明确指出：教育是贯穿于人一生的、不断积累知识的长期、连续的过程；终身教育是现代化社会的基石，唯有全面的终身教育才能培养完善的人；我们需要终身学习去建立一个不断演进的知识体系——学会生存。[①]

二、人类学习的特点

（一）人类学习内容的广阔性

动物的学习仅限于当时当地的个体经验，而人类却不受此限制。人类能学习别人的经验，而不受时间和地域的限制，所以通过学习，人类不仅可以获得直接经验，而且可以获得间接经验。即人类的学习内容比动物要广阔得多。个体从出生以来，就是通过与成人交往，通过在学校里与教师的交往进行学习，掌握前人所积累的经验；还通过与同代人的交往而获得大量的社会经验，这种间接经验的学习，无论在内容和形式上，都是非常丰富的，这是动物学习所不可能有的。

（二）人类的学习以语言为中介

人类的学习之所以具有获得间接经验的特点，是与人类的语言分不开的。人类的学习是借助于语言媒介来进行和完成的，语言开辟了人类个体掌握社会历史经验的广阔的可能性。语言是人们传递经验与交际的手段，也是记载人类社会历史经验的工具，个体一方面可以通过语言直接与他人进行交往，获得社会经验，另一方面通过语言获得用语言符号记载下来的关于客观世界的知识，这是一个间接的交往而获得知识的过程。这样，通过学习，他人的经验就可以转化为自己的经验，自己的经验也可以被转化为他人的经验，从而大大增强了人类的学习能力和范围。

（三）人类学习具有主观能动性

人类学习的主观能动性具体体现在：人类的学习是有目的、有计划的，具有自觉性；人类的学习可以反映客观事物的内在联系和本质特征，具有概括性；人类的学习具有意识性，人可以意识到自己是否在学习，可以反省自己的学习，可以通过意识来支配和调节自己的学习。

三、学生学习的特点

学生作为人类社会的成员，其学习活动同样也具有人类学习的一般特点。由于学生在教育系统中的特殊地位，这使得学生的学习活动又具有不同于一般人类的特点，具有特殊性。

（一）学生学习的接受性

学生的学习过程是掌握间接经验的过程。因此，它与人类认识客观世界的过程有所不同。人类的认识是从实践开始的，而学生的学习则未必如此，他们没必要也不可能事事从直接经验开始，而是可以从学习现有的经验、理论、结论开始，同时补充感性经验。虽然学生的

[①] 联合国教科育、科学及文化组织国际教育发展委员会. 学会生存——教育世界的今天和明天[M]. 北京：教育科学出版社，1996.

学习也要求个人有一定的经验基础,但学生的实践活动也与成人有所不同,主要表现在他们的目的与方式上与人类认识世界的过程有所不同。再者,学生的学习与科学家探索尚未发现的客观真理的认识活动不同,学生在学习时可能有新的发现,但这种新发现常常对学生来说是新的,而就知识而言是现成的经验。因此从总体上来说,间接经验的学习形式是主要的,学生的学习不可能事事从直接经验开始。在教学组织和教学方法上,特别要求教师能把学校学习与实际生活和学生的原有经验相联系,鼓励学生对所学知识进行积极加工,主动完成知识的再生产过程。

(二)学生学习的目的性、计划性和组织性

由于学生的学习是以掌握间接经验为主,是在学校教育情境中在教师指导下进行,因此,学生的学习是有目的、有计划的和有组织的。在教学过程中,教师按照一定的教学目的,精心设计和安排学习材料的结构、学习过程的程序,有计划、有步骤地向学生传授知识,教师既掌握所教知识的内在联系,又了解学生学习过程的特点,因此,能够保证在较短时间内,采用有效的方法组织教学,帮助学生掌握间接经验,积累知识。从这个意义上来说,学生的学习又是快速高效的。

(三)学生学习一定程度上的被动性

学生的学习与人类学习一样,应该是一个主动加工的过程,但他们的学习一般只具有潜在价值,学习的结果不能立即转化为现实价值。学习不是为了适应当前的环境,满足现实生活需要,而是为了适应将来的环境,为将来的生活做准备。当学生意识不到他当前的学习与将来的生活实践的关系时,学习就表现出一定程度的被动性,需要教师或者成人督促才能取得较好的学习效果。因此教师要注意用各种方法来培养、激发和维持学生的学习动机,提高其学习的主动性和积极性。

(四)学生学习的多重目的性

学生在学校的学习不仅要掌握知识经验,而且要发展能力,锻炼健康的体魄,还要培养良好的品德,形成科学的世界观和人生观,促进健康人格的形成和发展。

总之,学生的学习是在教师的指导下,有目的、有计划、有组织地掌握系统的科学知识和技能,发展各种能力,形成一定的世界观与道德品质的过程。如果不了解学生学习的特殊性,就可能使学生的学习成人化,事事要求直接经验,或是放弃指导,强调生活即教育;或是只注意灌输,把学生看作是一个接受知识的容器,把学生当作被动的学习者,这些做法都有碍于学生的学习。

专栏 4-1

幼儿和小学生学习的特点

不同年龄阶段儿童的学习既具有上述学生学习的基本特点,又表现出各年龄阶段所特有的特点。

(一)幼儿学习的特点

幼儿的学习是在日常生活中进行的。日常生活是幼儿每天重复的微环境,在这个环境中,幼儿认识了生活中各种物品,了解了生活的基本规律,待人接物的方式,学会了自己的母语等,日常生活中经历的所有事物都会影响幼儿成长。

幼儿的学习以直接经验为基础，以操作学习为主要方式。幼儿对世界的认识是感性的、具体的、形象的，常常需要用动作来帮助思维，这就决定了他们的学习是以直接经验为基础的。

游戏是幼儿学习的主要途径。游戏是幼儿的主导活动，是幼儿最喜欢的活动，他们在游戏中重复模仿成人的生活，展开想象的翅膀，创造性地使物体和情境发生变化，幼儿在游戏中学习，在游戏中成长。游戏是幼儿学习的主要途径。

（二）小学生学习的特点

直观-操作性是指小学生通过对实物、模型及其形象性的言语的直接感知、对学习材料的直接操作来获取基本的经验与基本的态度。由于直观-操作性具有多种不同的水平，教师应根据学习内容、学习材料的不同，采用恰当的直观方式与操作活动，促进小学生的思维水平由具体形象性向抽象逻辑性转变。

指导-模仿性是指小学生的学习活动是在教师的指导下，通过对教师的教授活动及其他同伴的学习活动的模仿而获得的。这一特点反映了小学生学习活动的依赖性及活动方式的未定型性，同样也表明教师在小学生良好的学习习惯的形成方面起到非常重要的作用。

基础-再现性是指小学生的学习是以获取和再现人类知识体系中的最基础的部分、形成必要的行为规范、内化基本的生活态度为目的的，而不是以掌握当代的前沿性的知识经验或创造、发现新的知识领域为目的。这与创造性的培养并不矛盾，也不排斥学生的创造性的学习。因为小学生通过系统地接受学习，不仅可以学习到构成创造能力的那些基本的知识与技能，而且也可以学习到前人创造某种经验的科学态度。仅靠某些创造技法的练习而排斥基本知识与态度的学习，这是不可能真正地培养创造型人才的。

第二节 学习的分类及教学意义

学习现象非常复杂，从简单的低级学习形式到复杂的高级学习形式，从内容到形式，从学习的内部过程到外部影响，我们可以对其进行不同角度的分类。中外心理学家在学习分类问题上也有各自不同的观点，以下介绍几种不同的学习分类。

| 专栏 4-2 |

学习分类思想的起源[①]

学习分类研究的思想起源于第二次世界大战期间。当时许多心理学家被征调入伍，从事军事人员训练。他们利用那里建立起来的行为主义学习理论来指导军事人员训练，结果许多训练计划的效果都不理想。从此，许多心理学家开始认识到，人类的学习是极其复杂的，在一定条件下心理学家研究的学习，只是十分复杂的学习的某个侧面或某个局部，决不能以偏概全，用这些局限的理论来解释一切学习现象。这种认识对教学论研究的启示是：如果人们想利用学习论原理来改进教学，则首先必须注意研究学习的类型，因此，产生了一种被称为任务分析教学论的教学论思想。任务分析教学论的基本观点是：人类的学习有不同类型，不同类型的学习结果、学习过程和有效学习的条件也不同，必须根据不同类型的学习

---

① 皮连生.教育心理学[M].3版.上海：上海教育出版社，2004.

规律来进行教学过程和教学方法的设计以及教学结果的评价。

一、我国心理学家的分类

我国心理学工作者一般将学习分为三类或四类：知识的学习、技能的学习（包括智力技能学习或把智力技能学习单列一类）、道德品质或行为习惯的学习。如教育心理家冯忠良依据教育系统中传递的经验内容的不同，将学生的学习分为以下三类[①]。

1. 知识的学习

知识的学习，即知识的掌握，是指通过一系列的心智活动来接受和占有知识，在头脑中构建起相应的认知结构。具体来讲，知识的学习是通过领会、巩固与应用三个环节来完成的，每个环节又有其特殊的心智动作。知识的学习要解决的是认识问题，即知与不知、知之深浅的问题。

2. 技能的学习

技能的学习是指通过学习或练习，建立合乎法则的活动方式的过程。技能的学习有心智技能学习与操作技能学习两种。技能的学习比知识的学习更为复杂，不仅包括对活动的认识问题，还包括活动或动作的实际执行问题。不仅要知道做什么、怎么做，同时还要能够实际做出动作。技能学习最终要解决的是会不会做的问题。

3. 社会规范的学习

社会规范的学习又称行为规范的学习或接受，是把外在于主体的行为要求转化为主体内在的行为需要的内化过程。社会规范的学习既包含规范的认识问题，又包括执行及情感体验问题，因此比知识、技能的学习更为复杂。

这种分类只是从教育工作的实际需要提出的，但它比较笼统，不易揭示具体的学习规律。

二、外国心理学家的分类

（一）R.M.加涅的学习分类

1. R.M.加涅的学习结果分类

R.M.加涅是20世纪最有影响的教育心理学家，他认为，人类的学习是极其复杂的，不可能以一种理论解释全部学习现象，因此应该对学习进行分类。在1985年出版的《学习的条件与教学论》一书中，他根据学习结果的不同，把学习分为以下五类。

1) 言语信息

言语信息指能用语言文字表达的信息。这是一类关于"是什么"的知识，通常我们所学的关于事物的名称、一些事实、思想等都属于这类信息。主要分为三个小类：符号记忆、事实的知识和有组织的知识。

2) 智慧技能

智慧技能指运用符号与环境相互作用的能力。这是一种关于"怎么办"的能力，即能运用语言和数字这两种最基本的符号处理外界的信息。如学生不仅能说出什么是三角形，还能正确地从许多不同的图形中挑选出三角形来。从最基本的语言到高级的专业技能等各种水平的学习中都包含着不同的智慧技能，按不同的学习水平及所包含的心理运算的不同复

---

① 冯忠良,伍新春,姚梅林,等.教育心理学[M].北京:人民教育出版社,2000.

杂程度依次可以分为：辨别—概念—规则—高级规则（问题解决）等。

3）认知策略

认知策略指运用符号对内调控的能力，即个体用来指导自己的注意、知觉、学习、记忆和思维等内部认知过程的能力。R.M.加涅认为，这是一种特殊的智慧技能。认知策略与一般的智慧不同的是，一般的智慧技能定向于外部环境，而认知策略则支配着学习者在对付环境时其自身的行为，即认知策略就是学习者用来"管理"自己的学习过程的方式，即学会如何学习。它既是学习的条件，其本身又是学习的结果。

4）动作技能

动作技能也称为运动技能，指习得的、平稳而流畅、精确而适时的操作动作能力。如体操技能、写字技能、作图技能、操作仪器技能等。个体获得动作技能，不仅仅指个体能完成某种规定的动作，而且指个体能将这些动作组织得合乎规则、流畅而准确。

5）态度

态度是指习得的、影响个人行为选择的内部状态或倾向性。态度与能力不同，能力决定了人们能否顺利完成某些任务，解决的是"能不能"或"会不会"的问题，而态度则决定了人们愿不愿意完成某些任务，解决的是"愿不愿"及选择什么样的行为的问题。

这五种学习又可以分为三个领域：前三种学习结果属于认知领域；第四种学习结果属于动作技能领域；第五种学习结果属于情感领域。把人类的学习结果分为认知、情感和动作技能三个领域已经成了大多数学习和教育心理学家的共识。

学校教育目标也就是预期学生的学习结果，因此这一学习结果分类对教师指导学生的学习，对确定教学目标、组织教学有直接的指导意义。在认知领域，教学目标不仅仅包含言语信息这类是什么的目标，还要包含让学生形成技能，更重要的是要让学生学会学习。同时，教师也不能忽视动作技能和态度方面的目标培养，尤其是态度目标，而且在教学中不能把品德学习当作知识来教。

R.M.加涅的学习结果分类及其行为样例见表4-1。

表4-1　R.M.加涅的学习结果分类及其行为样例

学习结果	行 为 样 例
言语信息	陈述三角形定义的文字：三角形是由同一平面内不在同一直线上的三条线段首尾顺次连接所组成的封闭图形
智慧技能： 　辨别 　概念 　规则 　高级规则	演示符号应用，详见如下： 区分汉语拼音字母"m"和"n" 识别空间关系"下面"；识别某一物体的"边" 英语中用过去式表示发生在过去的事实 生成一条规则，预测在给定光源距离和透镜曲率条件下成像的大小
认知策略	使用形象记忆法记忆英语单词
动作技能	驾驶机动车，作"s"字形溜冰
态度	看到奥运会上五星红旗升起激动得热泪盈眶

2. R.M.加涅的学习层级说

R.M.加涅又根据人类学习的复杂性程度，提出了累积学习的模式，一般称之为学习的层次理论。

1) 信号学习

这是一种最简单的学习。信号学习最典型的例子,是巴甫洛夫经典条件反射。例如,狗在每次吃肉前听到送肉者的脚步声,以后听到他的脚步声(信号)就会流唾液;人看到红灯(信号)就会止步,这些都是信号学习的例子。

2) 刺激-反应学习

斯金纳的操作性学习或工具性学习是这类学习的代表。例如,鸽子为得到食物,得先做出某种动作(如啄箱子里的红灯);小学生为了得到教师的表扬而做作业,这些都是工具性学习的例子。

3) 动作链锁

链锁是指一连串刺激-反应联结。链锁可长可短,凡按顺序将两个或两个以上的刺激-反应联结组合成一系列行动,都可称之为动作链锁。例如,学生听到老师叫他名字(刺激),走到黑板前(反应),看着黑板上的题目(刺激),用粉笔写出答案(反应),教师请他坐好(刺激),学生回到原来位子坐下(反应)。这就是动作链锁的一个典型的例子。

4) 言语联想

这实际上是一种言语链锁学习,即根据言语刺激与反应行为的顺序组合而成的反应。例如,将单音节联成复合音节,将单词组成句子,翻译外文单词都属于言语联想学习。

5) 辨别学习

在日常生活和学校学习中,习得辨别的能力极为重要。辨别学习实质上是一种知觉学习,即做出知觉的分化。例如,小学低年级学生对图画和符号的辨别,是一项很重要的智慧技能。

6) 概念学习

学生学习根据类别对各种事物做出反应的过程,即概念学习的过程。R.M.加涅把概念分成两类:具体概念和定义概念。具体概念是指可以通过具体对象来表示的,是直接观察得到的,如桌子、椅子、房子、树、猫、圆等。定义概念不是凭少数事例可以识别的,它们都包含一些关系,是抽象的,因而必须通过定义来学习,例如障碍物、温度、质量、平方根等。

7) 规则学习

规则一般是由几个概念组成的。规则学习实际上就是学习各种定理、定律或原理。一个定义概念就是一个特殊的规则,一个分类的规则。学生掌握一条规则后,就会在任何情况下对某一类刺激做出正确的反应。因此,规则学习涉及推理能力的形成,是学校教育内容中最普遍、最重要的一部分。例如,$a \cdot b = b \cdot a$,就是一种规则学习。

8) 问题解决或高级规则学习

学习规则的目的是利用它们来解决问题。人们为了解决问题,常常需要把一些简单的规则组合成复杂的、高级的规则。因此,学生在获得行之有效的解决办法的过程中,也形成了一种新的能力,即把他们学到的东西用于解决其他类似的问题。这意味着他们已经习得了一种或一组新的规则。例如,假定学生已习得单项式相加,如 $2x+5x$,现在要求学生计算 $2+3x+4x$,求出这个多项式之和。学生需要能回忆出较简单的规则,并把它们组合起来,才能找到解答的办法。

R.M.加涅学习层级理论对教学设计的指导意义。

基于学习层级理论的累积学习模式对教学设计有着重要的指导意义。因为每一层次的学习,都是以前一层次的学习结果为前提条件的,教师在设计教学前,可通过分析前一层次学习的结果,确定学生的内部条件,以保证教学工作的顺利进行。

(二) D. P. 奥苏伯尔学习分类

美国著名教育心理学家 D. P. 奥苏伯尔根据两个维度对认知领域的学习进行了分类。他根据学习进行的方式把学习分为接受学习和发现学习,根据学习材料和原有知识的关系把学习分为机械学习和有意义学习。

1. 接受学习与发现学习

接受学习指学生通过教师的讲授接受现成的结论。接受学习的特征是,要学习的全部内容或多或少是以定论的形式呈现给学习者的,不需要他们任何形式的独立发现。接受学习的内容包括一些抽象的概念、命题、规则等,学习者只能接受这些已有的知识,掌握它们的意义,将学习材料(别人的经验)内化为自己的经验。

发现学习指学生通过自己独立地探索得出结论。发现学习的特征是,学习的主要内容未直接呈现,只呈现有关线索或例证,学习者必须经历一个发现的过程,独立地得出结论,找到解决问题的答案。按外部指导的性质,发现学习可以分为独立发现学习和有指导的发现学习。独立发现学习在性质上与科学家的科学研究相同;有指导的发现学习多在课堂教学中出现。

2. 有意义学习和机械学习

有意义学习是指利用原有知识经验理解学习材料的意义,进行新的学习。即当前的学习任务在一定意义上与学生认知结构的有关观念适当地联系起来了。有意义学习包括三种形式:表征学习、概念学习、命题学习。

机械学习是指学习者没有理解学习材料的意义,新知识不能与原有认知结构中的有关观念联系起来,只能形成文字符号的表面联系。如艾宾浩斯的无意义音节的记忆学习是纯机械学习,因为这些学习材料本身没有意义;而有意义的学习材料如唐诗,如让两岁幼儿背诵,因为幼儿无法理解,也是一种机械学习。

实际上 D. P. 奥苏伯尔的这两个维度互不依赖,彼此独立,它们的相互结合可以组成四种学习。而且,每一个维度都存在许多过渡形式,其具体的组合可见图 4-1。

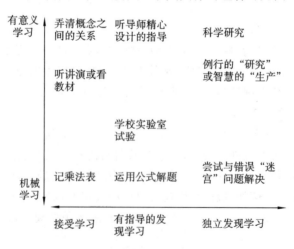

图 4-1　D. P. 奥苏伯尔的学习分类

尽管 D. P. 奥苏伯尔对学习的分类只限于认知领域，没有涵盖全部的学习现象，但这一理论对深入理解学生在学校的学习、指导教师的教学是颇有价值的。根据学校教与学的特点，教师应该强调的是有意义接受学习和有意义发现学习。

第三节　影响学习的因素

学生的学习过程和学习结果受到许多因素的制约，我们可以大体上把这些因素分为内部因素(内部条件)和外部因素(外部条件)。

一、内部因素

我们可以把影响学习的内部条件(因素)分成认知性的和非认知性的两类，前者通常称之为认知因素或认知变量，后者称为非认知因素或非认知变量。

（一）认知因素

1. 认知结构及其特征

教育心理学及认知心理学的大量研究也都表明，新的学习受到原有的认知结构的影响，个体原有的认知结构决定了新的经验的习得水平和难易程度。认知结构是影响新的学习的重要的内部条件。所谓认知结构简单地说，指个体的全部经验及其组织。学生的原有知识经验直接制约着新的学习。D. P. 奥苏伯尔非常强调学生原有知识在新的学习中的作用，他说："假如让我把全部教育心理学仅仅归结为一条原理的话，那么，我将一言以蔽之：影响学习的唯一最重要的因素是学习者已经知道了什么。要探明这一点，并应据此进行教学。"[1]不仅如此，D. P. 奥苏伯尔还特别强调个体认知结构的组织特征，他认为，良好的认知结构具有三个特征。一是原有观念的抽象和概括水平。原有观念的抽象和概括水平越高，越适合同化新知识。二是原有观念的稳定性。原有观念越稳定，越有助于新的学习、保持与迁移。三是新旧观念的可辨别性。新旧观念之间的异同越是被清晰地辨析，就越能防止新旧知识之间的干扰。

2. 认知发展水平

认知发展是心理发展中极其重要的组成部分。个体的认知发展水平(特别是智力发展水平)直接影响着学习的可接受水平、学习的深度与广度。因此学生的认知发展水平是有效学习的基本条件。教学必须针对学生原有的认知结构和认知发展水平来设计和分析教学目标，选择和运用教学方法。

发展心理学的大量研究表明，个体心理发展的各个阶段受心理本身的发展规律的制约，布鲁纳在《教育过程》一书中说："在发展的每个阶段，儿童都有他自己的观察和理解世界的独特方式。""试图根据远离儿童思维方式且有其含义对儿童来说是枯燥无味的或者运用逻辑进行正式说明的做法，肯定徒劳而无益。"学习必须适应个体认知发展的水平，在不同阶段，应该有不同的学习要求、不同的学习与学习形式。

3. 认知策略

除去学生已有的认知结构、特征和发展水平，学生的认知策略也是影响学习的重要因

---

[1] D. P. 奥苏伯尔. 教育心理学：认知观点[M]. 佘星南，宋钧，译. 北京：人民教育出版社，1994.

素。认知策略包括元认知水平、自我调节管理能力和学习策略。在教育和学习过程中会发现,有的学生学习效率非常的高,能够快速掌握知识,并且高质量地完成作业,而有的学生非常刻苦地学习但是效果却并不显著,这正是认知策略的不同导致的,优秀的学习者和一般的学习者,二者的元认知水平和学习策略以及自我调节学习能力可能存在非常大的差别。

(二)非认知因素

1. 好奇心、兴趣、需要、学习态度和学习动机

兴趣是人认识某种事物或从事某种活动的心理倾向。它是以认识和探索外界事物的需要为基础的,是推动人认识事物、探索真理的重要动机。好奇心是个体遇到新奇事物或处在新的外界条件下所产生的注意、操作、提问的心理倾向。好奇心是个体学习的内在动机之一,是创造性人才的重要特征。学习态度是指学习者对学习较为持久的肯定或否定的行为倾向或内部反应的准备状态。动机是激发、指向目标并维持行为的内部心理状态。学习动机可以理解为学生寻找学习的意义,制定学习目标,并保持学习状态的内部心理因素。好奇心、兴趣、需要和学习态度都或多或少属于学习动机的组成部分,和学习动机一起作为推动学习的动力因素对学习发生影响的。好奇心、兴趣、需要、学习态度和学习动机一方面是学习的结果,另一方面也会对学习产生重大影响。尽管这些非认知性的动力因素并不直接进入学生对学习材料的加工过程,但它们会通过提高学生的努力程度,增强或改善学习中的注意,加强或改善各学习环节的管理等方式影响到学生对学习行为的选择倾向、维持及方向性等。

2. 人格特征

学生的人格特征对学习也有深刻的影响。研究表明,人格特征与学生学习成绩之间存在着高度相关。一般认为有毅力、认真、主动性等人格特征对学习和问题解决都有积极的影响,而浅尝辄止、马虎、被动等人格特征对学习和问题解决有消极的影响。

3. 心理健康状态

学生的心理健康状态也是影响学习的一种重要因素。健康的心理是学习效率的重要条件。如积极的自我观念,适当的自信心,对学习压力、挫折的耐受性等,都是有效学习的保障条件。

二、外部因素

学习的外部条件涉及很多方面。在学校教育情境中,学校和教师所采取的一切教育教学措施都是影响学生学习的外部因素,但不同的外部因素对学生学习的影响和作用是不同的,不同的学习所要求的外部条件也是不同的,影响学生学习的主要外部因素有以下几点。

(一)教学媒体与教学方法

教学媒体指教学过程中用以运载信息、传递经验的物质手段和工具,如教材、教学参考资料、黑板、实物、模型、图片、幻灯、录音录像带、电影等,教材是最重要的教学媒介。教师必须根据教学目标、教学内容和教学方式,认真选择合适的教学媒体来传递经验,因为有些媒体较容易激发学生对所学知识的回忆,有些媒体更适合用来演示需要学生掌握的技能。教学方法和教学媒体有密切的联系。

(二)学生集体及社会因素

学生的学习活动是在学校中进行的,学校的各种因素都会对学生的学习产生重要影响。

这些因素包括课堂气氛、班风校风、集体气氛、同学间的合作与竞争、学生群体中的互动、同伴关系、集体规范、集体目标等都会影响到学生的学习态度、学习动机和学习行为。

1. 课堂气氛

课堂学习是学生在校学习期间的主要形式,课堂气氛是影响课堂学习的关键因素。课堂气氛是指课堂教学过程中,班集体在课堂上所表现出来的某些占优势的态度与情感的综合状态。良好的课堂气氛对学生的认知和行为有巨大的推动力,对学生的学习和发展具有其他教育形式不可替代的作用。

2. 班风校风

学生是在班级这种特殊的群体环境中学习和发展的。班风是班集体在教师的引导下通过师生、生生的交互作用形成的相对稳定,并具有一定倾向性的整体风貌。校风是学校领导者和全体师生员工共同具有的、比较突出的、富有该校特色的、相对稳定的精神风貌和行为倾向。优良的班风和校风对成员的行为能起到规范和约束作用,有利于促进学生全面、健康地发展。

3. 学生的人际关系

同伴关系、师生关系也是学生的学习和发展的重要因素。师生关系如何,直接影响教育教学工作的顺利进行和效果。"亲其师,信其道",青少年学生往往为博取他所喜爱和尊敬的教师的好感和关注,为获取与教师交往需要的满足而努力学习,教师也会因为学生对他的尊敬和爱戴而更加热爱教育工作。

4. 竞争与合作

竞争与合作也是影响学生学习的一对重要变量。竞争是个体或群体对一个共同目标的争夺,促使某种只是有利于自己的结果实现的行为或意向。合作是个体或群体为了共同的目标而协同活动,相互配合以实现同一目标的行为或意向。竞争与合作都是一种普遍的社会现象,更是人类生成和发展的重要条件。对学生的学习,竞争能激发学生的求胜心和荣誉感,能在一定程度上提高学习的效率,还能使集体生活变得更富有生气,避免或减轻学生对日常作业的单调感,但竞争对学生也有明显的不利影响。合作对学生的学习也有两个方面的影响。在合作条件下,学生们彼此之间表现为亲密友好的关系,合作学习对班级目标的实现具有极大的推动作用,但是合作无法发挥竞争激发学习动机和提高学习效率的作用。

(三) 教师特征

教师作为学生学习活动的最主要指导者,是影响学生学习的重要因素。学校的教育教学活动大都是在教师的组织下进行的,因此教师的心理和行为直接或间接地会影响到学生的学习。教师人格特征包括真诚、热情、豁达、富有同情心等对教学具有显著的影响。教学监控能力、知识结构(教师必须具备丰富的学科知识、广泛的基础文化知识、教育学和心理学知识)也在很大程度上影响学生的学习效果。教师的自我效能感通过影响教师的行为进而对学生的自我效能感、学习能力和成绩产生影响。

外部因素对学习的影响有直接和间接之分。例如,对于学科学习来说,教材的结构、教材的呈现方式、练习的指导等因素对学习活动有直接影响。它们引导、制约着学生的观察、思维、想象等心理过程,并因此决定学生学习的成效;班集体气氛、教师的人格特征、教学过程的新异性等这些外部因素对学习的影响是间接的,它们不直接影响学生的认知加工过程,而是通过影响学生的某些非认知因素来改变学生的内部条件,最终对学习发生影响。一般来说,它们主要是影响学生的学习态度与动机等变量,通过这些变量的改变来影响学习。

第四节 学习理论概述

学习理论是心理学中最古老、最核心,也是最发达的领域之一。在古今中外思想史上有着丰富的学习心理思想。早在心理学尚未从哲学母体中分化出来成为一门独立的学科时,就有不少思想家哲学家论及有关学习问题。19世纪末心理学独立后,心理学家们对学习的性质、过程与规律等进行了大量的专门研究,逐步形成了众多的学习理论。

纵观心理学史上关于学习的不同理论观点,根据学习理论要解答的有关如何在后天生活过程获得客观经验的问题,我们可以把它们大体上归为两大派别:行为主义学习理论和认知主义学习理论。

一、行为主义学习理论

行为主义的学习理论在哲学基础上受洛克的经验论的影响,在心理学上他们继承了英国的联想主义心理学系统的理论,重视环境和经验的作用。其代表人物是桑代克、华生、巴甫洛夫、斯金纳、班杜拉等。行为主义学习理论的核心观点是,学习是有机体在一定条件下形成刺激与反应的联系从而获得新经验的过程;强调强化对学习的作用,认为学习的结果是行为的变化,非常重视外部事件对个体的影响,提倡用外部条件来控制学习过程,他们试图发现适合于所有动物(包括人类)行为学习的原理。

行为主义内部有各种流派,在总体上行为主义表现出以下三个共同特点。

第一,在学习过程上,简化了有机体学习过程的内部操作活动,将学习过程看成是由此到彼的联结。

第二,在学习结果上,简化了有机体的学习结果,将它看成是若干兴奋点形成的通道。

第三,在学习条件上,注重学习的外部条件而忽略了内部条件。如他们强调学习的外部强化,而忽略了内部动机,注意当前情境而忽略过去的知识经验。

目前虽然行为主义的观点有其局限性,但从目前所学习的行为主义的主要观点中,我们仍然可以获得一些对教育的启示,从而促进学校教育对学生学习的效果。

二、认知主义学习理论

(一)认知主义学习理论的主要观点与特点

认知主义的学习理论在哲学基础上受先天论的影响,继承了德国唯理论的传统,而在心理学上由根源于德国的格式塔心理学,强调整体观。认知主义心理学家的代表人物有托尔曼、布鲁纳、D. P. 奥苏伯尔、R. M. 加涅等。其核心观点是,学习是有机体积极主动地形成新的认知结构的过程,有机体经验的获得是通过积极主动的内部信息加工活动形成新的认知结构的过程。尽管认知主义各个流派的内部有不同的观点和看法,但总体上认知主义各派理论具有以下共同特点。

第一,在学习过程上,都把学习看成是复杂的内部心理加工过程。

第二,在学习结果上,主张学习的结果是形成反映事物整体联系与关系的认知结构。

第三,在学习条件上,都注重学习的内部条件,强调学习者在学习过程中的主动性、积极性,注重学习者的内部动机,注重学习的认知性条件,如过去的知识经验、背景知识、心智活动水平等,注重学习过程中信息性的反馈等。

（二）认知主义学习理论的新趋势——建构主义

1. 建构主义学习理论的主要观点

传统认知主义学习理论主要关注人们如何感知和接受环境中获得的信息，如何将这些知识整合到自己已有的信念系统中，如何从大脑中提取信息。建构主义学习理论认为，学习者不是被动接受环境中的信息，而是主动积极地用独特的方法去组织和理解接收到的信息。皮亚杰、维果斯基、格式塔心理学家、巴特莱特、布鲁纳等心理学家的研究为建构主义学习理论奠定了基础。

建构主义观念整合起来主要有两个方面，包括心理建构和社会建构。心理建构指的是个体利用外界信息、资源或者通过他人的帮助完善自己的内心知识体系构建自己的心理模型和问题解决策略。社会建构则强调个体通过学习能够提升自己的能力，从而更好地与他人合作，更好地融入社会活动。个体建构主义，又称心理建构主义、认知建构主义，主要研究个体的知识、信念、自我概念等，关注个体如何利用自身的知识来解释各种情境下的问题。例如，皮亚杰认为儿童的心理发展过程是他们与环境不断相互作用产生新的图式。维果斯基的社会建构主义更强调参与社会互动、使用语言文化工具等在个体心理建构中的作用。

2. 建构主义的共同特点

虽然目前建构主义学习理论还没有达成一个统一的理论，建构主义并不是一个学习理论，在具体观点上有很大的差异，但建构主义具有以下共同特点。

第一，学习的主动建构性。学习者不是被动地接受知识，而是主动理解新的情境和知识，并运用已有的经验进行学习、整合或者互动。传统某些填鸭式教育将学生当作容器接收知识，在建构主义者看来，这并不是学习，学生的任何形式的学习都是与他们构建自己独一无二的内部解释相连的。

第二，学习的情境性。学习应该在复杂的学习任务或者真实、相互关联的情境中发生。外界环境中需要学生解决的一般都是复杂的，结构不良的问题，因此教学也应该尽量让学生在同样的环境中学会解决复杂问题，学会多种解决问题的方法，并学会应用这些知识。

第三，学习的社会互动性。建构主义者都认为学习是在社会交往中产生的，合作学习、社会协商对知识的构建起着非常重要的作用。

第四，学生学习的主体性。强调学习的主体在学习中的重要性。突出学生为中心的教学。强调学生是教学的焦点，在教育中处于中心位置。

3. 建构主义学习理论对教育工作的启示

建构主义学习理论观点对传统教学有非常大的启示和应用价值。第一，强调学生是学习的中心，教师应该让学生自己通过努力来理解学习内容。第二，教师在教学中应该设置尽可能多的学习情境传递教学内容，让学生能够在不同背景下构建知识。第三，强调合作性学习的重要性，学生的学习很多时候是在与他人和环境的互动中发生的，教师应尽可能地让学生参与合作性学习，帮助学生在互动中内化知识。第四，教师应创设多种不同的复杂的真实的学习环境，让学生在该情境下学习解决问题，而不仅仅是传授已有的固定的知识。

【思考与练习】

1. 解释下列名词：学习、接受学习、发现学习、机械学习、有意义学习、言语信息、智慧技能、认知策略。

2. 如何理解学习的实质？学习有什么意义？

3. 试述学生学习和一般人类学习相比有哪些特点?
4. 举例说明 R.M. 加涅学习结果分类及其教学意义。
5. 试比较接受学习、发现学习与机械学习、有意义学习。
6. 试分析学生学习的影响因素有哪些?
7. 学习的理论有哪些,这些理论分别对教育有什么启发?

第五章 行为主义学习理论及应用

本章学习提要

- 经典性条件反射理论及应用。
- 操作性条件作用的原理及应用。
- 社会学习理论及应用。

导入案例

教育心理学课堂片段①

朱丽娅·埃斯特班是坦纳小学一年级的教师。她试图教给学生如何表现出适宜的课堂行为。她说:"同学们,我想跟你们谈谈咱们班上存在的一个问题。当我提出一个问题时,你们当中的许多人不是先举手等待我点名,而是直接回答问题。谁能告诉我:当我向全班同学提出某个问题时,你们该怎么做?"丽贝卡的手举到空中,说道:"我知道!我知道!举手并安静地等待!"

朱丽娅·埃斯特班叹了口气,她试图忽视丽贝卡——因为其行为恰恰是教师不希望看到的,但丽贝卡却是班上唯一举手的学生,并且你越不理她,她就越发使劲地挥动着手,大声说着自己的答案。

"好吧,丽贝卡,你觉得应该怎么做?"

"我们应该举起手,安静地等待着您点名。"

"既然你知道这个规则,那为什么在我点你名之前就大声回答呢?"

"我想我是忘记了。"

"好吧。谁能提醒大家一下有关课堂轮流发言的规则?"

四个学生举起了手,一起大声说起来。

"一次一个人回答!"

"按次序回答。"

"当别人发言时不要说话!"

朱丽娅·埃斯特班要求学生遵守课堂秩序:"你们快要把我逼疯了!"她说,"我们刚才不是正在讨论应该举手等我点名吗?"

"但是,朱丽娅·埃斯特班老师,"又有一个学生没有举手就回答,"丽贝卡并没有保持安静,但你也叫她发言了呀!"

---

① [美]罗伯特·斯莱文.教育心理学:理论与实践[M].10版.吕红梅,姚梅林,等,译.北京:人民邮电出版社,2016.

儿童是优秀的学习者。然而，他们所学的并不总是我们想要教给他们的，朱丽娅·埃斯特班老师试图教给学生在课堂上应怎么做，但是由于对丽贝卡的突发行为给予了关注，所以她实际教给学生的恰恰与其愿望相悖。丽贝卡渴望获得老师的关注，所以老师（即使以恼怒的声音）点她的名发言，这种方式恰恰奖励了她不经允许就直接说出答案的行为。朱丽娅·埃斯特班老师的做法不仅使丽贝卡更可能再次不举手就直接说话，而且使得擅自说话的行为被其他同学仿效。朱丽娅·埃斯特班老师对学生所说的话远不如她对学生的行为所做出的回应重要。

在这个案例中，丽贝卡行为的结果会改变丽贝卡今后的行为，对这种现象的解释就是操作性条件作用理论。其他同学观察到丽贝卡的行为和后果而进行仿效，这是观察学习。操作性条件作用理论和观察学习都是行为主义学习理论中的观点。作为20世纪涌现的第一个重要的学习理论视角，行为主义学习理论及其应用将是我们本章学习的主题。

行为主义是产生于美国的一个心理学派别，它用"刺激（stimulus, S）-反应（reaction, R）"论来诠释学习的过程，认为刺激-反应联结构成了学习过程的全部。

第一节 经典性条件作用理论及应用

一、巴甫洛夫的经典性条件作用理论

巴甫洛夫（图5-1），俄国生理学家、高级神经活动学说的创始人，高级神经活动生理学的奠基人，是传统心理学领域之外对心理学发展影响最大的人物之一。

图5-1 巴甫洛夫

（一）经典实验

巴甫洛夫早期致力于狗的消化系统研究。在实验中，巴甫洛夫把狗用一副套具固定住，用开刀手术在狗的腮部唾腺位置连接一根导管，引出唾液，记录分泌滴数。

给狗喂食，狗分泌了唾液。此时，食物就是无条件刺激，我们把由食物引起的唾液分泌称为无条件反射，这种反射是自动发生的，不需要条件作用。但是，有趣的是，在摇铃（实验开始时它不会引起狗的唾液分泌，称为中性刺激）之后迅速给狗喂食，并多次重复，狗在听到铃声但尚未得到食物之前就开始分泌唾液了。此时，铃声由原来的中性刺激变成了条件刺激，听到铃声引起的唾液分泌则成了条件反射。

（二）经典条件作用理论的基本观点

1. 经典性条件作用的原理

一个原来是中性的刺激与一个原来就能引起某种反应的刺激多次结合，致使动物学会对那个中性刺激做出反应。这就是经典性条件作用原理的基本内容。经典性条件作用的形成过程实际上是一个刺激替代过程，即由一个新的、中性的刺激替代原先就可以引起某种反应的刺激过程。

2. 经典性条件作用中的基本规律

1) 消退

在巴甫洛夫的实验中,当铃声和食物一起出现几次后,狗学会了只要听到铃声就分泌唾液的反应。但是,如果铃声一次又一次的响起,而食物并没有随之出现,这只狗听到铃声不再分泌唾液,它对铃声的条件反射消失了。巴甫洛夫把这种现象称为消退。

2) 泛化与分化

巴甫洛夫发现,如果他训练一只狗对 500 Hz 的铃声产生唾液分泌反应,条件作用建立后,这只狗在听到 400～600 Hz 的铃声时都会产生唾液分泌反应。他把这种与最初的条件刺激相似的刺激也可以引起条件作用的现象,称为泛化。

泛化的条件作用出现后,最初,狗在 400 Hz 和 500 Hz 的铃声出现时都会分泌唾液。但是,如果只在 500 Hz 的铃声出现时给食物,而在 400 Hz 的铃声出现时不给食物,几次之后,狗就学会了只在 500 Hz 的铃声出现时分泌唾液。也就是说狗学会了对不同的刺激产生不同的反应,这个现象就叫作分化。

3) 高级条件作用

巴甫洛夫观察到,在狗学会听到铃声就分泌唾液后,如果将铃声与另一个中性刺激一起呈现(比如灯光),几次之后,单独呈现这个中性刺激就能引起狗的唾液分泌。巴甫洛夫把这种条件反射形成之后,条件刺激作为新的"无条件刺激"与其他刺激同时呈现形成新的条件反射的过程,称之为次级条件作用,即高级条件作用。

3. 两种信号系统

在条件作用中,巴甫洛夫区分了两种信号系统。凡是能引起条件作用的物理条件刺激就叫作第一信号系统。例如,学生听到打铃就知道上课了或者下课了,这就是第一信号系统的条件作用。凡是能引起条件作用的以语言符号为中介的条件刺激就叫作第二信号系统。比如,老师在没有打铃的时候说"上课了"或者"下课了",学生就知道该上课了或者该下课了,这就属于第二信号系统的条件作用。

第二信号系统是人类与动物学习最本质的区别。

二、华生的行为主义学习理论

华生(图 5-2),美国心理学家、行为主义心理学的创始人。1913 年,发表了《行为主义者眼中的心理学》一文,这标志着行为主义心理学的诞生。

(一) 经典实验

华生和雷纳曾经利用经典条件作用的原理做了一个恐惧情绪形成的实验。

实验对象叫阿尔伯特,实验之前的一系列的基础情感测试发现,小阿尔伯特对白鼠、兔子、狗、猴子、毛绒玩具等物品均不感到恐惧。在小阿尔伯特 11 个月大的时候,华生和雷纳开始了实验。首先把一只小白鼠放在小阿尔伯特身边,允许他玩小白鼠,他一点儿也不害怕。然后,当他准备伸手去摸小白鼠时,华生就在他身后用铁锤敲击悬挂的铁棒,制造出巨大的、刺耳的响声。如图 5-3 所示,小阿尔伯特被吓得惊跳了起来,不过他还是继续去摸这只小白鼠,但他换了另外一只手去摸。在经过 3 次将小白鼠和巨大噪音这两个刺激配对呈现后,单独出现小白鼠也会引起小阿尔伯特的恐惧反应。6次结合之后,小阿尔伯特的反应更强烈,无论什么时候看到小白鼠,他就会歇斯底里地哭起来,并且拼尽全力爬开。后来,小阿尔伯特的恐惧泛化到了其他刺激,如他对任何有毛的东西都感到害怕,如兔子、毛茸茸的狗、豹纹外套,甚至害怕圣诞老人。

图5-2 华生

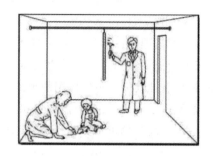

图5-3 小阿尔伯特实验示意图

(二)华生行为主义学习理论的基本观点

1. 学习的实质

华生提出,学习的实质就是通过经典性条件作用,在刺激与反应之间建立联结,从而形成习惯的过程。他认为,人类出生时只有几个反射(如打喷嚏、膝跳反射)和情绪反应(如惧、爱、怒等),所有其他行为都是后天通过条件反射建立新刺激-反应(S-R)联结而形成的。

2. 学习律

在习惯的形成中,华生提出了两个规律:频因律和近因律。

1) 频因律

频因律是指在其他条件相等的情况下,一种行为练习得越多,习惯就形成得越迅速。因此,练习的次数在习惯形成中起重要作用。

2) 近因律

近因律是指当反应频繁发生时,最新近发生的反应比较早发生的反应更容易得到加强。因为在每次练习中,有效的反应总是在最后一个反应,所以这种反应在下一次练习中必定更容易出现。由此,华生把反应离成功的远近作为解释一些反应被保留,另一些反应被淘汰的原则。在华生看来,习惯反应是离成功时机最近出现的反应。

三、经典性条件作用理论的应用

虽然经典条件作用的大部分研究是在实验室条件下进行的,但这些研究成果有助于我们应用这些规律去调控、改变学生的认知、情绪及相应的身心反应。我们可以从中得到一些有益的教育启示,尤其是在幼儿和小学生学习行为习惯、良好态度与积极情绪的形成、不良情绪的改变方面。

(一)让学生在积极的氛围中学习,将学习与愉悦的情绪相联结

经典条件作用理论提示我们,为学生营造积极的学习氛围很有必要。学生应该在能引发愉悦情绪的环境中进行学习活动,当学生将学习的内容和积极的情绪联系在一起时,就会

更自觉地自发学习。例如,如果一个孩子在早期对书籍有着愉快的体验,日后他就更有可能经常地、广泛地阅读书籍。在现实的教学中,学生很容易因为喜欢一个教师的课堂而喜欢上这一门课程,所以教师在教学的教程中,应该丰富教学内容与方式,使学生在学习的过程中体会到积极的情绪体验,从而把这种对课堂的积极反应转移到对课程的积极反应上去。

(二)尽量避免让儿童把学习与消极情绪联系起来

如果学生将学校功课或老师与惩罚、羞耻、失败和挫折联系起来的话,学校、课程就会变成高焦虑的来源。一些课堂活动(例如测验、演讲)尤其容易与消极的情感(例如失败、窘迫等)联系在一起,在参加这些活动时有些学生很快就容易变得焦虑不安。因此,教师在设计课程时要充分考虑到学生现有的知识、技能和认知能力等,为学生成功地完成课堂任务提供所需的资源和支持。当要求学生在他人面前进行有难度的活动时,老师应该采取特别的预防措施。例如,当一个学生需要在班里进行演讲时,老师可以先给出一些建议,告诉他呈现什么内容以及如何呈现会更容易得到同学们的积极反应等,也可以帮助他提前多练习几次。

(三)教会学生恰当地使用泛化和分化

泛化和分化现象广泛存在于学生的学习中,有些不恰当的泛化往往给学生的学习带来严重的障碍,因此在实际的学习中,教师需要帮助学生分辨哪些刺激应该与哪些反应建立联系,以形成对学习有利的刺激-反应联结。例如,让学生意识到一门课程成绩不好,不会导致所有科目的成绩不好。

第二节 操作性条件作用理论及应用

一、桑代克的联结主义学习理论

桑代克(图5-4),美国心理学家、动物心理学的开创者、心理学联结主义的建立者和教育心理学体系的创始人,被誉为"现代教育心理学之父"。

(一)经典实验

桑代克首先用实验法来研究动物的学习心理,其中最为著名的就是饿猫开迷箱的实验。

在饿猫开迷箱的实验中,如图5-5所示,桑代克将一只饿猫关入他专门设计的迷箱中,箱外放一条鱼,饿猫急于冲出箱门去吃箱外的鱼,但是要想打开笼门,饿猫必须触动某个特定的装置(如按压踏板或拉动绳线)。猫第一次被放入迷箱时,会盲目地乱撞乱叫,东抓西咬,试图逃出迷箱。后来,它偶然碰到那个装置,逃出箱外,吃到了食物。当把这只猫再次放回迷箱时,它会再次尝试错误的行为,但这次他成功逃出的时间比第一次逃出的时间要短,随着不断地被放回迷箱,这只猫找到正确逃离途径所需的时间会越来越短,到最后,猫一被放进迷箱,就能迅速触动装置逃出迷箱。

通过对猫在迷箱中的行为的观察,桑代克提出了联结主义学习理论。

(二)联结主义学习理论的基本观点

1. 学习的实质与过程

桑代克认为,学习的实质是在刺激与反应之间形成联结(无须观念做媒介),即形成S-R

图 5-4　桑代克　　　　图 5-5　桑代克的饿猫实验图

之间的联结。而学习的过程是一种渐进的尝试错误的过程。在这个过程中，无关的错误的反应逐渐减少，而正确的反应最终形成。

2. 学习律

1）准备律

准备律是指学习者在学习开始时的预备定式。学习者有准备而又让其行为就会感到满意，学习者有准备而不让其行为则感到烦恼，学习者无准备而强制让其行为也感到烦恼。

2）练习律

练习律是指联结的强度取决于联结使用的频次。练习和使用的频次越多，联结就越强；反之，联结就变得越弱。后来他修改了这一定律，只有当学习者发现重复练习能获得满意的效果时，练习才会有助于学习。

3）效果律

效果律是指一个行为之后得到是一个积极的结果，那么，在类似的情境中这个行为重复的可能性就会增加；反之，如果跟随的是一个消极的结果，那么，这个行为重复的可能性则会减少。从效果律可以看出，一个人当前行为的后果对决定他未来的行为起着关键的作用。

二、斯金纳的操作性条件作用理论

斯金纳（图 5-6），美国心理学家，操作性条件作用理论的创始人，新行为主义的主要代表人物之一。他创制了研究动物学习活动的仪器——斯金纳箱。他根据对操作性条件反射和强化作用的研究提出了程序教学理论，并设计了"程序教学"方案，对美国教育产生过深刻的影响。

（一）经典实验

在桑代克迷箱的基础上，斯金纳发明了一个简单的装置，即著名的斯金纳箱（图 5-7）。斯金纳箱内部装有一个金属杠杆，当动物按压杠杆时，就会有一个食丸从食物槽进入箱内，动物就能吃到食物。实验时把饥饿的白鼠置于箱内，白鼠可在箱内自由活动。它在活动的过程中，偶然按压杠杆即可得到一粒食丸。在几次偶然的按压杠杆后，白鼠就学会频繁地按压杠杆以得到食丸。从实验中可以看出，食物奖赏影响了白鼠的行为，即加强了按压杠杆的行为，并减弱了其他行为（如在箱子里乱转）。

图 5-6 斯金纳

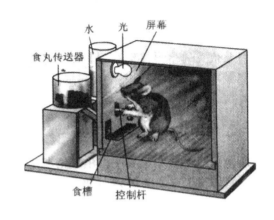

图 5-7 斯金纳箱

（二）操作性条件作用学习理论的基本观点

1. 操作性条件作用

1）两种类型的反应行为

斯金纳把行为分成两类：应答性行为和操作性行为。应答性行为是由已知的刺激引起的反应，例如，在巴甫洛夫的实验里，狗看见食物或灯光就流唾液，食物或灯光就是刺激，分泌唾液就是狗对刺激产生的应答性行为。操作性行为则是有机体自身发出的反应，这些行为最初是自发的行为，由于受到强化而在特定情境中固定下来。例如，斯金纳实验中白鼠的按压杠杆行为就是操作性行为。相较而言，应答性行为比较被动，由刺激控制；操作性行为代表着有机体对环境的主动适应，由行为的结果所控制。人类的大多数行为都是操作性行为，如游泳、写字、读书，等等。

根据这两种行为，斯金纳把条件作用也分为两类：应答性条件作用（又称经典性条件作用）和操作性条件作用（又称反应性条件作用）。经典性条件作用与操作性条件作用的差异见表 5-1。

表 5-1 经典性条件作用与操作性条件作用比较

比较范畴	经典性条件作用	操作性条件作用
学习的前提和过程	中性刺激与无条件刺激的多次结合	行为后果影响随后的行为
学习的结果	刺激之间的信号关系	正确的行为反应
强化的出现及其作用	强化在行为前，无奖赏作用	强化在行为后，有奖赏作用
行为的性质	不随意的（由刺激引发）、情绪的、生理的	随意的（由有机体主动做出）

斯金纳认为，在学习情境中，操作性行为更有代表性。因为这种反射可以塑造新行为，在学习过程中尤为重要。

2）操作性条件作用的原理

通过观察不同条件下白鼠和鸽子在斯金纳箱中的表现，斯金纳归纳了操作性条件作用的基本原理：一个伴随强化物的反应将会被增强，进而更有可能再次出现。换言之，受到强化的反应的频率可能增加,而这种频率的增加(一种行为改变)意味着学习正在发生。①

值得注意的是,强化物必须在反应之后出现,在一个反应之前出现的强化物很少能对其产生强化作用。例如,为了使孩子养成认真完成作业的好习惯,有些家长会在孩子认真完成作业后给予奖励,但如果把这个奖励放在孩子做作业之前,家长的初衷就很难实现。还要注意的是,强化物必须与反应相倚。一般来说,最好只在个体出现积极反应时才给予强化。例如,本章案例导入中的朱丽娅·埃斯特班老师在丽贝卡没有正确反应的情况下就让其发言,这就是没能做到强化与反应相倚,孩子们也就没有学会正确的行为。更糟的是,孩子们甚至可能因此认为规则是可以打破的。

2. 学习的实质

斯金纳认为,学习是指有机体在某种情境中,自发做出的某种行为,由于得到强化而提高了该行为在这种情境中发生的概率,即形成了反应与情境的联系。也就是说,学习就是有机体通过操作性条件反射的建立,形成反应(R)与情境刺激(S)的联结。

3. 强化理论

强化理论是斯金纳理论的最重要部分和基础。他认为行为的习得正是因为强化的作用,形成操作性条件作用的关键就在于强化。强化决定了有机体行为方式的形成、转化的过程,也就是决定了学习的进行和学习的效果。合理地控制强化就能达到控制行为、塑造行为的目的。因此,了解强化及其原理是非常重要和有意义的。

1) 强化和强化物

斯金纳认为,凡是能增强反应频率的刺激或事件就叫作强化物。② 而利用强化物促使某一操作反应发生概率增加的过程就是强化。根据定义可知,受到强化的行为,其频率会增加、出现时间会延长。如果看到一个行为持续出现,或随着时间有所加强,你就可以假定这个行为的结果对个体而言是一个强化物。

在斯金纳的体系中,他用强化物这一术语代替了奖赏一词。强化物则是一个中性术语,只客观描述了对行为的影响。

2) 强化的类型

(1) 正强化和负强化。

斯金纳按强化的性质把强化区分为正强化和负强化。

所谓正强化是指在行为之后给予(呈现)某种愉快刺激以使行为发生的概率提高。例如,儿童在做完作业之后父母通过给予表扬而增加儿童做作业的行为。而负强化则是指在行为之后通过撤销某种厌恶刺激以提高行为发生的概率。例如,在闷热的教室里打开窗户可以使闷热的环境消失而提高开窗户这一行为的发生率。天热了扇扇子以逃避热气也是负强化的作用。

在实际应用中,负强化与惩罚经常被混淆。实质上,强化(无论是正强化还是负强化)过程总是与行为的增强有关,而惩罚则是为了降低某种反应发生的概率。例如,通过斥责而消

---

① [美]简妮·爱丽丝·奥姆罗德.学习心理学[M].6版.汪玲,李燕平,廖凤林,等,译.北京:中国人民大学出版社,2015.

② 莫雷.教育心理学[M].北京:教育科学出版社,2007.

除学生的不良行为。假如一个行为发生后,个体受到了惩罚,那么以后在相似的情境中他就不太可能重复这个行为。

与强化一样,惩罚也可以分为两种类型:正惩罚和负惩罚。正惩罚是通过给予某种消极刺激来降低行为发生的概率,负惩罚则是通过取消某种积极刺激来降低反应发生的概率。

不同强化与惩罚的比较见表 5-2。

表 5-2 不同强化与惩罚的比较

	行为发生的概率增加	行为发生的概率降低
呈现刺激	正强化(呈现愉快刺激,如给予奖励)	正惩罚(呈现厌恶刺激,如关禁闭)
撤销刺激	负强化(撤销厌恶刺激,如免做家务)	负惩罚(撤销愉快刺激,如不让玩游戏)

(2)一级强化物和二级强化物。

强化还可以根据强化物的性质分为两种类型:一级强化和二级强化。

一级强化物满足个体内在的生理需求和欲望,包括所有在没有任何学习发生的情况下也起强化作用的刺激,如食物、水、氧气、安全、温暖和性等。二级强化物原本只是一个中性刺激,在和其他强化物反复联系之后变得具有强化作用,如赞扬、优异的成绩、金钱、奖品等。二级强化物有三种基本类型:一种是社会强化物,例如表扬、微笑、拥抱或关注等;一种是活动强化物,例如可以玩玩具、做游戏或从事有趣的活动;还有一种是代币强化物,例如钱、分数、小红花等。

3) 强化的程序

强化程序是指强化出现的时机和频率。强化程序可以分为连续强化和间隔强化,间隔强化根据"时间-比率""固定-可变"两个维度又可以组合出四种强化程序,强化程序的分类见表 5-3。

表 5-3 强化程序的分类

程 序	定 义	例 子	反应建立的方式	强化终止后的反应
连续强化	每次反应都给予强化	一打开电视便看到图像	迅速学会反应	反应几乎没有持续性,并迅速地消失
定时强化	经过固定时间后给予强化	周测验	随着强化时间的临近,反应数量迅速增加,强化后反应数量迅速降低	反应具有很短的持续性;当强化时间过去且不再有强化物时,反应速度会迅速降低
定比强化	做出固定次数的反应后给予强化	计件工作	反应建立迅速,强化后反应会暂停	反应具有很短的持续性;当强化时间过去且不再有强化物时,反应速度会迅速降低
变时强化	不定时给予强化	随时测验	反应建立缓慢、稳定,强化后反应不会暂停	反应具有更长的持续性;反应降低的速度缓慢

续表

程　序	定　义	例　子	反应建立的方式	强化终止后的反应
变比强化	做出不定次数的反应后给予强化	老虎机 娃娃机	反应建立的速度很快，强化后几乎不会暂停	反应具有最长的持续性，且保持在很高的水平上，难以消失

每种强化程序都产生相应的反应模式。连续强化在教新任务时最为有效。与连续强化相比，间隔强化具有更高的反应率和较低的消退率，一般在学习的后期要采用间隔强化。定时强化会导致一种有趣的行为模式：在不给强化物的时间里，个体只做出很少的行为反应，直到强化的时间点临近才在短时间内竭尽全力。例如，那些临时抱佛脚以应对考试的学生就是这种模式的体现。因为定时强化中个体的行为效率呈现出扇贝形曲线的变化趋势，所以我们又把这种现象叫作扇贝效应。定比强化对稳定的反应率比较有益，能有效激励个体去做大量的工作。变时强化能够有效地把一项行为维持在高反应率和低消退性。例如，老师对学生的作业进行不定时抽查，由于学生无法预料老师何时会抽查到自己，他们就会始终努力去做好。变比强化对稳定和高反应率最为有效。例如，彩民买彩票，即使很长一段时间里都没有中奖，他们也不会放弃，因为他们已经意识到：可能要做很多次才能得到回报。他们一厢情愿地相信下一次就可能有回报，不停地做下去。[①]

三、操作性条件作用理论的应用

斯金纳提出的强化理论和程序教学思想在课堂教学和行为管理方面有着广泛的应用。

（一）塑造学生的良好行为

对课堂实践而言，要塑造学生的良好行为，让这些良好行为反复在学生身上出现，这个问题看似简单，要真正做好也并非易事。斯金纳的理论对教师如何有效地运用强化提出了大量的建议。

1. 事先告知所期望的行为

行为主义者们指出，最好一开始就把所期望达到的结果描述出来，描述的结果应该是具体的、可观测的，而且最好有对该行为的形式和频率等的详细说明。例如，在幼儿阶段，教师希望幼儿"做一个好孩子"，可事先提出具体要求，告诉他们好孩子应该懂礼貌、和伙伴和睦相处、乐于分享、不乱扔垃圾，等等。又例如，在中小学，教师与其告诉学生应该有"学习的责任心"，还不如告诉他们紧跟教学进度、每天将所需的课本和资料带齐、按时上交作业的重要性。通过对终点行为的事先说明，教师不仅给自己和学生指出了瞄准的目标，并且让学生能更好地确定自己是否正朝向这些目标前进。

2. 对不同学生区别使用强化物——识别对每一位学生真正有效的强化物

学生都是有个性的，每个学生都有自己适合的强化方式。例如，有的学生喜欢在公开的场合得到表扬、奖励，而有的学生则喜欢教师私下的鼓励；有的学生喜欢教师的口头表扬，而

[①] ［美］罗伯特·斯莱文.教育心理学：理论与实践[M].10版.吕红梅，姚梅林，等，译.北京：人民邮电出版社，2016.

有的学生则喜欢教师给予一个赞许的眼神、一个亲切的微笑;有的学生喜欢物质的奖励,而有的学生则喜欢精神的激励;等等。因此,如果无视每个学生的特殊需要,千篇一律地使用单一的强化形式的话,强化的效果就会大大削弱。实际工作中,教师只有深入了解每个学生的具体情况,仔细观察每个学生的反应,认真总结经验,有针对性地进行强化,才能真正有效地影响学生行为,增强强化效果,促进学生的发展。

教师在选择强化物时,除了应考虑学生的个性外,还应考虑学生的年龄因素。对不同年龄段的学生,选择的强化物也有所不同。例如,在幼儿园中,对小班孩子来说,奖励一颗糖果可能是非常有效的强化物;对中班的孩子来说,奖励小红花、五角星、卡通贴纸等可累积的物品更具激励性;而对大班孩子来说,可以铅笔、练习本、橡皮、棋类等实用物品作为奖品,又或者在教室中创设体现竞争性的环境,如"比比谁的星星多",可能更能激发孩子的积极性。在实践中,教师要针对不同年龄段的学生,因人而异地选择更适合的、更有效的强化物。

3. 在强化中运用普雷马克原理

普雷马克最早提出,用一个高频活动强化一个低频活动,从而促进低频活动的发生。这一原理被称为普雷马克原理。简单来说,就是"先做我想让你做的事,然后做你自己喜欢做的事。"由于祖母对付孙子常用这种方法,所以又被称为祖母原则,即"先吃了你的蔬菜,然后你就可以吃甜点。"

在教学实践中,教师使用普雷马克原理必须注意,低频行为(学生不太喜欢的行为)必须首先发生,才能使普雷马克原理奏效。

普雷马克原理还可为教师选择最有效的强化物提供参考指南。根据该原理,个体偏好的活动可以成为不太喜欢的活动的有效强化物。

4. 让学生明确反应和结果之间的依随关系

当学生清楚地知道各种行为将伴随怎样的结果时,强化显然会更有效。在实践中,有时仅仅清楚描述可能还不够,还必须使学生从主观上认识反应和结果之间的相倚性。例如,有的学生为了看电视,草草地做完作业,就要看电视,如果家长允许看,则是对他做作业草率、不认真这一不良行为的强化。因此,家长必须使儿童意识到,允许他看电视是对他认真按时完成作业的一种奖励,而不是随便应付地完成作业就可以看的。

对幼儿来说,教师运用强化需要包含具体信息,如果教师只简单地使用"了不起""真棒""你真能干"之类的话语鼓励幼儿,就不能使幼儿从教师的表扬中知道自己什么地方了不起,棒在哪里,能干在什么地方,这样缺少足够信息的强化,往往显得空洞,达不到理想的教育效果。因此,在强化幼儿的行为时,需要向幼儿解释清楚某种行为好在何处,给他人给集体带来了什么,即让幼儿理解他的行为的意义。这样他们才明白何种行为会得到肯定和鼓励,何种行为会受到批评和否定,从而获得正确的行为观念,养成正确的行为方式和良好的行为习惯。如果强化仅仅与行为的最终结果相联系,不仅会削弱强化的教育力量,甚至有可能会引起负面效应。

5. 对复杂的行为要逐步塑造

在许多情况下,激励一个想要的行为需要一个逐步塑造的过程。即将目标行为分解成一个个小步子,每完成一小步就给以强化,直到获得最终的目标行为。这种方法也叫作连续接近。斯金纳认为"教育就是塑造行为",通过连续接近的方法,对趋向于所要塑造的反应的方向不断地给予强化,直到引出所需要的新行为。

在课堂教学中,假设我们想让学生写一段含有一个主题句和一句总结的段落,那么,这一任务包括许多部分:能识别并能写出主题句、佐证材料和总括句;能写出一个完整的句子;能正确使用大小写、标点符号和语法;能正确拼写。如果教师在一节课里教所有这些技能,要求学生写出一段文字,并且根据他们的内容、语法、标点和拼写而评分,那么大多数学生将会失败,学生从练习中将学不到什么。

事实上,老师可以一步一步地教这些技能,逐步塑造出最终的技能。学生可以先学如何写主题句,然后写佐证材料,然后写总括句,在此之前可专门谈论如何选题立意。然后,对段落和标点也提出要求。最后,拼写也作为一条标准。在每一阶段,学生都有机会获得强化,因为强化的标准都是他们可能达到的。

6. 任务早期使用即时强化,以后逐步转为间隔强化

任务早期进行即时强化(强化学生的每一个正确反应)有助于学生从反馈中来认识自己的优势和不足,从而进一步调整自己的行为。而后逐步转为间隔强化则可以保持较高的反应率和较低的消退率,这样有助于好的行为习惯的养成。

任务早期的即时强化对幼儿来说尤为重要。因为幼儿思维和记忆的发展水平有限,若强化延迟,幼儿可能就很难将强化与自己先前的行为表现联系在一起了。例如,幼儿上午帮助老师拿了教具,老师当时没夸他,下午再夸他时,他可能已经不知道老师为什么夸他了。并且,随着时间的推移,幼儿对行为结果的关注度会逐渐降低,对强化的情感体验也一定会不如及时给予强化时的情感体验强烈。再者,由于时间的延迟,整个过程中很可能会介入一些其他的行为,而介入的行为中,很可能也会有不良行为,于是在给予强化时,有可能会导致一些不良的行为在无形中得到了强化,从而使强化达不到预期的效果。

(二) 处理问题行为

不论教师在增强学生的积极行为时是多么成功,但教师有时还需要处理一些令人讨厌的行为,这要么是因为其他方法无效,要么是因为行为本身很危险,需要立即采取行动。为了达到这个目的,我们可以尝试以下几种方法。

1. 负强化

当学生处在某个不愉快的情境时,就可以使用负强化,如果学生的行为改善了,就可以让学生"离开"不愉快的情境。例如,当学生上了一节课很累,想要休息,但是很多学生又在课堂上讲话、没有坐好的时候,教师可以说:"等你们所有人都安静地坐好、不再讲话之后,我们就出去休息。否则就不休息",在这个例子中,只要适当行为一出现(安静坐好、不再讲话),老师就会撤销令人厌恶的东西(不休息),从而达到减少问题行为的目的。

2. 让学生为不当行为付出反应代价

反应代价是指由于某些违反制度的行为,人们会失去一些强化物,比如金钱、时间、特别待遇等。课堂中,老师可以有很多使用反应代价的方式。例如,学生第一次违反纪律时,老师予以警告;第二次,老师就在评分本上给该生做一个记号,并规定,画一个记号就失去两分钟的休息时间。

3. 惩罚

作为一种控制行为的手段,惩罚被广泛应用于教育实践当中。事实上,惩罚是一柄双刃

剑。斯金纳曾说:"受过惩罚的人,并不会因此就改弦更张,不我行我素了,他充其量也不过学会了如何免于惩罚而已。"很多时候,惩罚只是简单地遏制了错误行为的发生,只能告诉学生不该做什么,而不能告诉学生应该做什么,这样很容易把学生带进新的误区。

教师在实践中要慎用惩罚。任何时候如果你想用惩罚,都要考虑两点:首先,运用惩罚,以抑制不想要的行为;其次,明确学生应做的替代行为,并对那些想要的行为进行强化。这样,问题行为得到了抑制,积极行为得到了强化,就能从根本上去改变学生的问题行为,帮助他们形成新的、良好的行为习惯。

> 专栏 5-1

使用惩罚的要点[①]

(1) 避免不经意地强化你本应惩罚的行为。私下与学生对质,这样学生就不会在公开场所站起来与教师争辩。

(2) 让学生预先了解违反规章制度的后果。对低年级的学生,需要把主要的班级制度张贴出来;对高年级的学生,则可在课程开始前简要地说明班级制度和违反的后果。

(3) 告诉学生惩罚之前只有一次警告机会,教师要以平静的方式进行警告,然后坚持到底。

(4) 惩罚要在合理的范围内,尽可能地不回避且要及时。

(5) 当生气时不要进行惩罚——因为你可能太苛刻了,随后还得收回惩罚——显得前后缺乏一致性。

4. 自然消退

自然消退又称衰减,它是指对某种不希望发生的行为,在一定时间内不予强化,此行为将逐渐消退。例如,在课堂上,有些学生会故意违反纪律和秩序,以此来吸引老师或同学的注意。如果这时教师采用惩罚等手段来遏制这些学生的行为,不仅不能制止学生的不良行为,有时反而会强化这种行为,使这些学生以后还会用类似扰乱课堂纪律等手段来引起老师和同学的注意。面对此种情况,教师正确的做法就是"冷处理",暂时对这些学生的行为不理会,同时强化其他学生的正确行为,就能使这些学生改变自己的行为。

(三) 程序教学

20世纪50年代,斯金纳完成了程序教学的一系列研究。斯金纳程序教学的基本思想是对学生的正确学习效果必须给予及时的强化,以鼓励学生继续进行学习。

1. 程序教学的基本要求

程序教学的基本要求是:①教师要编写一系列刺激(问题)—反应(答案)框面,这些框面由易到难小步子地呈现教学内容;②要求学生必须主动地学习,即要求他们对每个框面所呈现的内容(问题)做出积极的反应;③给学生的每个反应(答案)提供即时的反馈(指出正确答案);④尽量安排好问题,使学生能经常做出正确的反应并得到及时强化;⑤让每个学生按照

[①] [美]安妮塔·伍尔福克.伍尔福克教育心理学[M].12版.伍新春,张军,季娇,译.北京:中国人民大学出版社,2015.

自己的进度完成整个教学程序;⑥给勤奋和学习效果好的学生提供大量支持性强化物。

2. 编制程序教学的原则

编制程序教学需要遵循以下原则:

(1) 积极反应原则。一个程序教学过程,必须使学生始终处于一种积极学习的状态。也就是说,在教学中使学生产生一个反应,然后给予强化或奖励,以巩固这个反应,并促使学习者做进一步的反应。

(2) 小步子原则。程序教学所呈示的教材是被分解成一步一步的,前一步学习为后一步学习做铺垫,后一步学习在前一步学习后进行。由于两个步子之间的难度相差很小,所以学习者的学习很容易得到成功,并建立起自信。

(3) 即时反馈原则。程序教学特别强调即时反馈,即让学生立即知道自己的答案正确与否。在答案正确的情况下,这会成为树立信心、保持行为的有效措施。一个学生对第一步(第一个问题)能做出正确的反应(回答),程序教堂便可立即呈示第二步(第二个问题)。这种呈示本身便是一种反馈:告诉学生,你已经掌握了第一步,可以进行第二步的学习了。

(4) 自定步调原则。程序教学允许学习者按各人自己的情况来确定掌握教材的速度。每个学生可以按自己最适宜的速度进行学习。由于有自己的思考时机,学习较容易成功。

第三节 社会学习理论及应用

一、班杜拉的社会学习理论

班杜拉(图 5-8)是美国当代著名心理学家,新行为主义的主要代表人物之一,社会学习理论的创始人。

图 5-8 班杜拉

(一) 经典实验

班杜拉有一个著名的观察学习实验(也叫作"波波玩偶实验"),在这个实验中,班杜拉和他的同事成功地演示了儿童是如何学会攻击性行为的。他们将儿童置于两组不同的成人榜样当中,一组是具有攻击性的榜样,成人榜样对一个波波玩偶(与儿童体形接近的一种充气玩具)拳打脚踢;另一组是非攻击性的榜样,成人榜样与孩子一起摆弄玩具,完全忽视了波波玩偶。在观察了成人的行为之后,把儿童带到一个放有许多玩具(包括波波玩偶)的实验室,让其自由活动,并观察他们的行为表现。结果发现,有攻击性榜样的那组儿童在实验室里对波波玩偶也会拳打脚踢,而有非攻击性的榜样的那一组儿童则只是摆弄玩具。这说明,成人榜样对儿童行为有明显的影响,儿童可以通过观察成人榜样的行为而习得新的行为。

在之后的另一个实验中,如图 5-9 所示,班杜拉和同事对上述研究做了进一步的延伸,目的是弄清:①榜样攻击性行为的奖惩结果是否会影响儿童攻击性行为的表现;②儿童是否能不管榜样攻击性行为的奖惩结果而习得攻击性行为。在实验中,他们把儿童分成三组,首先让儿童看一部电影,三组儿童看到的电影前半部分相同,电影中的成年男子攻击波波玩偶,但结尾部分不相同,影片中对榜样的攻击性行为的处理不一样:第一组,攻击-奖赏组,影片中的另一位成人对攻击者给予口头赞赏和糖果奖励;第二组,攻击-惩罚组,影片中的另一位成人怒气冲冲地指责攻击者的行为;第三组,攻击-无结果组,影片中的攻击者既没有受到表扬也没有受到指责。然后他们把三组儿童带到与影片情境相同的实验室,让他们自由活动十分钟,研究者通过单向观察口观察和记录儿童的行为表现。结果发现,第一组儿童中模仿影片中成人攻击性行为的比例比第二组儿童高得多,第二组几乎没有模仿攻击性行为的儿童。在第二阶段的实验中,研究者告诉三组儿童,如果儿童模仿影片中成人的攻击性行为,就给予糖果奖励。实验结果显示:三组儿童在模仿影片中攻击性行为上没有差别。这说明,榜样行为得到的不同结果只是影响儿童攻击性行为的表现,而对攻击性行为的获得几乎没有影响。

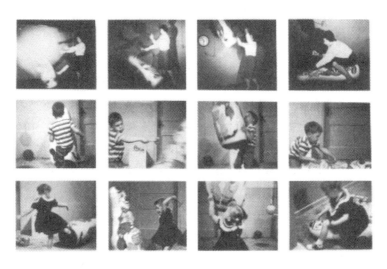

图 5-9 班杜拉的观察学习实验

(二)社会学习理论基本观点

班杜拉认为,儿童通过观察他们生活中的重要人物的行为及其后果而习得社会行为。这一观点最初被称为社会学习理论。早期的社会学习理论在很大程度上以行为主义原则为基础,后来又融合了许多认知主义的观点,因此又称为社会认知理论。

1. 交互决定论

班杜拉认为,个体(P)、环境(E)和行为(B)三者之间相互作用、互为因果。三者之间的关系如图 5-10 所示。

2. 观察学习

1) 观察学习的概念

班杜拉通过大量实验研究发现,人类除了通过经典条件反射的方式对外界的刺激进行一定的反应、通过操作条件反射的方式从自身的行为及其后果中进行直接学习外,还能通过观察他人的行为及其后果而进行间接的学习。由此,班杜拉把学习分为两类:参与性学习与替代性学习。参与性学习是自己亲身经历所导致的学习。条件作用学习、试误学习都属于

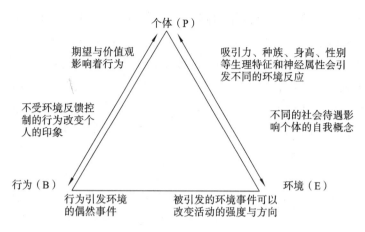

图 5-10 个体、环境与行为之间的交互决定关系

此类学习。替代性学习是通过观察别人的行为及其后果而进行的学习,因此又叫作观察学习。

2) 学习与表现

在班杜拉的研究中,他将行为习得(学习)与行为表现区分开来,强调知识的获得(学习)与基于知识的可观察的表现(行为表现)是两种不同的过程。学习者并不把习得的所有东西都表现在自己的行为中。例如,在上面介绍的第二个实验中,实验的第一阶段,第二组儿童模仿榜样的攻击性行为比第一组少得多,甚至可以说几乎没有模仿,但在实验的第二阶段,当实验条件发生了改变(研究者提供糖果作为奖励)时,这两组儿童模仿榜样的攻击性行为就没有明显的差别了。也就是说,第二组儿童之前已学会了攻击性行为,但是因为在电影中,这种行为受到了惩罚,所以儿童会认为做出这种行为可能会导致惩罚,就没表现出这种行为。一旦他们知道攻击性行为可以带来奖励之后,他们就将攻击性行为表现了出来。这说明,在没有表现出来的情境下,也存在着学习过程。同时也说明,榜样行为是否受到强化,只是影响该行为的表现,并不影响行为的习得。

3) 观察学习的过程

班杜拉认为,观察学习一般要经过四个过程,如图 5-11 所示。

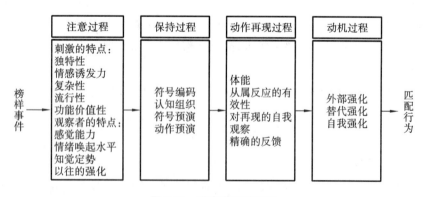

图 5-11 观察学习过程图

(1) 注意过程。

注意过程是观察学习第一阶段,观察学习起始于观察者对示范者行动的注意。为了能

准确地模仿行为,个体首先必须要注意观察榜样,特别是要关注所要模仿的榜样行为的重要部分。

注意过程中存在诸多因素影响着学习的效果。观察者与示范者之间的关系、示范本身的性质和特征(一般而言,观察者更容易关注那些具有吸引力的、成功的、有趣的和有名气的榜样)、观察者本身(观察者自身的感觉能力、注意的唤醒水平、知觉的定势和强化的经验等)。

(2)保持过程。

观察学习的第二个阶段是对示范行为的保持过程。注意过后,观察者还必须记住所观察的行为,如果记不住示范行为,观察就会失去意义。一个保持记忆的简单方法,至少是短期内有效的方法,就是心理演练——一遍遍重复所要记住的内容。观察学习对示范行为的保持还依存于两个系统:表象系统和言语编码系统。个体通过表象和言语对观察到的行为进行表征、编码和存储,示范行为就能够被保持在长时记忆中。

(3)动作再现过程。

观察学习的第三个阶段是把记忆中的符号和表象转换成外显的行为,即重现所观察到的示范行为。在这个过程中,观察者需要选择和组织榜样情境中的要素,进行模仿和练习,并在信息反馈的基础上精炼自己的反应。

(4)动机过程。

观察学习的最后一个阶段是动机过程。观察者必须具有想要展现他们所学内容的动力,这是一个成功的观察学习的必要条件。能够再现行为之后,观察者是否能够经常表现出示范行为要受到强化的影响。

班杜拉区分了三种形式的强化:直接强化、替代强化和自我强化。直接强化也叫外部强化,是指观察者因表现出所观察到的示范行为而受到强化。前面提到的正强化和负强化都属于直接强化。替代强化是指观察者因看到榜样受强化而受到强化。自我强化是指根据自己设立的一些行为标准,以自我奖励的方式对自己的行动进行调节。自我强化决定着哪一个观察习得的行为反应被采用,个体将自我感觉满意的行为付诸现实,而抛弃那些自己不满意的行为。

总之,这三种强化都是制约示范行为再现的重要驱动力量。因此,班杜拉把它们看成是学习者再现示范行为的动机力量。

3. 自我效能感

自我效能感指个体对自己是否有能力完成某一行为所进行的推测与判断,是个体对"我能把这件事做好吗"的认知。自我效能感与学习行为之间存在相互作用。例如,自我效能感直接影响个体的努力程度,从而影响成绩,而成绩反过来影响个体的自我效能感。同样,环境和自我效能感也存在相互作用。例如,教师的鼓励能提高学生的自信心,而学生的优异表现更促进了教师的积极教学行为。

二、社会学习理论的应用

(一)注重榜样的示范作用

班杜拉的社会学习理论提出,榜样具有替代强化作用,榜样示范在儿童品德的形成与发展中具有极其重要的作用。

1. 教师和家长的言行具有榜样作用

教师和家长是孩子生活中的重要角色,往往能成为对孩子具有影响力的榜样。身教重于言教,无论是教师还是家长,在与儿童接触时要注意示范正确的行为,多给儿童正面的、积极的榜样教育,不要提供不良的行为示范。例如,教师想培养幼儿安静午睡的习惯,那么教师就要以身作则,树立良好的榜样,午睡时不能围坐一起聊天,更不能在午睡进程中大声管制幼儿。又例如,教师教育学生要遵守中小学生行为规范,不说脏话等,教师首先应注重自身的行为规范,为学生做出好榜样。

2. 在班级中树立互相学习的榜样

同龄伙伴也是儿童互相学习的良好榜样。班杜拉认为,在儿童的同伴中树立学习的榜样具有重要的教育作用。由于同伴在年龄、经历、性格特点等方面有很多相似之处,所以,同伴的行为更容易被理解和接受,激起模仿和学习的兴趣。儿童往往会模仿他们佩服的同学,模仿受到教师、家长赞扬的同伴。因此,教师要注意为学生选择在生活和学习中比较接近的、具有较大影响力的同伴作为学习的榜样,引导学生逐渐向榜样靠近。

例如,在幼儿园,针对某些孩子不讲究卫生的问题,教师可以开展"爱干净的好孩子"评选活动,在班级每周评选2~3名最爱干净的孩子,让这些爱干净的孩子成为其他同学学习的榜样。教师要鼓励其他孩子向这些榜样学习,做一个爱干净、讲卫生的好孩子。通过此类活动,可显著增强孩子讲卫生的意识,有效提高孩子的自理能力。

又例如,在中小学,教师可把学习刻苦、自觉守纪、品德优良的学生典范确立为其他学生学习的榜样,使学生沉浸在一种良好的氛围中,充分发挥榜样的作用,从而使整个班级向好的方向发展。

专栏 5-2

小红花的故事

在一个幼儿园中,一个小朋友捡到一块橡皮交给了老师,老师在班里表扬了他,并奖励给他一朵小红花,以后班里的孩子捡到铅笔、手绢等物品都上交给老师,并获得小红花。一天,亮亮一大早来到幼儿园,交给老师两元钱,说是在幼儿园门口捡到的,老师表扬了亮亮,也奖给他一朵小红花。下午,亮亮的妈妈来接亮亮时,对老师说:"今天早晨亮亮向我要了两元钱,说是钱交给老师就可以得到小红花,这是怎么回事啊?"

显然,教师只重视强化幼儿拾金不昧的行为结果,而忽视了对其行为动机的强化,而幼儿年龄小、认识能力有限,没有理解教师奖励小红花的真正目的,只是简单地把得到小红花与上交物品联系在一起,认为只要向老师上交物品,就能得到象征好孩子的小红花,从而导致"无金"可拾而又想得到老师表扬的亮亮拿自己的钱上交以得到小红花。

3. 充分利用媒介的示范作用

在塑造儿童行为的过程中,除了真人版的现场示范外,还可以有各种形式的媒介示范,如电影、电视、录像、动画片、绘本等。对于今天的儿童来说,他们每天都生活在各种媒介中,能观察到各种或真实或虚拟的人物形象,这些形象都有可能成为他们模仿的榜样,教师应充分利用这些符号性媒介的榜样力量。教师在使用媒介示范时,内容的选择和制作要符合儿童的认知特点,同时要对示范的关键行为特征进行突出展示。教师可将要示范的内容做成PPT、短片、录音、文字材料等符号性媒介,或在日常生活中收集有相关内容的电影、电视、录像等电子媒介并加以剪辑,在需要时呈现给儿童。

4. 减少攻击性榜样的出现

根据观察学习理论,儿童更容易注意到能力强、趣味强、冲击力大的行为。攻击性行为往往表现为冲击力,因此,儿童很容易注意到生活中的攻击性榜样。班杜拉曾举例说,许多父母在孩子打架时用打骂的方式阻止儿童的错误行为,这种行为往往强化了儿童的格斗动机与行为,对儿童形成不良的示范。家长和教师对儿童影响最多,应自觉规范言行以避免自身攻击性行为被儿童模仿。同时,父母和教师要注重为儿童营造良好的环境,净化环境中的攻击性因素。

5. 通过多样化的榜样提高学生的创新性

班杜拉在论述创造性示范的影响时指出:接触多种榜样的人更具有创新性,观察学习是创造性行为的主要来源,榜样越是多样化,观察者就越有可能做出创造性的反应。这告诉我们要培养学生的创新性,就要为学生提供多样化的示范者。

(二) 合理运用不同种类的强化

在教育教学实践中,强化已成为教师塑造学生行为最常用的手段,合理运用强化往往使得教师在实践中取得事半功倍的效果。当儿童初次出现某种良好行为时,教师应该及时对儿童的行为进行直接强化,以期儿童以后继续出现类似的行为。同时,别的儿童在看到教师的强化行动时,也受到了替代强化,他们会通过观察榜样所受到的强化调整自己的行为。例如,教师当众表扬某一个学生时,不仅会对受表扬的学生起到强化作用,也会引起班里其他学生模仿这种受表扬的行为。替代强化把外部直接的强化从某一个学生身上扩大到能观察到的所有学生,扩大了强化的范围,对改进全体学生的行为具有良好的效果。

直接强化和替代强化本质上都属于外部的强化,如果仅仅只停留在外部强化上,随着强化物的消失,儿童已学会的行为也有可能会随之消失。班杜拉认为,自我强化是最佳的强化方式。只有让儿童进行自觉的自我强化,逐渐培养起幼儿自我控制和自我调节的能力与习惯,使外在的社会行为规范内化为他们内在的行为标准时,儿童才能形成较稳定的社会行为。这就要求教师对儿童给予正确的引导,帮助他们了解行为的意义。通过自我强化,儿童往往能改变自己的行为。如果一个学生学会了对自己的成就进行自我强化,例如给自己一些自由的时间,小小地犒赏一下自己,或者只是表扬一下自己,就可以改善自己的习惯和表现。

三种强化各有其优劣,在教育实践中,教师要慎重、合理地使用各种强化手段,不能孤立地使用其中的一种方法,而应是三种方法取长补短、共同使用。

(三) 示范教学具有重要的作用

班杜拉提出的观察学习为教育中的示范教学、观摩教学以及教学演示等行为提供了理论依据。观察学习是人们行为习得的一个重要方面。在观察学习中,示范者对学习者来说具有举足轻重的作用。示范影响人们的行为反应,在不同类型的示范影响下,人们通过观察学习，可以学到许多东西，其中包括判断标准、言语方式、概念结构、信息处理策略、认知策略、行为标准、道德判断、个性特征和新的行为方式等。

【思考与练习】

1. 解释下列名词：经典性条件作用、操作性条件作用、强化、正强化、负强化、惩罚、观察学习、自我强化、替代强化。
2. 简述桑代克的学习律。
3. 试比较经典性条件作用与操作性条件作用的异同。
4. 观察学习经历了哪几个过程？请举例说明。
5. 观察学习对教育教学有什么启示？
6. 教育教学实践中如何有效运用斯金纳的强化理论？

第六章 认知主义的学习理论及应用

本章学习提要

- 格式塔的顿悟学习理论。
- 布鲁纳的认知-发现学习理论。
- 奥苏伯尔的认知-同化学习理论。
- 加涅的信息加工学习理论。

导入案例

一节初中三年级地理课

教学内容：

有关自然环境的成分，即各种地形。

教学步骤：

1. 首先摆放好学生的课桌，以便于师生相互交流。接着，在黑板上写上先行组织者："地形是有共同形状和构成成分的陆地表面。"在讲台上放上如图6-1所示的分别代表高原、丘陵、高山的模型作为实例。

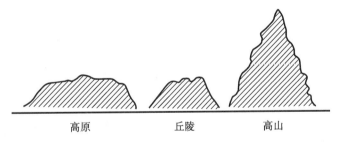

图 6-1　三类地形的模型

2. 呈现下位内容。首先指出所呈现的三类地形的基本异同，其次指出其相似点，让学生对其进行对比，并区分这三类地形。

3. 补充下位例子。这些例子由教师或学生提出。并让学生列举实例，说出各类地形的特征。

4. 帮助学生融会贯通。对三类地形进行对比，并指出其共同特征和具体例子的区别。

分析：以上教学实例是根据认知主义学习理论的重要代表人物奥苏伯尔讲解式教学法来进行的教学，充分体现了奥苏伯尔提出先行组织者教学策略和"不断分化""综合贯通"的教学原则。

认知主义学习理论是在行为主义学习理论基础上的进一步研究，行为主义学习理论认为学习是刺激与反应之间的联结,受外界环境的刺激,注重外部强化,而忽视学习者的内在动机和主观能动性。认知理论不否认学习是刺激与反应的联结,但强调刺激-反应联结形成的原因是认知结构的形成、建立和改组。本章主要介绍认知主义学习理论的几种主要学说,即格式塔的顿悟学习理论、布鲁纳的认知-发现学习理论、奥苏伯尔的认知-同化学习理论和加涅的信息加工学习理论的主要观点及其在各年龄段教学中的应用。

第一节 格式塔的顿悟学习理论

格式塔学派被认为是认知主义学习理论萌芽阶段的理论流浪,兴起于20世纪初的德国,主要代表人物有韦特海默、柯勒和考夫卡等。格式塔一词来源于德文"gestalt"的译音,表示整体、完形的意思,它代表了这一学派的基本思想:整体的性质不取决于其个别的元素,相反,局部的过程取决于整体的内在特性,整体大于部分之和。

一、格式塔学习理论的经典实验

格式塔学派关于学习本质的探究,主要是建立在实验室观察黑猩猩学习解决问题的基础之上。1913—1917年期间,柯勒用黑猩猩做了一系列学习和解决问题的实验,并观察记录黑猩猩在解决问题过程中的表现。

在房间中央的天花板上挂有一串香蕉,黑猩猩站在地板上不能拿到,房间的四周放了一些箱子。面对这样一个情境,黑猩猩开始采取跳跃的方式获取香蕉,但是没有达到目的。于是它不再跳,而是走来走去。突然它站在箱子前面不动,过一会儿,它很快把箱子挪到香蕉下面,爬上箱子,取到了香蕉。有时一个箱子不行的话,再叠一个箱子,直到够着香蕉为止。柯勒把黑猩猩突然领悟到箱子和香蕉之间关系的这种表现称之为"顿悟"。

黑猩猩取香蕉实验如图 6-2 所示。

图 6-2 猩猩取香蕉实验

二、格式塔学习理论的基本主张

(一)学习的实质是在主体内部构造完形

柯勒认为,学习的实质是在主体内部构造完形。完形实际上是一种心理结构,是对事物关系的认识。格式塔心理学家认为,一个人能学到什么,取决于他对问题情境的知觉。学习情境中存在着各种不同的刺激,如果学习者能够发现事物的内在联系和意义,即学习者注意到的并不是单个刺激,而是通过对情境中的事物关系的理解而形成一种完形,则能够从总体上理解问题和解决问题。所以,柯勒指出:"学习在于发生一种完形的组织,并非各部分的联结。"①

(二)学习是通过顿悟来实现的

柯勒认为,动物的学习过程不是盲目的试误,而是依靠顿悟来实现的,是在脑中积极主动地对刺激情境进行组织的过程。所谓顿悟就是个体突然领会到自己的动作和情境,特别是和目的物之间的关系,找到解决问题办法。顿悟的过程也是一个知觉重新组织的过程,因此,学习不是一种盲目的尝试。之所以产生顿悟,一方面是由于学习情境的整体性和结构性,另一方面因为大脑具有组织功能,能够填补缺口。顿悟的过程就是相应的格式塔的组织过程。

三、格式塔学习理论的教学应用

(一)格式塔学习理论在幼儿教育中的应用

幼儿的生理和心理发育均处于较为初级的发展阶段,其心理发展特征表现出很大的无意性和较强的可塑性。幼儿的学习以直接经验为基础,具有整体性特点。

1. 创设问题情境,引导顿悟发生

格式塔学习理论认为,进行顿悟学习的先决条件是能够有效理解问题情境。由于幼儿处于心理发展初期,不能完全地进行顿悟学习,顿悟学习的基础是对知识的理解,所以,引导幼儿熟悉掌握自己身处的环境对他们的学习和成长至关重要。

例如:课堂上,老师让幼儿猜测一瓶绿色液体是什么东西的时候,先让幼儿闻气味,然后教师设置"顿悟"的语境:"这是香香的——夏天洗澡要用的——蚊子叮咬时可以擦的。"在一步步语境的启发下,让幼儿知道这是花露水。

这种对事物整体性的把握,就是一种初步的顿悟,成人在幼儿的学习、生活中,要积极运用语言创设顿悟情境,促进幼儿取得更好的学习效果。

2. 促进幼儿生活经验与学习经验相结合,帮助幼儿形成整体认识

幼儿的学习主要是在游戏中进行,游戏也是非常贴近幼儿生活的活动,基于此,以游戏的形式开展适度的教学为幼儿积累最初的学习经验,更有利于幼儿发现事物之间的关系,从而形成对事物的整体认识。幼儿生活中见到的椅子、围棋、积木及其他各类玩具均可运用到实际的幼儿教学中。例如,积木游戏包含空间认知、几何形状、测量等数学知识,同时又与分类、排序和数量的比较等相关,幼儿在玩积木的过程中可以获得关于数、形的经验和知识;又如,在商店游戏中,幼儿可以学习将商品进行分类。所有这些都可以帮助幼儿形成对事物关系的认识。

(二)格式塔学习理论在中小学教育中的应用

格式塔的顿悟说强调学习中的认知过程,重视学习的主观能动性和目的性,反对机械的、盲目的学习观点,对调动学生学习的主观能动性、培养学生的认知兴趣和问题意识,使学生在积极主动的心向指引下进行有效的学习有着重要的作用。下面通过一个教学案例,分

---

① 莫雷.教育心理学[M].广州:广东高等教育出版社,2005.

析在中小学教学中应用格式塔学习原理的要点。

案例 6-1

格式塔学习原理在"探究凸透镜成像规律"实验中的应用[①]

实验及主要过程：

该实验是中学物理教科书（人教版）"光现象"一章中的一个重要实验。实验探究的主要过程如下：

（1）复习引入。复习小孔成像、凸透镜的光心和主光轴等概念。

（2）创设问题情境。让学生用放大镜观察课本或其他物体，教师手持点燃的蜡烛和凸透镜，引导学生观察所成的像的大小、正立、倒立等现象。教师提出"关于凸透镜成像的这些现象，你能提出什么问题"，并对学生提出的一些问题给予肯定，总结出实验探究的主要问题："物体通过凸透镜成像的大小、倒正等跟什么因素有关？凸透镜成像的规律是什么？"

（3）猜想与假设。

学生甲：像的大小可能跟物体与凸透镜的距离有关，因为"小孔成像"虽然是光沿直线传播形成的，但是所成的也是像，且像的大小与物体和小孔的距离有关。

学生乙：像的大小可能跟距离有关，因为观察到照相时物体到镜头的距离就比镜头到像的距离要大。

（4）制订计划与设计实验。实验环境充分开放，有凸透镜、蜡烛和光具座等供学生选用。

（5）进行实验和数据收集。实验时学生在发现规律时会有兴奋的表现，教师要督促其做好记录并继续探究。教师在发现大部分实验组都找到"一倍焦距""二倍焦距"两个临界距离，找到成像大小、倒正和虚实的影响因素时，继续提出问题："像和像距的大小跟物距是怎样的关系？"学生进一步探究，找到问题的答案。接着学生对实验探究的结果进行分析与论证，对实验的过程进行评估、交流与合作，完成实验探究的全过程。实验结束，学生收获了问题解决后的成功喜悦，增强了实验探究的问题意识和乐趣。

从以上实验中可以看出格式塔学习理论在中小学教学中的应用要点。

1. 创设问题情境，引起学生探究的兴趣

格式塔心理学认为，有机体具有自我组织和自我完善的功能。学习过程就是面对当前的问题情境，在内心经过积极的组织，从而形成一个格式塔的过程。学生用放大镜观察物体和教师手持蜡烛演示现象，以及凸透镜成像的众多现象在学生心里是一个比较混乱的整体印象，这个格式塔存着"缺口"，但是它使得学生有探究的兴趣和意向去完善心中的格式塔。打破旧有的格式塔，形成新的格式塔就是创造性思维。

2. 引导学生找出事物之间的联系

格式塔顿悟学习的核心是要把握事物的本质；若学习者不能察看到问题完全开放的情境，就只能不断尝试错误的行为，教师必须使学生在引起顿悟之前能看到问题各个部分之间的联系。在上述实验中，"物体""凸透镜""物体所成的像的大小、倒正"和"距离"（包括小孔

[①] 卜令苏,郭怀中.格式塔学习原理在中学物理实验教学中的应用模式[J].物理通报,2011(4):58-60.

成像的大小问题)等要素以及它们之间的联系作为整体呈现在学生面前,还包括实验室的仪器配置等要素,这些都属于学生顿悟前的开放性情境因素。实验时会发现有些学生会很快找到"解决问题"的关键因素。而有些学生则是在看到"光具座"这个实验器具后突然领悟到"距离"可能是解决问题的突破点。

3. 让学生积极进行思维活动,探究超出部分之外的整体

格式塔心理学强调人的知觉、行为的完整性和组织性,认为整体具有新的意义,具有超几何的性质。在上述实验中,学生通过探究发现了不同物距下像的大小、倒正和虚实的变化,找到了变化的临界点,这些是认识"凸透镜成像规律"的部分过程。而由这些部分过程组成的"整体"具有超出部分总和的内容。在学生继续取得"像和像距的大小跟物距是怎样的关系"后,便得到了"凸透镜成像规律"中动态规律的内容:"物距减小时,像和像距都增大。"

第二节 布鲁纳的认知-发现学习理论

布鲁纳(图 6-3)是美国当代著名的心理学家和教育学家,在众多领域都取得了卓越的研究成果,是一位享誉西方心理学界和教育界的学者。布鲁纳的研究极大地推动了教育事业的发展,被誉为是继杜威之后对美国教育影响最大的人。

图 6-3 布鲁纳

一、布鲁纳的认知-发现学习理论的主要观点

(一)学习的实质

布鲁纳认为,学习的实质在于主动地形成认知结构,认知结构的核心是类别化编码系统;学生的知识学习是一个类别化的信息加工活动,是学习者自己主动形成知识的类别编码系统的过程。[①]

类别化的结果就是形成有组织的认知结构。认知结构是指个体过去对外界事物进行感知、概括的基础上形成的观念结构,其具体表现就是类别编码系统。如图 6-4 所示,在关于食物的类别编码系统中,对具体的苹果、香蕉、橘子进行类别化,找出它们之间的共同特征之后,形成水果的类别,而水果、蔬菜、肉类又可以进一步类别化形成更高、更抽象的类别——食物。

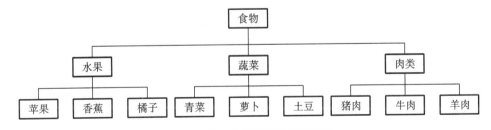

图 6-4 关于食物的类别编码系统

认知结构就是不同的类别编码相互联系所形成的更大的编码系统。布鲁纳认为,一切知识都是按编码系统排列和组织起来的。具体的知识表征客观事物的具体特征,是最低层

---

① 孙莉.试述布鲁纳的学习理论及其在教学中的应用[J].教育理论与实践,2004(14):63.

次的编码系统,只有当学习者熟练掌握了大量的具体知识时,才有可能把它们重新组织起来形成高一层次的规则,即一般编码系统,以此类推,举一反三,形成多个一般编码系统,然后根据内在的相互关联形成更高级的编码系统。学生的学习结果就是形成与发展各自的认知结构,即形成各学科领域的类别编码系统。

(二) 学习的过程

布鲁纳认为,学习一门学科包含三个几乎同时发生的过程,即新知识的获得、知识的转化和知识的评价。

1. 新知识的获得

学习活动首先是新知识的获得。它是指个体运用已有的认知经验,使新输入的信息与原有的认知结构发生联系,理解新知识所描绘的事物或现象的意义。布鲁纳认为,新知识可能是对学生以前知识的精炼。不管新旧知识关系如何,对新知识的理解都会使对已有知识的认知进一步提高或加深。

2. 知识的转化

知识的转化是指对新知识进一步分析和概括,运用我们掌握的方法将新学到的知识转换成其他形式,以适合新的任务。转化的方法主要有外推法、内推法和变换法。转化知识的作用在于推导出更多的知识,其实质是对新知识所描述的现象或事物从不同的角度进行类别化(归类),并从与之发生相属关系的类别的相应规则中获得更多的信息。

3. 知识的评价

知识的评价是对新知识转化过程的检验,考察我们对新知识的分类是否得当,知识的运用是否正确,以及新形成的认知结构是否合理。

布鲁纳认为,学习任何一门学科时,都有许多前后联系的学习新知识的过程,每个知识的学习过程都包括获得、转化和评价阶段。如果学习者能够将这三个阶段合理安排,对新知识的学习就会事半功倍,学习者的认知结构将会得到合理的建构并不断完善,具有更大的理解新知识的潜能。

(三) 教学应注重各门学科的基本结构的理解

布鲁纳认为,教学的最终目标是促进学生"对学科结构的一般理解",因此他提倡教师将学科的基本结构放在课程设计的中心地位,十分强调学生对各学科基本结构的掌握。这是运用知识方面的最低要求。它有助于帮助学生解决在课堂外所遇到的问题和事件,或者在日后训练中解决课堂上所遇到的问题"[1]。学科基本结构是指学科的基本概念、基本原理及其基本态度和方法。布鲁纳认为,学生理解掌握了学科的基本结构,会形成一个相互联系的知识整体,更加容易理解该学科的知识内容,容易将学科知识长期保存在长时记忆中,提高学习的兴趣,促进学习迁移的发生。儿童早期学习学科基本结构,还可以促进其智力和创造能力的发展。

(四) 提倡发现学习

布鲁纳认为,发现学习是学生学习、掌握学科基本结构的最好方法。

在1966年版的《教学论》一书中,布鲁纳指出了发现学习的四个作用:

---

[1] 布鲁纳.教育过程[M].邵瑞珍,译.北京:文化教育出版社,1982.

1. 有利于挖掘智力的潜力

发现学习注重培养学生自主探究、独立思考的能力,在已有知识的基础上进行构造,与新知识联系起来。

2. 有助于培养学生的内部学习动机

教师设置适合学生的教学情境,培养其主动发现学习的方法和能力,利用学科内部概念引起学生探求知识的欲望,引起学生对学习本身的兴趣。

3. 有利于学生掌握发现的方法

在发现法的教学模式下,学生经过不断的练习解决问题和努力发现,学会发现的探索方法,随着经验的积累,把发现学习的方法归纳总结为一种方式,应用到生活工作中的其他方面。

4. 有助于知识的保持与提取

布鲁纳认为,人类记忆的首要问题不是储存信息而是检索信息,其关键在于组织,即知道寻找信息的地点和方法。发现学习的过程就是知识和信息的组织过程,是把素材重建起来的过程。

二、布鲁纳的认知-发现学习理论的教学应用

为了更好地让学生进行发现学习,布鲁纳提出了发现法教学的基本步骤:第一,明确并提出使学生感兴趣的问题;第二,让学生体验到问题的某种不确定性,激发主动探究的行为;第三,提供解决问题的各种材料和线索;第四,协助学生分析已有的材料,提出可能的假设,帮助学生对材料、线索进行分析审查,收集和组织可用于做出判断的资料;第五,协助、引导学生审查根据假设得出的结论,找出最佳或可行的方法去解决问题。

在发现法教学过程中,教师的主要任务是为学生提供发现学习必要的条件,如教材资料、创设问题情境,引导学生找到解决问题的方法,具体为:①鼓励学生主动去发现学习,树立自信;②激发学生的好奇心,使之产生求知欲;③帮助学生寻找新问题与已有经验的内在联系;④训练学生运用知识解决问题的能力;⑤协助学生进行自我评价;⑥启发学生进行对比。教师的工作在于引导学生去发现和对其发现技巧与方法加以培养,而不是直接去教给学生解决问题的方法。

(一)认知-发现学习理论在小学教育中的应用举例

案例 6-2

发现学习教学案例:平方和公式[①]

学习者:二年级(8 岁左右)。

材料:积木块。

程序:先向学生呈现一些由积木拼成的图形(图 6-5),告诉他们,大的方形是正方形,它的边长不知道,可以用 x 表示,小正方形的边长为 1,长方形的长边边长为 x,短边边长为 1。然后让学生用这些积木块搭成比边长为 x 的正方形更大的正方形,并要求学生记下每个更大正方形所需各种积木块的数量。学生搭出一系列正方形并进行记录。

---

① 莫雷.教育心理学[M].广州:广东高等教育出版社,2005.

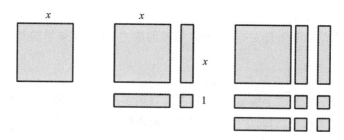

图6-5 布鲁纳在教学中用的积木组合

学生会描述新搭成的图形为"这个新拼正方形面积是一个大正方形的面积(x^2)加上两个长方形面积($1\times x+1\times x$),再加上一个小正方形的面积(1^2)"。

这时可以告诉学生有另一种表示新拼正方形面积的方法,即$(x+1)(x+1)$。学生很快会列出:

$$x^2+2x+1=(x+1)(x+1)$$
$$x^2+4x+4=(x+2)(x+2)$$
$$x^2+6x+9=(x+3)(x+3)$$
$$x^2+8x+16=(x+4)(x+4)$$

学生在发现规则后不需动手,只需要视觉表象就能列出方程式。最后当学生熟练掌握规则后,仅用符号就可以运算,在此基础上很容易进一步推出:

$$a^2+2ab+b^2=(a+b)^2$$

(二)认知-发现学习理论在中学教育中的应用举例

案例6-3

高中二年级化学课中"原电池原理"的教学[①]

(1)提出课题:本节课的目的是要研究一种将化学能转化为电能的装置,以及这种装置的化学原理。

(2)引导学生进行以下实验探究:将铜片、锌片分别插入稀硫酸中,可观察到锌片溶解时表面析出气体,铜片上无此现象。这时再用一根导线将锌片、铜片连接起来同时浸入稀硫酸中,发现此时铜片上有大量气泡。通过观察和教师的引导,学生自然会产生以下疑问:"铜片不能和稀硫酸反应,为什么与锌片相连浸入硫酸时,在其表面会产生气体,同时锌片仍然溶解?难道铜片上有多余的电子?这些电子是锌片提供的吗?在连接锌片和铜片的导线中有电流通过吗?"一系列问题的激发使学生迫切需要弄清现象的本质。这时在连接铜片与锌片的导线中间接一个电流计,观察到指针发生了偏转,在此学生惊喜地发现自己推测的结论得到了证实。锌与硫酸反应所产生的化学能通过这种简单装置转化成了电能。什么样的装置才能将化学能转化成电能呢?学生必然会积极、主动地进一步探究形成原电池的条件,从而深刻理解原电池原理。

(3)巩固所学知识,并进行知识迁移:在弄清原电池原理后做一个实验。让一粒纯锌和稀硫酸反应,可观察到反应速度较慢,而加入几滴硫酸铜溶液时,产生氢气的速度迅速加快。为什么加入硫酸铜溶液会加快锌与硫酸反应的速度呢?组织学生充分讨论,启发学生得出

---

① 鲁翔.发现学习理论在中学化学教学中的应用[J].成都教育学院学报,2000(10).

以下重要结论:形成原电池可加速作为负极的金属的腐蚀,而正是这种作用可以保护做正极的较不活泼的金属免受腐蚀。

通过对以上一系列问题的探究,不仅能使学生牢固掌握原电池原理及金属的腐蚀和防护的有关知识,而且可以帮助学生开动脑筋,培养探索精神。

第三节 奥苏伯尔的认知-同化学习理论

奥苏伯尔(图6-6),美国当代著名的教育心理学家。他一生致力于课堂教学中学生对言语材料学习的研究,并在大量的研究成果上提出了认知-同化理论。该学习理论主要建立在研究人类学习尤其是学生学习的基础上,注重学习过程的研究,将人的学习看成是一个主动积极地进行内部认知操作活动形成或发展认知结构的过程。奥苏伯尔认为布鲁纳的理论过分强调发现式、跳跃式学习,不注重知识的系统性、渐进性,忽视系统知识的传授,会造成学生基础薄弱、教育质量不高等不良后果。因此,他主张曾被贬为"旧教育传统的残余"的接受学习法,提倡循序渐进,使学生按照有意义接受的方式获得系统的知识,形成良好的认知结构。

图 6-6 奥苏伯尔

一、奥苏伯尔的认知-同化理论的主要观点

(一) 有意义学习

1. 有意义学习的实质

有意义学习是针对机械学习提出的。它是指学生在学习过程中,符号所代表的新知识与学习者认知结构中已有的适当观念建立实质性和非人为的联系的过程。假如学习者没有理解符号所代表的知识,只是依据字面上的联系,机械性的记忆这些符号的词句或组合,则达不到高效的学习和记忆效果。奥苏伯尔强调有意义的接受学习应该是学生学习、掌握知识的主要方式。

所谓实质性的联系,是指新接受的知识与学习者认知结构中已存在事物的表象、符号、概念、命题的联系,不是停留在字面符号上。例如,学生学习"圆"这个概念,就需要与头脑中轮胎等"圆"的形象联系起来,这就是建立了实质性的联系。

所谓非人为的联系,是指新知识与学习者头脑中已有的认知结构中的相关知识建立起一种合理的或符合内在逻辑的联系,不具有任意性。例如,学生在掌握了矩形的面试公式是长乘宽之后,再学习正方形(一种特殊的长方形)的面积时,就很容易推导出正方形的面试公式等于边长的平方。

2. 有意义学习的条件

奥苏伯尔认为,有意义学习的产生既受学习材料本身性质的影响,也受学习者自身因素的影响,前者为影响有意义学习的外部条件(客观条件),后者为影响有意义学习的内部条件(主观条件)。

从客观条件来看,有意义学习的材料必须具有逻辑意义,也就是说,新的学习材料本身必须满足能与认知结构中有关知识建立实质性的和非人为的联系的要求,符合学习者的智力发展范围,在其学习能力范围之内。一般来说,学生所学的教科书或教材,是人类认识世界的精炼概括,是具有一定的逻辑意义的。

从主观条件来看，首先，学习者必须具有有意义学习的心向，即积极主动地将符号所代表的新知识与认知结构中的旧知识相互联系的倾向性。其次，学习者认知结构中必须具有一定的知识基础，以便能与新知识顺利进行联系。如果学习材料本身具有逻辑意义，同时学习者认知结构中又具备了适当的知识基础，那么，这种学习材料对学习者来说就构成了潜在的意义，即学习材料有了和学习者认知结构中的适当观念建立联系的可能性。最后，学习者必须积极主动地使这种具有潜在意义的新知识与认知结构中的有关旧知识发生相互作用，使认知结构中的旧知识得到调整和完善，使新知识获得实际意义即心理意义。有意义学习的目的，就是使符号代表的新知识获得心理意义。只有在上述条件都满足的情况下，才能完成有意义的学习。

(二) 奥苏伯尔的教学思想

1. 教学的基本原则

奥苏伯尔认为，为了使学生更加有效地进行有意义的学习，教学过程中应该遵循以下四个教学原则。

1) 逐渐分化原则

逐渐分化的原则是指学生应该先学习包摄性最广、概括水平最高、最基本的观念，然后逐渐学习概括水平较低、较具体的知识，对它加以分化。

2) 综合贯通原则

综合贯通原则是指对认知结构已有知识重新加以组合，通过类推、分析、比较、综合，明确新旧知识间的区别和联系，消除可能产生的混淆，从不同角度以不同的关键特征为根据在各项新旧知识点之间建立精细的联系，使所学知识能融会贯通，构成清晰、稳定、整合的知识体系。

3) 序列组织原则

序列组织原则强调知识的学习应该符合内在联系，前面学习的知识能为之后学习新知识提供基础，即让新知识与认知结构中的旧知识形成内在的联系，使教材内容由浅入深、由易到难。

4) 巩固性原则

巩固性原则强调学习者在学习新知识之前必须掌握已学过的知识，巩固学习结果，确保其已为新的学习做好准备。

2. 教学内容的设置

奥苏伯尔认为，根据教学的基本原则，教材内容的最佳编排方式是：每门学科的各个单元应该按照包摄性程度由大到小的顺序排列，为后面知识的学习提供理想的固定点。每个单元内的知识点之间也最好是按逐渐分化的方式编排，使学生能通过最简单的下位学习来理解新知识，使知识结构不断分化、丰富。

3. "先行组织者"的教学策略

为了促进有意义学习的进行，奥苏伯尔在20世纪60年代提出使用"先行组织者"的教学策略。先行组织者是指教师在学习材料呈现之前先给学生呈现一个抽象概括水平较高的引导性材料，该材料可以是一个概念、一条定律或一段概括性说明文字，主要起新旧知识发生联系的桥梁作用。

4. 提倡讲授法

奥苏伯尔和布鲁纳一样，都认为学习是一个认知过程，是认知结构的组织和重新组织的过程,强调已有的知识经验(即原有的认知结构)的作用,但奥苏伯尔对布鲁纳认为发现学习是主要的学习方式的观点持强烈的批评态度。他认为,接受学习是学生学习的主要方式。学生主要是把教师讲授的内容整合进入自己的认知结构中,以便将来能够提取或应用。当然奥苏伯尔并没有全部否定发现学习,只是他认为,发现学习不应该成为学生学习的主要方式。学生的学习应该以有意义的接受学习为主。要实现学生的有意义接受学习,在课堂教学上就应该是以讲授法为主。

奥苏伯尔认为,讲授教学是最经济、最便捷、最有效的教学方式方法。奥苏伯尔抓住学生学习学科知识的特点,强调学校的首要任务是向学生传授各学科中明确且稳定有系统的知识体系。传统的课堂讲授教学模式经久不衰,任何新的、现代化的教学模式和手段都没有动摇它的基础地位,足以证明它的实用性和有效性。

二、奥苏伯尔的认知-同化理论的教学应用

(一)奥苏伯尔的认知-同化理论在幼儿教育中的应用

D.P.奥苏伯尔提倡讲授法进行知识的教学。幼儿教师的讲授教学是教师以一种有组织、有意义的方式将知识讲授给幼儿。虽然幼儿的主要学习方式是游戏和操作,但是适当的讲解也是幼儿教育不可缺少的教学方式。不过,幼儿教师的讲授教学,一定要注意的是:教师和幼儿之间进行更多的互动,利用大量的形象直观且有意义的例证、图画或图片,逐渐深化教学内容。

(二)奥苏伯尔的认知-同化理论在小学教育中的应用

案例6-4

小学数学《平行四边形概念》的教学

教学过程:

1. 提出先行组织者。(教师:同学们,我们今天要学习"平行四边形"的概念。我们过去已经学过"多边形"的概念,当多边形的边数是4的时候,则是四边形。今天所学的"平行四边形"与四边形有什么关系?)

2. 呈现学习任务与材料。(板书平行四边形定义"两组对边平行的四边形",并作图)

3. 找出同化新知识的原有观念。(教师请一位学生画出一个一般的四边形)

4. 分析新知识与起固定作用的原有观念的联系与区别。(精确分化,融会贯通)

(①教师要求学生分析平行四边形与四边形的相同之处:都是四条边组成的闭合图形。重点要求找出两者的不同点——平行四边形两组对边相互平行。②教师提出:当四边形具有两组对边平行的性质时,它才是平行四边形,因此,四边形里面包含平行四边形,平行四边形是四边形的一种,它们关系如图6-7所示。当不符合平行四边形特定规定的四边形,暂称为其他的四边形。)

图6-7 平行四边形与四边形的关系

分析：

从这个案例中可以看到，奥苏伯尔所提倡的讲解法有以下特点。

(1) 要求师生之间有大量的相互作用。虽然以教师先讲为主，在课上始终要求小学生做出反应，要抓住学生的注意力。

(2) 大量利用例证。虽然强调有意义学习，但例证应考虑到小学生思维的特点，应包括一些图解或图画。

(3) 它是演绎的。最一般的蕴含的概念最初呈现，然后从中引出特殊的概念。

(4) 它是有序的。材料的呈现有一定步子，这些步子首先是先行组织者。

(三) 奥苏伯尔的认知-同化理论在中学教育中的应用

案例 6-5

初中数学《圆周角》的教学①

可以这样设计问题：

1. 大家已经学过了圆心角。请说出它的定义并画出一个圆心角∠AOB。（回顾了圆心角的知识——先前知识）

2. 老师现在在圆周上任找一点P，连接AP、BP，就得到了一个新的角∠APB。你能根据圆心角来给这个角命名吗？（学生很顺利地得出了圆周角的概念，师生共同明确其特征）

3. 你还能画出弧AB所对的圆周角吗？能画出多少个？那么圆心角呢？（学生通过画图，明确了同弧所对的圆心角只有一个，而圆周角却能画出无数个）

4. 根据圆心与圆周角的关系，圆周角可以分为哪几类？（学生通过画图、讨论、归纳，从而得出圆周角分为三类：①圆心在圆周角边上；②圆心在圆周角内部；③圆心在圆周角外部。）

(1) 圆心在圆周角边上时是一种特殊的情况。你能发现同弧所对的圆周角与圆心角的关系吗？（学生很快就能利用三角形外角与内角的关系推出同弧所对的圆周角是圆心角度数的一半）

(2) 圆心在圆周角内部时，还是圆心角度数的一半吗？（学生可能一时想不出证明的途径，有些学生会通过测量回答说：是。这时候要留给学生思考和讨论的时间，教师再适当进行点拨。）观察一下第一、二两种图形，（教师稍停顿）能不能通过添加辅助线把第二种情况转化成第一种情况？（学生观察讨论后，基本上会画出直径，将圆周角及圆心角一分为二，然后求和。这里渗透了转化的思想。）

(3) 圆心在圆周角外部时，你能说明同弧所对的圆周角是圆心角度数的一半吗？（模仿第二种情况去解答，即把它转化成第一种情况。但是这里是求差，学生可能会产生思维障碍，教师可点拨：能模仿第二种情况去解答？有什么不一样?）

5. 同弧所对的圆周角会有什么关系？你能说明道理吗？（学生很快就会回答相等，因为都等于同弧所对的圆心角的一半。）那么等弧所对的圆周角又有什么关系呢？

6. 师生总结：①圆周角定理。教师这时要注意数学语言的准确性，对学生总结中不到位的地方要及时纠正；②证明过程中所用的数学思想。

---

① 赵芬.浅谈讲授法在初中数学课堂教学中的运用——也为讲授法说句公道话[J].科学大众（科学教育），2012(09).

在这个中学教学的案例中,教师的讲授法体现了以下特点。一是讲授内容问题化,为学生的学习和积极思维确定方向。教师作为学生数学活动的组织者、引导者、合作者,将讲授的内容设计成一个个数学问题。二是积极的师生互动。在讲解的过程中,教师适时地提出问题,为学生自主探索搭桥铺路、开渠引水,把思维引入深处,这样教师要讲的内容就会从学生的口中说出来,讲授法不是机械学习。在这个过程中,教师适时加以点拨、讲解、总结,使学生形成完整的知识体系,获得了"渔"而非"鱼",使学生学会学习成为可能。三是学生通过问题主动探索,积极思维,在动脑、动手、动口的活动中说思路、讲过程、探方法、找规律,于不知不觉中经历了知识的形成过程,掌握了数学知识和数学方法,渗透了数学思想。

第四节 加涅的信息加工学习理论

加涅,美国著名心理学家,后半生致力于研究学习理论、教学设计和教育技术学基本理论的研究和构建,被称为心理学和教育技术学这两个领域的大师级人物。曾当选为美国心理学会教育心理学分会主席、美国教育研究会主席。曾获美国心理学会颁发的桑代克教育心理学奖和杰出科学贡献奖,主要代表著作为《学习的条件》。

一、加涅的信息加工学习理论的基本观点

(一)学习的实质及信息加工模型

1. 学习的实质

加涅从学习结果的角度定义了学习的实质:"学习是可以持久保持且不能单纯归因于生长过程的人的倾向或能力的变化。"[①]并且他的这种观点受到了研究者的一致认可,成为许多教科书对学习定义的直接来源。

2. 学习的信息加工模型

加涅认为,学习的过程是一个信息加工的过程,即对外界信息的摄入、编码、储存和提取的过程。这一过程可用图6-8来加以说明。

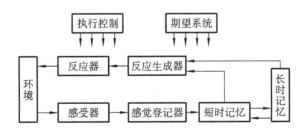

图 6-8 加涅的学习与记忆的信息加工模型

可见学习过程主要包括三个系统:操作系统、执行控制系统和期望系统。

操作系统指的是信息从一个假设的结构流到另一个假设的结构中去的过程,也可称为信息流。从学生接受来自环境中的刺激开始的。刺激作用于人的感受器,并转化为神经信息。这个信息进入感觉登记,在感觉登记器中以映像的形式保留极短的时间。有些部分登

---

① R. M. 加涅. 学习的条件和教学论[M]. 皮连生,王映学,郑藏,等,译. 上海:华东师范大学出版社,1999.

记了,其余部分很快就消逝了,这涉及注意或选择性知觉的问题。

由于注意和选择性知觉,一部分信息很快进入短时记忆,在短时记忆中的信息得到编码并储存很短的时间。信息在这里可以持续三四十秒钟。短时记忆的容量很有限,一般只能储存七个左右的信息项目。一旦超过了这个数目,新的信息进来,就会把部分原有信息赶走。如果想要保持信息,就得采取复述的策略。

经过复述、精加工及组织编码等方式,信息还可以被转移到长时记忆中进行储存,以备日后的回忆。长时记忆是个永久性的信息储存库。

当需要信息时,需经过检索提取信息。被提取的信息可以直接通向反应生成器,从而产生反应;也可以再回到短时记忆,对该信息的合适性做进一步的考虑,结果可能是进一步寻找信息,也可以是通过反应生成器做出反应。

期望系统和执行控制对这一过程有着极为重要的作用。期望系统是指学生期望达到的目标,即学生的学习动机。正是因为学生对学习有某种期望,教师给予的反馈才会具有强化作用。换言之,反馈之所以有效,是因为反馈能肯定学生的期望。执行控制即加涅学习分类中的认知策略,它决定着哪些信息从感觉登记器进入短时记忆、如何进行信息编码、采用哪种提取策略,等等。这两个系统可能影响着信息加工过程中的所有阶段。

(二)学习的阶段

从上述分析中可见,学习是学生与环境之间相互作用的结果。在分析学习过程的基础之上,加涅进一步认为,每个学习动作可以分解成八个阶段(图6-9)。图6-9中方框上面是该阶段的名称,方框里面是该阶段内部的主要学习过程。实际上,学生内部的学习过程一环接一环,形成一个链索,但是在日常的教学中,每一学习阶段并不是都能明确地被观察到的,其中某些阶段是组合在一起的。学生也并没有意识到或不可能意识到其中大多数内部过程,学生对自己在学习过程中内部发生的事往往知道得甚少。

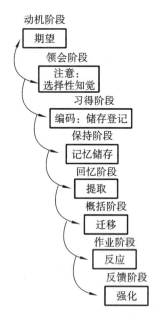

图6-9 学习过程的八个阶段

学习过程的八个阶段分述如下:

1. 动机阶段

任何学习都离不开一定的动机,在只有外部或者内部动机的基础上人们才会进行学习,动机是有效学习的前提和保证。动机是整个学习的开始阶段,它可以为随后的学习指明方向。

2. 领会阶段

有了学习动机的学生,首先必须接受刺激,即必须注意与学习有关的刺激,而无视其他刺激。当学生把所注意的刺激特征从其他刺激中分化出来时,这些刺激特征就被进行知觉编码,储存在短时记忆中。这个过程就是选择性知觉。

3. 习得阶段

当学生注意或知觉外部情境之后,学生就可获得知识。而习得阶段涉及的是对新获得的刺激进行知觉编码后储存在短时记忆中,然后再把它们进一步编码加工后转入长时记忆中。因此这个阶段学生将感知到的信息通过一定的编码,储存在记忆系统中。

4. 保持阶段

获得的信息经过复述、强化之后,以一定的编码形式在长时记忆中永久地储存起来。

5. 回忆阶段

学生习得的信息要通过作业表现出来,信息的提取是其中必需的一环。对已经习得的信息进行检索使其重现的过程,也即日常生活中的回忆。

6. 概括阶段

学生提取信息的过程并不始终是在与最初学习信息时相同的情境中进行的。同时,教师也总是希望学生能把学到的知识运用于各种类似的情境中去,以达到举一反三的目的。因此,学习过程必然有一个概括的阶段,也就是学习迁移的问题,即把已经获得的知识和技能应用于新的情境之中,使其具有更广泛的意义。

7. 作业阶段

一个完整的学习过程需要有作业阶段似乎是不言而喻的,即利用已习得的知识进行操作,完成作业或解决问题。因为只有通过作业才能反映学生是否已习得了所学的内容。作业的一个重要功能是获得反馈;同时,学生通过作业看到自己学习的结果,可以获得一种满足。

8. 反馈阶段

学习过程的最后阶段,表现出的操作或作业通过其自身结果或他人回应而获得反馈。

加涅强调指出,学生的整个学习过程一直受到外部条件的强烈影响。对于教师来说,了解和研究学习过程的目的就是为学习过程提供支持,使外部条件在学习过程中始终能与学习者的内部活动进行必要的、恰当的和正确的联系,从而给学习者以积极的影响,获得满意的学习结果。

(三)加涅的九段教学法

加涅认为,教学活动是一种旨在影响学习者内部心理过程的外部刺激,因此教学程序应当与学习活动中学习者的内部心理过程相吻合。他根据学习活动中学习者内部的心理活动把教学活动分解为九个阶段(表6-1)。

表6-1 R.M.加涅的九段教学法

	教 学 阶 段	实 质
导入阶段	1. 引起注意	从长时记忆中提取知觉、注意的内容和以特殊的方式加工信息的倾向至短时记忆
	2. 告知学生目标	形成学习动机和选择性注意
	3. 刺激回忆先前学过的内容	提取长时记忆中与当前所学内容有关的信息至短时记忆
展开阶段	4. 呈现刺激材料	突出选择性信息的特征及作用,使学习者易于获取感觉信息并形成选择性知觉
	5. 提供学习指导	使学习者能较快地建构新信息的意义(促进语义编码过程),即形成概念
	6. 引出行为	检验学习者对意义的建构是否成功

续表

教学阶段		实　　质
巩固阶段	7. 提供行为正确性的反馈	如果建构不成功,则给予矫正反馈,使学习者重新去建构该信息的意义;如果建构成功,则给予鼓励反馈
	8. 评价行为	通过成绩评定对成功的意义建构加以强化
	9. 促进保持和迁移	帮助学习者把新建构的意义(新概念、新知识)进行归类、重组,以促进知识的保持与迁徙

二、加涅的信息加工学习理论的教学应用

加涅认为教师是教学活动的设计者和管理者,也是学生学习效果的评定者。一个完整的学习过程是由上述八个阶段组成的。在每个学习阶段,学习者的头脑内部都进行着信息加工活动,使信息由一种形态转变为另一种形态,直到学习者用作业的方式做出反应为止。教学程序必须根据学习的基本原理来进行。在学习结果(即言语信息、认知策略、智慧技能、动作技能、态度)确定之后,它们必须按照教学工作目标的适当顺序安排。有效的教学要求教师根据学生的内部学习条件,创设或安排适当的外部条件,促进学生有效地学习,以实现预期的教学目标。

(一)加涅的信息加工学习理论在幼儿教育中的应用

1. 激发幼儿回忆以前学得的知识和能力

在进行更高一段的学习之前,必须弄清楚幼儿已经知道了什么,教师的第一步,就要使幼儿复活对当前学习必需的以前学到的那些知识和能力。然后以此为前提进行教学。

2. 使幼儿对学习有心理准备

要使学习获得所希望的结果,必须使幼儿在学习时具有接受刺激的倾向和准备,教师可以运用多种手段来刺激和形成幼儿适当的注意倾向和动机。例如:生动而简短的谈话、启发式的提问、儿歌、谜语等。

3. 将直接指导和间接指导结合起来

教师的指导对幼儿的科学探索活动具有重要的意义。教师恰当而充分的指导能使幼儿学科学既主动、生动、活泼,又能得到应有的智力和能力的发展,获得广泛的科学经验和形成简单的科学概念,并学习怎样学科学的技能和方法,增强幼儿的独立性和自信心。

(二)R.M.加涅的信息加工学习理论在小学教育中的应用实例

|案例 6-6|

在小学英语课堂教学中的运用[①]

基于加涅信息加工学习理论,选取人教新版小学英语三年级上册《Hello!》一课运用加涅教学设计的模式进行课堂教学。

---

① 张攀,仲玉英.基于加涅信息加工学习理论框架下的小学英语课堂教学设计[J].现代教育科学,2010(10).

1. 引起注意

Teacher:Today,a new friend comes to our class,see,she is here.(show the doll)She wants to be friend with you,shh,let's listen.

"Doll:Hello,I'm Kitty."

Teacher:Hello,I'm Anna.(to doll)Who wants to say hello to kitty?(to students)

Student:Hello,I'm...

教师课前准备一些英文名(有的学生可能没有英文名),教师可以辅以表情手势等帮助学生理解英文指令。

2. 告诉学习者目标

Teacher:Anyone else? Who wants try?

Student:Hello,I'm...

Teacher:We know,if we want to have some friends,we must learn to greet,such as "hello".

3. 刺激对先前学习的回忆

Teacher:Except hello,what else do you know?

展示一些图文并存的卡片,如"Thank you,Bye-bye,Goodbye,Hello,Hi,Ok,Yes,No"等常见词及短语,部分学生可能已经能够正确认读。

Teacher:what's this?(show a picture)

Student:It's...

Teacher:Act it!

Student:...

通过个别以及集体的认读、词义表演加深学生对这些词及短语的理解并准确运用。

4. 呈现刺激材料

Teacher:You are great! Now,let's sing a song.

教师播放本课歌曲"Hello"的录音,并简单教唱歌曲(可以让学生慢慢跟唱),以引出打招呼的相关用语。教师利用这个机会借助道具玩偶再次进行自我介绍的示范"Hello,I'm.../Hi,I'm..."(可以用唱的方式)。

5. 提供学习指导

Teacher:Everybody,look at the board/screen,listen and say!

教师将有关见面打招呼以及介绍用语系统呈现出来(板书或课件),并借助录音让学生跟读。

"A:Hello,My name is.../I'm.... What's your name?"

"B:My name is.../I'm..."

"A:Goodbye./Bye-bye!"

"B:Goodbye./Bye-bye!"

Teacher:Hello,My name is Anna/I'm Anna. What's your name?(to a student)

Student:My name is.../I'm...

Teacher:Goodbye./Bye-bye!

Student:Goodbye./Bye-bye!

让学生系统地学习见面打招呼的相关用语,并在此基础上用问句来引出学生的回答,通过同伴以及师生间的反复操练(也可将玩偶拿出,教师用玩偶和学生进行对话操练),使学生牢记自己的英文名并尝试记住他人的英文名。

6. 诱引行为

Teacher:It's game time.

通过"击鼓传花"的游戏进行。首先,将全班学生分为两大组,教师有节奏地敲击小鼓,两组学生同时开始传花,当教师的鼓声停止时,两组各有一名学生拿到花,这时,要求拿到花的两个学生要用刚才所学的词句进行对话。

7. 提供反馈

由于是新学内容,游戏中肯定会有学生出现各种错误,如发音不正确,对话结束时忘记说"Goodbye./Bye-bye"等。教师要及时提供反馈,肯定表现好的学生,纠正表现有误的学生,鼓励无法流利表达的学生。

8. 评定行为

四名学生一组进行小组练习,教师为学生出示情境图,让他们自己说说,在此情境中该说些什么?小组练习中教师可给予一定的指导,最后抽取部分小组进行表演,以评定学生的掌握情况。

<情境一>清晨,两个小朋友在校门口相遇,猜猜看,他们说了些什么?

<情境二>上课了,老师带一名新同学进教室。新生 Lily 该怎样做自我介绍?

<情境三>下课了,有好几名同学与 Lily 结识,他们是怎样说的呢?

<情境四>放学了,同学们相互道别,他们彼此都说了些什么?

9. 增强记忆与促进迁移

教师布置作业:运用所学词汇和句型与至少三个同学交谈,记下他们的英文名;将"Hello"歌唱给家长听。

【思考与练习】

1. 解释下列名词:顿悟说、完形、类别化。
2. 试误说和顿悟说有哪些不同?
3. 布鲁纳的认知-结构学习理论有哪些观点?
4. 布鲁纳、奥苏伯尔对学习的看法有何相似与不同之处?
5. 加涅的信息加工学习理论的基本观点是什么?这一理论与他的教学阶段理论有什么关系?

第七章 学习动机及其培养

本章学习提要

- 学习动机的含义、作用、分类。
- 学习动机的理论及教学含义。
- 学习动机培养与激发的有效措施。

导入案例

期中考试数学成绩下来了,小明又一次刚过及格线。自从去年期末考试数学只考了60分以后,一向开朗的小明变得沉默了。作业越做越差,上课也不积极举手发言。老师将小明叫到了办公室,问道:"小明,你最近怎么了,愿意和我交流一下你的想法吗?"小明强忍着泪水说道:"我的数学太差了,所有的题目都不会做。"事实上,小明的数学成绩一直都很好,平时的作业也都是A,曾经上课的时候也积极举手发言。可自从去年的一次打击之后,便变得一蹶不振了。小明这是怎么了?如果你是老师,你会怎么做呢?

如何培养和激发学生学习的积极性是心理学家和广大的教师普遍关心的问题。这一问题实际上涉及学生的学习动力,解决好这一问题,可以使学生从"要我学"的被动处境中解放出来,转变而为具有"我要学"这种主动精神的真正的学习主体。在本章,首先介绍动机及学习动机的相关概念、类型与作用等,接着介绍国外的动机理论,最后分析如何有效地培养和激发学生的学习动机。

第一节 学习动机概述

一、动机及其产生

（一）动机的概念

动机是指激发、指向并维持某种行为的内部心理动力。对这个概念的理解主要有以下三点:

第一,动机是一种内在的心理历程。动机是一种中介变量,它既不是刺激,也不是反应,而是介于刺激与反应之间的一种内部心理过程,是一种心理活动,是一种意识活动。因此动机本身无法直接观察到,我们只能通过观察行为来推测行为背后的动机。

第二,动机是人们行为的直接原因。动机作为一种"力",是隐藏在主体行为背后的、驱使主体向着某一目标而行动的内在力量。

第三,动机总是指向一定的目标的。在动机的支配下,人的活动有可能指向一定的目标或对象。例如,在大学毕业后报考研究生的学习动机的支配下,学生会克服各种困难,数年如一日地坚持努力学习好各门功课,为所选择的目标做好准备。动机不同,个体活动的指向和目标会有所不同。

(二) 动机的产生

动机的产生一般是受内外两种因素的共同影响。

1. 需要

个人行为的动机是在需要的基础上产生的。需要是人体组织系统中的一种不平衡状态,它表现为有机体对内部环境或外部生活条件的要求。如:血液中水分的缺乏,会产生喝水的需要;血糖成分下降,个体会产生进食的需要;等等。当个体有了某种需要时,体内就会产生一种力量,当需要推动着人们去进行活动,并把活动引向某一特定目标,需要就成为人们活动的动机了。

2. 诱因

动机的产生除了有机体的某种需要这一内部条件外,还常常需要一定的外部条件,这就是诱因。所谓诱因是指能够满足有机体某种需要的外部条件或外界刺激物,它也能够激发起有机体的某种定向行为,是有机体企图得到的目标或试图回避的目标。诱因有两种:正诱因和负诱因。正诱因是指人们试图得到的目标或刺激情境,如好成绩、高收入、老师和家长的赞许、同学的友谊等都能发挥正诱因的作用,驱使个体采取行动;负诱因是人们试图逃避的目标或刺激情境,如考试不及格、老师的批评、同学的讥笑、父母的责难等都能使个体避而远之,发挥负诱因作用。

在实际生活中,人的行为往往取决于需要与诱因的相互作用。

二、学习动机

(一) 学习动机的定义

学习动机是指激发和指引学生进行学习,并且维持学习行为以达到一定目标的内在力量。

(二) 学习动机的分类

对学习动机可以从不同的角度、以不同的标准进行分类。

1. 内部学习动机与外部学习动机

从学习动机的来源上,可以把学习动机划分为内部学习动机和外部学习动机。

内部学习动机是指学习者对学习活动本身的兴趣所引起的动机。这种动机取决于学习者内在的需要,无须其他外部因素推动,学习者对学习过程本身感到其乐无穷。内部动机的典型形式就是好奇心和求知欲。外部动机是指由外部诱因所引起的动机。这种动机常常需要学习情境以外的因素,如外界的要求或作用而产生和维持。典型的外部动机是赏罚。

研究发现,内部动机和外部动机对学习的影响是不同的。内部动机对学习活动的影响较大,维持的时间比较长久。同时,内部动机能导致高质量的学习和创造性,使学生的学习具有主动性。而外部动机对学习的影响较小,使学生的学习更被动,维持的时间也比较短暂。外部条件一旦"时过境迁",被其所激发起来的外部学习动机也就会随之而"灰飞烟灭"。

在学习过程中,内部动机和外部动机是相互联系,密不可分的。有时是内部动机起作用,有时是外部动机起作用,二者轮流交替,相互转化,贯穿于学习活动的全过程。

2. 直接的(局部的)近景性学习动机与间接的(广泛的)远景性学习动机

根据学习指向性的不同可以把学习动机分为直接的(局部的)近景性学习动机与间接的(广泛的)远景性学习动机。

直接的(局部的)近景性学习动机指向学习过程本身以及学习的近期结果,这类学习动机比较具体,效果显而易见,但不太稳定,不够持久,容易受一些偶然因素和具体情境变化的影响。

间接的(广泛的)远景性学习动机指向学习活动的意义以及学习的远期结果,它不容易受学习活动的具体情境以及近期结果的影响,这类动机既具有一定的社会性和理智色彩,又与个人的志向、理想、世界观相联系,因而具有较大的稳定性和持久性,能够在相当长的时间内起作用,不大受环境因素或条件、情境变化的干扰。

上述这两种学习动机的划分是相对的,二者之间并没有不可逾越的鸿沟。二者之间是一种相互依存、彼此补充的关系。

3. 主导性动机与辅助性动机

根据学习动机对学习所起作用的大小可以把学习动机分为主导性学习动机和辅助性学习动机。

在通常情况下,学生的学习动机是多种多样的,它们可能同时存在,共同对学习产生影响。但它们所起作用的大小是不同的,其中,居于支配地位、发挥主导作用的那种动机称为主导性动机,它与其他动机相比,对学习的影响最为强烈,最为稳定。在同一时间内,主导性学习动机只有一个。那些居于从属地位、发挥辅助作用的动机就是辅助性动机。相对而言,辅助性动机对学习的影响是比较微弱、不够稳定的。在同一时间内,辅助性学习动机可能有几个,它们的强度与稳定度也不是一样的。

这种对学习动机的划分不是绝对的,二者的地位与作用也不会一成不变。

三、学习动机的构成

在发动和维持学生学习行为的内部动力中,常常是由几种力量所构成。要了解学生的学习动机,首先必须了解在学校情境中,哪些力量可以促使学生把自己的行为指向学习。

D. P. 奥苏伯尔指出:"一般称之为学校情境中的成就动机,至少应包括三个方面的内驱力决定成分,即认知内驱力(cognitive drive)、自我提高内驱力(ego-enhancement drive)以及附属内驱力(affiliative drive)"。他认为,尽管随着学生年龄的增长,这三种成分在他们身上的比重会有所改变,但学生所有的指向学业的行为都可以从这三个方面的内驱力加以解释。

(一)认知内驱力

所谓认知内驱力,即一种要求了解和理解的需要,要求掌握知识的需要,以及系统地阐述问题并解决问题的需要。一般来说,这种内驱力多半是从好奇心和探索周围环境的倾向的基础上派生出来,并经过学习和经验获得的。

认知内驱力是一种最重要和最稳定的动机。认知内驱力指向学习活动本身(为了获得知识),以知识的增长和能力的提高为目标,满足这种动机的奖励(知识的实际获得)是由学习本身提供的,因而它是一种内部动机,能使学生的学习活动更积极主动、更专注、更持久。

（二）自我提高内驱力

所谓自我提高内驱力，是个体对因自己的胜任能力或工作能力而赢得相应地位的需要。这种内驱力把成就看作赢得地位与自尊心的根源。

自我提高内驱力与认知内驱力不一样，它并非直接指向学习活动本身，而是指向通过学习赢得的地位和自尊，把成就看作是赢得地位与自尊的根源，它显然是一种外部动机。我们强调内部学习动机的重要作用，并不是说发展外部学习动机就不重要。在学校里，激发自我提高的内驱力也是必要的。

必须指出的是，过分强调自我提高内驱力的作用会助长学生学习的功利主义倾向。

（三）附属内驱力

附属内驱力指的是一个人为了赢得长者（如家长、教师等）的赞许或认可而表现出来的把工作做好的一种需要。

附属内驱力不是指向学习任务，也不是指向学习的后果，而是为了满足家长和教师的需求，取悦他们而努力学习，因而，它也是一种外部学习动机。附属内驱力是儿童对成人依附心理在学习上的反映，在附属感较强的年幼儿童身上，附属内驱力是很重要的学习动机。

四、学习动机与学习的关系

（一）学习动机在学习中的作用

1. 发动学习行为

特定的学习行为总是有一个开端。有强烈学习动机的学生即使没有休息好，即使有娱乐的诱惑，也能积极主动地开始学习；缺乏学习动机的学生总是被迫开始学习，甚至在外部压力下也拒绝学习。可见，学习行为的发动需要有学习动机。对学生的学习来说，当学生有了学习需要，获得了学习动机后，就会在学习前做好准备，集中精力在某些学习上，从而较易发动其学习行为。

2. 确定学习目标

由某种学习动机激起的学习行为出现后，学习动机就像指南针一样指引着学生的学习行为，使已被激起的行为始终朝着既定的学习目标进行。学习动机使学生将心理活动和行为朝向特定的学习任务，而不是朝向与学习无关的事情上。

3. 维持和调整学习行为

学习动机还有维持和调整学习行为的作用。在实际教学情境中，学生的学习动机和由之而激起的学习行为可能经常要受到来自学生自身和外部各种因素的影响，如学习目标的改变、学习兴趣的转移、外界要求的变化、诱因价值的变化等，都会影响随后出现的学习行为，影响学生学习专注程度，影响其注意分配，影响其付出努力程度等。

（二）学习动机与学习的关系

前已述，学习动机是影响学习的一个重要因素，它能够大大地促进学习，但学习动机与学习的关系还需要做进一步地说明。

1. 学习动机不是学习的必要条件

有些学习可能在没有动机的情况下发生。比如，对于某些无组织的、短期的知识的接受学习而言，学习动机也不是必需的（因为这类学习同机械学习和系统的有意义学习相比，不必付出多大的努力,也不大需要学生已有的内驱力、诱因条件和外部的奖励)。

2. 学习动机也不是学习的充分条件

学习动机是影响学习的一种因素,但不是唯一的因素,学生的学习还受到知识经验、智力水平、学习方法等多种因素的影响。同时,学习动机对学习的影响并不是直接参与学生的认知过程,而只能是间接地通过许多中介因素如知识基础、智力水平、学习方法、教学方法、教学设备等实现。

3. 对长期的认知领域的学习,学习动机绝对是必要的

虽然从总体上来说,学习动机对学习既非必要条件,也非充分条件,但对长期的学习,尤其是认知领域的学习,学习动机却是绝对必要的。对大学生学习而言,要完成复杂的学习任务必须有较强的学习动机。

4. 学习动机与学习之间的关系是相辅相成的

奥苏伯尔明确指出:"动机与学习之间的关系是典型的相辅相成的关系,绝非一种单向性的关系。"动机与学习之间的这种相辅相成的关系表现为:一方面,学习动机可以促进学习,另一方面,学习又反过来增强学习的动机。因此,当学生尚未表现出对学习有适当的兴趣或动机之前,教师绝不能消极等待学生形成学习兴趣或学习动机之后才开始教学,而应该通过有效的教学方法、生动有趣的语言去有效地吸引学生的注意,组织教学,让学生在生动活泼的形式中学到知识。当他们尝到了学习的甜头,就有可能产生学习兴趣和要学习的动机。

| 专栏 7-1 |

学习动机与学习效果的互惠关系:特级教师的教学经验

我曾经教过一个"慢班",经过了解,知道这个班的学生最怕的是作文,于是我就选择作文训练作为培养学生自信心的突破口。每次作文,我只向学生提出一两个要求,这些要求都是学生经过努力能达到的,如作文标题要居中,分段要合适,标点要占格,等等,先从容易办到的方面入手,然后逐步提出较高的要求。凡学生作文达到要求的,不管其他方面是否合格,一律给予鼓励,打八十分以上的高分。由于教师不求全责备,学生每次作文都感到目标明确,易见成效。经过一个阶段的训练,学生渐渐看到了自己在作文上的改观,因而逐步摆脱了自卑和自暴自弃的心理,开始对语文课和语文老师有了好感,课堂上竟然出现了积极思维、踊跃发言的现象。

资料来源:钱梦龙.语文导读法探索[M].昆明:云南人民出版社,1985.

5. 中等强度的动机水平学习效率最高

研究表明,学习动机的强度与学习效果之间也存在一定的关系。在一定范围内,学习动机的增强与学习效率呈正相关。但并不是学习无限增强,学习成绩无限提高。一般来讲,中等强度的动机水平有利于各种学习,过强或过弱的动机都不利于学习成绩的提高。耶克斯和多德森(1908)的研究表明:动机不足或动机过分强烈,都会使作业成绩下降;最佳的动机强度与作业难度有关。对简单的作业,要取得最佳的成绩就要求有较强的动机;对难度适中的作业,取得最佳成绩要求有中等强度的动机;而对很难的作业,要取得最佳的成绩则要求有较低强度的动机。这一研究结果被称为"耶克斯-多德森定律"(图 7-1)。

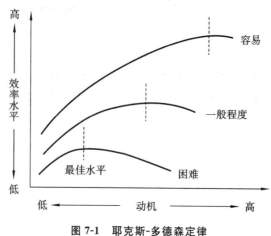

图 7-1 耶克斯-多德森定律

第二节 学习动机理论

对学习动机的实质及其培养与激发的规律,心理学家提出了各种不同的理论观点,从不同的角度探讨了人类的学习动机。

一、强化动机理论

(一)理论观点

强化动机理论就其主要倾向来说是行为主义心理学的动机理论。他们否定从内部去寻找行为的动力,把个人行为的积极性看作是由外界刺激引起的一种对行为的冲动力量,用强化来解释行为动机的引起和动机的作用。斯金纳甚至认为,无须将动机同学习区分开来,引起动机与习得行为并无两样。即过去受到强化的学习行为比没有受到强化的学习行为重复出现的可能性更高,反之,行为发生的概率就降低。因此人类做出任何良好的行为都是为了获得强化和报偿。

(二)各年龄段应用要点

强化说强调引起学生学习积极性过程中外部力量的作用。尽管这一理论过分强调了引起行为的外部力量,忽视甚至否定人的学习行为的自觉性与主动性,有很大的局限性,但这一理论是我们在学校教育中运用表扬与奖励、目标与反馈等手段来调动学生学习的积极性,激发学生学习动机的重要理论论据。

1. 幼儿园阶段

第一,重视幼儿学习活动中的游戏动机,将游戏作为提高幼儿园小朋友好的习惯发生概率的一种方法。比如,午觉起床之后,衣服穿得又快又好的小朋友可以提前去玩玩具。第二,将奖励的结果物质化。比如,奖励表现好的小朋友一块饼干。

2. 小学阶段

小学生的学习动机主要是以外部动机为主,在激发学习动机过程中,教师可以利用小学生对教师的崇拜和服从心理进行合理的奖励、及时反馈等教育方式。在小学生表现良好时及时给予肯定,对小学生学习动机的提高能起到很重要的作用。

3. 中学阶段

对于中学生而言,外部奖励和表扬也能起到一定的激励学习动机的作用,因此,教师也可以使用一定的外部奖励,但是使用时要让学生意识到教师的奖励不是控制他们的行为,而是肯定他们的学习能力。另一方面,也是更重要的方面,教师要从教学内容、教学手段和方法等方面去培养学生的内部学习动机,让学生对知识和学习本身有兴趣。

二、成就动机理论

(一)理论观点

成就动机(achievement motive)通常被认为是人们在完成任务时力求获得成功的内部动因。即一个人对自己认为重要的、有价值的事情愿意去做,并努力获得成功的一种内在推动力量。它是在成就需要的基础上产生的,在学生的学习活动中,成就动机是一种主要的学习动机。

阿特金森在成就动机的心理结构问题上做了大量的研究,提出了他的独到的观点。他认为,成就动机是由两种方向彼此相对的心理因素构成:追求成功的倾向和害怕失败的倾向,即人们追求成功和由成功带来的积极情感的倾向性和人们为避免失败和由失败带来的消极情感的倾向性。研究表明,对于求成型的人,他们最有可能选择成功概率在50%的、具有挑战性的任务,能够抵制不可靠的意见,具有自己独立的见解。这种学生对完全不可能成功的或稳操胜券的任务,动机水平反而下降。避败型的人在选择任务时,倾向于选择非常容易或非常困难的任务,选择容易的任务可使他们免遭失败,而选择的任务极其困难,即使失败了,也可以找到适当的借口,可减少失败感。

在阿特金森的理论中,个人的成就动机(T_s)是成就需要(M_s)、获得成功的概率(P_s)和成功的诱因价值(I_s)三者的乘积的函数,用公式表示为:

$$T_s = M_s \cdot P_s \cdot I_s$$

M_s表示一个人长期的、稳定的追求成功的需要;P_s表示认知的目标期望、对导向目标手段的预料,或影响学习者实现任务和获得成功信心的任何信息、刺激;I_s是成功的诱因价值。阿特金森认为,I_s和P_s是一种相反关系,即$I_s = 1 - P_s$,成功的可能性降低,诱因价值就增大。如在易学的科目上得高分,并不感到自豪,但在难学的科目上得高分,就会体验到自豪和胜任感。

| 专栏 7-2 |

成就动机的训练

成就动机的训练可以分成以下几个阶段:

第一阶段:意识化。通过谈话讨论使学生注意到与成就动机有关的行为。

第二阶段:体验化。让学生进行游戏或其他活动,从中体验成功与失败、选择目标与成败的关系、成败与感情上的联系,特别是体验为了取得成功必须掌握的行为策略。

第三阶段:概念化。让学生在体验的基础上理解与成就动机有关的概念,如"成功""失败""目标",尤其是"成就动机"。

第四阶段:练习。对前两个阶段的重复。

第五阶段:迁移。使学生把学到的行为策略应用到学习场合(往往是教师有意安排的特殊场合,它要具备学生可以自选目标、自己评价、体验成败等条件)。

第六阶段:内化。取得成就的要求成为学生自身的需要,学生可以自如地运用所学到的行为策略。

(二)各年龄段应用要点

阿特金森的成就动机理论综合了需要、期望和诱因价值,把人的动机和情感与认知统一起来,并用数学模型表述出来,揭示出了影响成就动机的某些变量和规律;认为人的成就动机是由追求成功的动机和避免失败的动机所构成,这种观点已为许多心理学家所接受,它不仅对整个动机理论的建立和完善是一种突破性的发展,具有深远的理论意义,而且他的理论对教育实践又有着重大的实践指导意义。

1. 幼儿园阶段:让幼儿在游戏中获得成功与快乐

幼儿活动目的性较差,因此,教师应该在幼儿游戏或者作业的过程中不断地对幼儿提出具体而适当的要求,并鼓励幼儿将其完成。但是这个要求不能定得太高,必须是他们力所能及的要求。这样幼儿才能在完成任务后获得成功的喜悦。获得成功和快乐是幼儿学习的重要动力。

2. 小学阶段:对不同学生设立通过努力能够达到的目标

由于小学时才开始正式进入正规的学习。学习内容和方式较幼儿园相比都有很大的改变。因此,教师面对处于这个年龄段的学生,要对他们提出符合每个学生实际情况的要求,让他们通过努力都能实现。如优秀生,要鼓励他们更上一层楼,对基础较差的学生,为他们设定实际可行的目标,如每次作业的错误不多于5个,或比上一次考试成绩提高5分等,并在他们达到目标时给予及时的鼓励和肯定,从而让学生对学习产生兴趣,充满信心。

3. 中学阶段

教师要帮助处在这个阶段的学生树立正确的人生观和价值观,认识和形成正确的理想,发挥其导向价值,使其转化为推动自身成长进步的动力。在确定个人理想和目标时,一定要与自己的实际能力相结合,将学习与社会发展和个人成长联系起来,促进自身的求知欲,激发学习动机。

三、需要层次理论

(一)主要内容

人本主义心理学家马斯洛的需要层次理论认为,人类的需要有两大类。一类是基本需要,即人类个体不可缺少的普遍的生理和社会需求,它不属于固定文化所特有的,是人类共同具有的。另一类是成长需要,是人类个体为了追求自身的健康成长和自我实现的需要。基本需要包括生理需要、安全需要、归属与爱的需要、尊重需要;成长需要通常是在基本需要得到满足后出现的高层次需要,包括认知需要、审美需要和自我实现的需要。马斯洛认为,人类的需要具有一定的层次性,由低到高可以分为七个等级或层次(图7-2)。

马斯洛认为,这七个层次的需要的出现顺序是由低到高。

生理需要指维持生存及延续种族的需要,如对食物、空气、水分、性欲、排泄和睡眠等的需要。它是最基本、最原始,也是最强有力的需要,是其他一切需要产生的基础。安全需要是指期盼稳定、安全而避免受到灾害、威胁的需要。它是在生理需要得到满足的基础上产生的。归属与爱的需要指希望被他人或群体承认、接纳、爱护、关注、鼓励和支持的需要。尊重

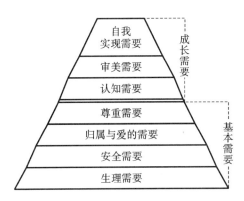

图 7-2 马斯洛的需要层次论图示

需要指个人对自己尊严和价值的追求的需要。它包括自尊与他尊两个方面。认知需要是指人们对未知世界的探索和理解的需要。审美需要是指人们对美好事物欣赏、赞美的需要,如人们对对称、有序、和谐、完整等的追求。自我实现需要是指人类渴望自己的潜能得到最大限度的发挥,实现自己的最大目标,完成与自己能力相称的一切活动。自我实现是人类最高层次的需要。

马斯洛认为,需要的层次越低,它的力量越强,潜力越大。随着需要层次的上升,需要的力量相应减弱。在高级需要出现之前,必须先满足低级需要。即只有在低级需要得到满足或部分得到满足后,高级需要才有可能出现。高级需要得到满足或较满足时,能使人感到幸福和成就感,低级需要得到满足大多不会产生高层次的心理体验。

从学习心理的角度来看,人们进行学习就是为了追求自我实现,学生也是如此,即通过学习使自己的价值、潜能、个性得到充分而完备的发展和实现。因此,可以说自我实现是一种重要的学习动机,是学生学习积极性的重要源泉。

(二) 各年龄段应用要点

自我实现理论告诉我们,学生缺乏学习的积极性,某种程度上可能是由于某种低级需要没有得到充分满足,如学生感到自己在学校里不被教师和同学尊重,或者家庭破裂,归属与爱的需要得不到满足等。而正是这些因素会成为学生学习积极性和追求自我实现的主要障碍。在实践中教师要考虑不同年龄学生的不同需要。

1. 幼儿园阶段:为幼儿学习创设安全、开放、温馨的氛围

幼儿园教师更多的是从生活中关注幼儿的低级需要,如给幼儿补充充足的营养和睡眠(生理需要),让幼儿有生理和心理上的安全感(安全需要),并且给予他们足够的关爱(爱的需要),这样才能让幼儿在此基础上产生高级的认知需要,产生学习和探索的主动性。

2. 小学阶段

对于小学生而言,学习成了小学生的主导活动,教师不仅要考虑到小学生自我实现欲望强烈的特点,也要考虑他们的生活,尤其是要关心班集体和成员。班级是小学生学习、生活的第一个真正的群体,他们非常希望能够得到这个群体的认可和接纳。因此,对这个阶段的学生,班主任的主要任务之一就是为学生营造良好的班级氛围,让身处在这个氛围中的每一个学生都体会到温馨和愉悦,让每个学生体会到归属感与爱。

3. 中学阶段

青春期是自我意识发展的第二个飞跃期。处于这个阶段的学生具有较强的自尊心,其

言行受到肯定和赞美时会产生强烈的满足感,反之会产生强烈的挫败感。因此,面对处在这个阶段的学生,可以通过满足其归属与爱的需要和尊重的需要变得尤为重要,老师在教学的过程中应注意保护学生的自尊心。另外,中学时期是自我设计自我完善的时期,教师要注意提供合适的条件,帮助学生实现自我。

四、成败归因理论

（一）理论原理

人们在做完一项工作之后,往往喜欢寻找自己或他人成功或失败的原因,这一心理过程就是归因。美国心理学家维纳(1972,1979)认为,人们在对自己和他人的行为进行归因时,常常将其归结为能力高低、努力程度、任务难度和运气好坏。维纳将这四种主要原因按原因源(内部原因还是外部原因)、稳定性(在性质上是稳定的还是不稳定的)、可控性(可否由自己控制)这三个维度进行归类。维纳成败归因理论的三维度四因素分析见表7-1。

维纳认为,个体的归因倾向会影响其未来活动的选择、坚持性和动机强度。如果一个人把失败归结为不稳定的和可控制的原因(如努力程度),那么,他就有可能在失败的情况下坚持努力,并相信将来一定能取得成功,显然这是一种积极的归因;相反,如果把失败归结为稳定和不可控制的原因(如能力),那么他就不会相信自己能够改变现状,也就不会再努力学习了,这是一种消极的归因。由于努力程度可受个人意志的控制,因此当学生把学业失败归因于自己努力不够时就会增强其进一步学习的动机。研究发现,通过训练,可以让学生形成这种积极的归因。

表 7-1 维纳成败归因理论的三维度四因素分析

三维度	内部		外部	
	稳定	不稳定	稳定	不稳定
	不可控	可控	不可控	不可控
四因素	能力	努力	任务	运气

研究发现,稳定性这一维度似乎与人们对今后的期待密切相关。如果学生将成功(或失败)归因于像能力或任务难度这样稳定的因素,那么他们可能会为今后类似的任务做出成功(或失败)的估计;如果他们将结果归因于努力、运气这类不稳定的因素,那么在以后遇到类似的任务时,就可能会预期结果将有所改变。

可控性这一维度似乎与自信心和对前途的期待密切相关。如果学生将成功归因于努力这一可控制的因素,他们就会信心百倍,并预期今后会再次获胜;如果他们把成功归因于像运气这种不可控制的因素,那么他们就会产生感激之情,并希望今后仍能碰到好的运气。特别值得一提的是,如果学生将失败归因于能力这种不可控的因素,那么他们就会放弃努力,听任失败的到来,在学习上表现出冷漠、悲观、退缩、颓废、自暴自弃,丧失动机,他们往往认为自己没有成功的能力,在这种情绪的支配下,学生便失去了学习的积极性,他们不愿意去学习,去尝试,更进一步就是使学生陷入失败—缺乏能力—失落感—表现降低的恶性循环之中。这种由于一系列的失败经验而产生的无能为力的绝望心境,心理学家通常称之为习得性无助(Learned Helplessness,简称为LH)。研究发现,习得性无助感产生后,人的行为积极性降低,消极被动,对什么都不感兴趣;认知出现障碍,学习困难,情绪失调,冷淡,悲观,抑郁。

专栏 7-3

习得性无助感

习得性无助感指将失败归于一些不能控制而又稳定的因素,从而放弃或回避任务的心理现象。最早由塞利格曼(1975)通过动物实验提出。塞利格曼以狗为被试,将其分为实验组和控制组。实验组的实验分为两个阶段:第一阶段是将狗置于一个无法逃脱的笼子里,对其施以电击,电流强度以能引起狗的痛苦,但不伤害其身体为限。电击引起狗的惊叫与挣扎,但它无法摆脱电击。第二阶段,将狗置于中间立有隔板的房间中,隔板的一边有电击设备,另一边则无电击设备。隔板的高度是狗可以轻易跳过的。将经过第一阶段实验的狗放入有电击的一边,它们除了在头半分钟内惊恐一阵之外,一直卧倒在地板上接受电击的痛苦,那么容易逃脱的条件,它们连试也不去试一下。而控制组的狗,不经过第一阶段的实验,直接从第二阶段开始,结果全部能逃脱电击之苦,轻而易举地从有电击的一边跳到无电击的另一边。

后来这一现象在人的身上也得到了验证。希罗物(1975)发现,让大学生被试经历一连串不可解决的猜字谜问题后,随后的一些简单的问题,他们也放弃尝试。而控制组被试则能轻易地解决这些简单的问题。这说明不断的挫折与失败的打击易使人陷入习得性无助的状态,纵使轻易成功的机会摆在面前也鼓不起尝试的勇气。

习得性无助感产生后有三个方面的表现:

(1) 动机降低:积极反应的要求降低,消极被动,对什么都不感兴趣。

(2) 认知出现障碍:形成任务或事件无法控制的心理定式,在进行学习时表现出困难,本应学会的东西也难以学会。

(3) 情绪失调:最初烦躁,后来变得冷淡、悲观、沮丧,陷入抑郁状态。

(二) 各年龄段应用要点

维纳的成败归因理论证明了成败的因果归因引起个体期望的改变和情感反应,并进而对后继行为有促动作用,明确地阐述了学生对自己行为成败的认知和归因对其学习积极性的重要作用,这对我们教会学生形成学习的内在动机和正确地认识失败,应付失败,不屈服于环境的影响并形成正确的自我意识系统,对培养学生完整的人格和优良的心理品质,具有重要的实践指导意义。

1. 幼儿园阶段:利用游戏或生活中的事例进行引导

幼儿阶段的主导活动是游戏。通常,当幼儿在活动中有了不好的结果或成绩时,他们最初会归因于一些外部的、不稳定的因素或运气不好,这时,教师注意引导幼儿进行积极的自我归因。如幼儿在游戏中不小心被桌子撞疼了,他可能会怪桌子没放好或其他小朋友,教师可以对他说"桌子没有眼睛,可是你有眼睛呀,下次你一定会小心的!好不好?"随着幼儿逐步长大,他以后会学习或在生活中都能自己承担责任,并善于从失败中吸取教训。

2. 小学阶段:适宜反馈和正确引导小学生对学习成绩进行有效的积极的归因

小学生总是有意或无意地为自己现有的学习成绩寻找原因,如为什么学习成绩是这样的,还能不能提高些等,这些过程就是对学习成绩进行归因的过程。因为归因方式反映着小学生寻找学习成绩结果的倾向,而且还会影响到以后小学生的学习动机甚至人格特点,因此,教师的正确引导非常重要。比如,教师可以在教学过程中强调努力是成功的原因,淡化分数和名次,并对学生付出的努力进行奖励;在期末评奖的时候,选出进步最大的同学,但不一定是成绩最好的同学进行奖励。这个做法可以激发学生在今后的学习中付出更大的努力。

3. 中学阶段：和学生平等交流，引导学生对成败进行合理归因

中学生还不能对自己做一个全面的评估，经常凭借一时的结果便对自己轻易下结论，因此，教师可以以与学生平等交流的形式，对学生的归因进行引导。例如，面对失败的学生，可以与学生坦诚地分享自己在中学阶段也失败过，以及自己失败的原因，但是最终通过自己的努力，改变了失败的处境。在日常生活中，老师还可以将学生们学习和生活中所取得的成功看成是努力而不是天生的能力，如著名的作家、明星、运动员取得的成绩都是不懈地努力的结果。

专栏 7-4

积极归因训练

该训练主要分为两层：第一层是"努力归因"，即无论是成功还是失败都将其归因于是否进行了努力。第二层是"现实归因"，即针对一些具体的问题应让学生根据自己的实际情况进行归因。这层归因就是帮助学生分析，除了努力这个因素以外，像家庭、智力、学习方法、教学方法等因素，对其学习成绩的影响，并尽力指出解决这些问题的方法，帮助学生增强自信，提高克服困难的勇气。

五、自我效能感理论

（一）理论原理

自我效能感这一概念是班杜拉最早提出的，是指人们对自己是否能够成功地进行某一成就行为的主观判断。

班杜拉认为个人在目标追求的过程中面临一项特殊的工作时，对该项特殊工作动机的强弱取决于个人对其自我效能的评估。自我效能并非对行为结果的预期，而是对自己有能力做某种行为的信任程度，它意味着个体是否确信自己可以成功地进行能带来某种可能结果的行为，而结果预期是个体对其行为可能带来的结果的一种期望。如学生知道注意听课就可以获得他所希望取得的好成绩，这是结果预期；如果学生感到自己有能力听懂教师所讲的内容，并且会认真听课，这就是效能预期。班杜拉认为，当个体确信自己有能力进行某一活动时，他就会产生高度的自我效能感。自我效能水平高者倾向于选择富有挑战性的任务，遇到困难时勇于挑战困难，相信通过坚持不懈的努力一定能克服困难；在从事和进行活动时情绪饱满。因此，在个人获得了相应的知识、技能后，自我效能感就成了行为的决定因素。

班杜拉等人的研究指出，自我效能感形成后，对人的行为将产生极为深刻的影响。

第一，决定人们对活动的选择及对该活动的坚持性。自我效能感高者倾向于选择富有挑战性的任务，在困难面前能坚持自己的行为，而自我效能感低者就相反。

第二，影响人们在困难面前的态度。自我效能感高都敢于面对困难，富有自信心，相信通过坚持不懈的努力可以克服困难；而自我效能感低者在困难面前缺乏自信，畏首畏尾，不敢尝试。

第三，影响新行为的获得和习得行为的表现。

第四，影响活动时的情绪。自我效能感高者活动是信心十足，情绪饱满，而低效能都则

充满恐惧和焦虑。

班杜拉等人的研究还揭示了影响自我效能感形成的因素主要有以下几点。一是个人自身行为的成败经验。这一因素对自我效能感的影响最大。一般来说,成功的经验会提高个人的效能期望,反复失败则会使个人的效能期望降低。二是替代经验。人们的许多效能期望是来源于观察他人的替代经验。这类经验是行为者通过观察示范者而获得的间接经验,它对自我效能感也具有重要影响。当一个人看到与自己能力水平相当的示范者(或榜样)在某项活动中取得了成功就会增强自我效能感,认为自己也有能力完成同样的任务;当看到与自己能力不相上下的榜样遭遇了失败,就会降低自我效能感,觉得自己取得成功的可能性也很小。三是言语劝说。在影响自我效能感的各种因素中,言语劝说因其简便有效而得到广泛的应用,但由于它缺乏经验基础,所形成的自我效能感不是十分牢固。四是情绪唤醒。班杜拉在"去敏感性"的研究中发现情绪唤醒也是影响自我效能形成的一个重要因素。高水平的唤醒使成绩降低而影响自我效能感,只有当人们不为厌恶刺激所困扰时,更可能期望成功。

自我效能感理论不仅指出结果预期会对人的行为发生重要影响,而且强调效能预期(即自我效能感)在调节人的行为上具有更重要的作用,它克服了传统心理学重行轻欲、重知轻情的倾向,把个体的需要、认知和情感结合起来研究人们行为的动机,具有较大的科学价值。

| 专栏 7-5 |

自我效能感与自我调控学习[①]

通过使用目标设定、自我监控、自我评价和策略使用等自我调控的学习,自我效能感的提高可以有效地促进学习者的学习。研究表明:学生越是能准确地判断自己的能力,他们所选定的目标就越具有挑战性。在高中进行的一项社会调查中发现,将自我效能感与学期初所设定的个人目标联合起来预测学期末的学业成绩时,预测的准确性提高了31%。与此相似,将自我效能感与个人目标设定联合起来,其对大学生期末写作课的成绩的预测准确性也提高了35%。

(二)各年龄段应用要点

1. 幼儿园阶段

教师在激发幼儿园学生自我效能感的过程当中,需要做到以下几点。第一,教师要赞赏幼儿的良好表现,肯定幼儿的努力和进步。第二,要善于发现幼儿的长处,对其进行全面的评价,减少挫败感。第三,对幼儿的进步进行鼓励。在对幼儿进行评价时,不要以最终结果对幼儿进行评价,而要对幼儿取得的进步进行奖励。

2. 小学阶段

鉴于教师在小学生心目中的权威地位,因此小学生自我效能感的提高可以采用言语劝说的方式。在小学生遇到困难时鼓励他,告诉他,他是能够很好地完成这项任务的。在运用这种方式的同时,还要正确地运用表扬,关注遇到困难学生的每一点进步,表扬他所付出的努力。

---

① 莫雷,何先友,冷英.教育心理学教学参考资料选辑[M].广州:广东高等教育出版社,2004.

3. 中学阶段

上文中已经提到了,中学阶段的学生只愿意接受和信任自己钦佩的老师,他们所喜爱的老师在他们心目中几乎是十全十美的。而中学生对言语劝说者越信任,其自我效能感的评价越容易受到劝说者言语说服的影响。因此,作为老师要不断地从各方面提高自己,增强自己的权威性。认知不仅影响着人们对外在世界的评价,而且是唤起积极情绪体验的主要因素。个体只有构建合理的认知体系,才能对外界事件进行理性的评价。但是,中学生的认知系统还未发展稳定,对外在世界的评价还受到很多其他外在因素的影响。因此,学校可以通过团体辅导,模拟情境等方式培养学生的认知模式,不断优化认知结构,激发积极情绪,从而提高自我效能感。

第三节 学习动机的培养和激发

激发学生的学习积极性,克服和防止厌学心理是每个教师面临的一个实际问题。在实际的教学过程中,必须坚持以内部动机为主、外部动机为辅的原则,充分利用内部动机与外部动机相互转化的规律,创设条件培养学生内部的学习兴趣、学习热情、学习目的、学习需要等,使之转化成对学习的巨大的推动力;同时,教师也要尽可能地利用一定的诱因,使已形成的学习需要等由潜在状态变为活动状态,形成学习的积极性。

一、培养学生的学习兴趣和学习需要

学生的厌学心理并非先天就有的,相反,如上所述,人生来就有着天然的好奇心,好奇心如果能得到正确的引导,会发展成为求知欲,学习兴趣,学习热情和学习需要,从而转化成为对学习具有极大推动作用的内部力量。

1. 进行理想主义和人生观、价值观教育,培养学生明确的学习目的

从教学的角度上来讲,进行理想主义教育,进行人生观、价值观教育,是培养学生学习积极性的一种极为重要的方法。对于中学生而言,儿童时代比较单纯的好奇心已不再居于支配地位,代之以正在形成中的信念和理想。正确的人生观、价值观,会使中学生树立远大的理想、坚定的信念,并进而转化为强大的学习动力,推动学习行为,使学生朝着预定的崇高目标奋进;而缺乏正确的人生观、价值观和远大的理想,学生就容易受社会上一些不正之风和某些偏见的影响,随波逐流,失去努力学习的动力和目标。

2. 运用灵活多样的教学方法引起学生的学习兴趣

心理学研究表明,新颖的刺激物能激发人的兴趣,吸引人的注意力,使人们产生探究的愿望;而一成不变的刺激则使人感到厌倦。因此,教师在教学中应要注意教学手段和教学方法的新颖性和趣味性,使学生产生新奇感,好奇心。

| 案例 7-1 |

圆的概念的教学

教师问:车轮是什么形状的?

学生答:圆的。

教师问:为什么要做成圆的,其他的形状行不行?如三角形、四边形、五边形等。

学生一下子被逗乐了,答:不行,它无法滚动。
教师问:造成鸡蛋形状(椭圆)行吗?
学生开始有点茫然,继而回答:不行,它会时高时低。
教师问:为什么做成圆的就不会时高时低呢?
学生开始热烈讨论,并得出结论:因为圆形车轮上的点到轴心的距离处处相等。

分析和反思:

通过提问和讨论的方式,激发学生的求知欲和积极思维,自然而然引出了圆的定义,学生学得省力、记忆深刻、兴趣大增。

3. 增加学习任务的趣味性

增强学习任务的趣味性是激发内部动机的有效策略之一。研究表明,增加学习任务的趣味性可以从两个方面着手。一是通过教师使任务本身发生变化。同样的学习任务,采取不同的呈现方式,所引起学生的兴趣是不同的。通过变化可以引起学生的好奇心和注意力。二是注意选择能够吸引学生兴趣的材料。学习材料越有趣越能激发学生的内在动机。在内容的安排上,应包含学生容易理解的特点,如在性别、年龄、宗教、种族和职业方面与学生相似的特征;从学生的认知需要出发,安排他们认为重要的生活事件以及一些令人感兴趣的轶事和例子。

案例 7-2

爆米花学

对于很多学生而言,食物很容易激发他们的兴趣和乐趣。因此,此处以爆米花为例来介绍如何用爆米花这个学生们都很喜欢的食物来实现教学目标。

例如,在作文课上,让学生描述自己最喜欢吃爆米花的场所。以爆米花为主人公编写一段"爆米花的传奇人生"。在科学课上,对爆米花的吸水性进行预测。将爆米花放入一个加满水的玻璃杯中,让学生预测24小时之后会怎么样。

当然,老师还可以用其他学生所喜欢的材料,如小猪佩奇等动画人物也可以用于教学当中,以提高学生的学习兴趣。

二、创设问题情境,激发学生的求知欲

所谓创设问题情境,就是在教学过程中提出有一定难度的问题,使学生既感到熟悉又不能单纯利用已有的知识和习惯的方法去解决,这时就激起了学生思维的积极性和求知的欲望,使学生进入"心求通而未通,口欲言而未能的境界"。

研究表明,创设问题情境可采用言语提问的方法:第一,指出与学生已有知识相矛盾的现象;第二,先教给学生一个基本的法则,在学生理解之后,再给他们举出不符合这一法则的事例;第三,提出有几种选择答案的问题。

案例 7-3

教学中问题情境的创设

有一位教师在讲鲁迅先生的《祝福》一课时,一开始就给全班学生提出了这样一个问题:大家都看过电影《祝福》,它讲的是关于一个劳动妇女被封建礼教迫害,悲惨的一生的故事。

那么，大家想一想，这样一个悲惨的故事为什么作者要用"祝福"这样吉祥的词来做标题呢？这种具有启发性的提问犹如"一石激起千层浪"，激起了学生们极大的兴趣和学习的动力。

一位物理老师在讲"摩擦力"之前，提了这样一个问题："一只蚂蚁能否推动一个一吨重的铁球？"学生们笑着回答："推不动。"老师开始引导，继续提问："如果地面非常光滑呢？"一段时间的沉默后，有学生醒悟过来："推得动推不动，不是看铁球的重量，而是看它与地面的摩擦力有多大。"学生想起了预习中了解到的知识。在肯定了这个学生的回答后，这位老师讲起了水平面上物体运动与摩擦力及物体重量的关系的原理。

另外一种有效的方法就是活动方式。即让学生参加一定的活动，使他们自己在活动中产生问题。比如，上课之前，让学生做些预备性实验，观察某种自然现象，或阅读某些资料等。由于学生知识经验的局限性，因此，在活动中常常会碰到难以解决的问题，这些问题会激发他们产生进一步学习的动力。

三、正确的评价和适当的表扬与批评

教师正确的评价，恰当地运用表扬与批评，是激发学习动机的重要手段之一。因为这种表扬与批评是对学生学习态度、学习成绩进行肯定与否定的一种强化方式。正确运用表扬与批评，可以提高学生的认识水平，激发其上进心、自尊心、荣辱感和集体主义精神等。一般来说，表扬、鼓励比批评、指责能更有效地激励学习的积极性。前者让学生获得成熟感，增强自信心，而后者恰恰起相反的作用。表扬与批评对激发学生积极学习的作用这一观点可以从赫洛克的实验中得到有力的证明。

赫洛克把106名四年级和五年级的学生作为被试分成四个等组，各组内学生的能力相当，让他们练习难度相同的加法5天，每天15分钟。练习是在四种不同的情况下进行的。第一组为控制组，单独练习，不给任何评定，而且与其他三个实验组学生隔离。其他三组分别为：受表扬组，每次练习之后，不管成绩如何，始终受到表扬和鼓励；受训斥组，每次练习之后，不管成绩如何始终受到批评和指责；静听组，无任何评定，只让他们静听其他两组受到表扬或批评。然后探讨不同的奖惩后果对学习成绩的影响（图7-3）。

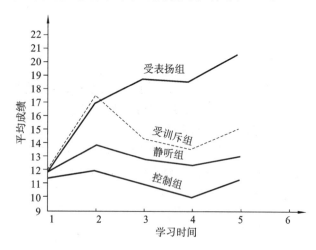

图7-3 奖励与惩罚对学习结果的影响

从练习的平均成绩可见，三个实验组的成绩都优于控制组，这是因为控制组未受到任何信息的作用。静听组虽然未受到直接的评定，但它与受表扬组和受训斥组在一起，受到间接

的评定,所以对动机的唤醒程度较低,平均成绩不仅大大低于受表扬组,而且劣于受训斥组。受表扬组的成绩优于其他所有组的成绩,一直在不断地上升。这表明,对学习结果进行评价,能激发学生的学习动机,对学习有促进作用;适当表扬的效果优于批评,所以在教学中要给予学生表扬而非批评。

在运用表扬与批评这一手段时应注意:第一,以表扬为主;第二,实事求是地根据每个学生的实际进步和努力情况,使每个学生都能得到适量的表扬;第三,要考虑学生的年龄特点和人格特点;第四,要注意培养和保护学生的自尊心,不宜使用嘲讽、羞辱的办法。

四、利用学习结果的反馈作用

学习反馈是指学生对学习结果的了解和知悉。让学生了解其学习结果,不论是成功的还是失败的,都能提高学生的学习热情,增强进一步努力的动力,对学习起到一定的激励作用。要使反馈成为一个有效的激励因素,必须要注意以下两点。

第一,反馈要及时,既反馈必须紧跟在个体的学习结果之后。及时反馈对学习结果的激励作用,得到了许多实验的证明。罗西和亨利把一个班级的学生随机分为三组,每天学习以后进行测验。主试对第一组学生每天告知其测验结果;对第二组学生每周告知其测验结果;对第三组学生则不告知其测验结果。这样实验进行8周以后改换实验条件,将第一组学生与第三组学生进行对调,即第一组学生不再告诉他们测验结果,对第三组学生则每天告诉他们测验结果,第二组的条件不变。这样实验再进行8周,实验结果见图7-4。

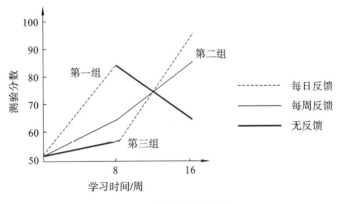

图7-4 不同反馈的效应

从图7-5中可知,在前8周第一组学生的成绩迅速上升,第三组学生的成绩进步很小,在实验的后8周,第三组学生的成绩迅速上升,第一组学生的成绩迅速下降,而第二组学生的成绩自始至终保持良好的上升势头。这一实验说明,反馈越及时,它所起的激励作用就越大。

第二,反馈必须是明确的、具体的。具体的反馈兼具信息性和激励性。它告诉学生对在哪里,错在哪里,这样通过反馈学生就知道以后该怎么做。具体的反馈还可以帮助学生形成对成功努力的归因。相反,如果学生仅仅受到表扬或得到一个高分,还没有得到任何具体说明,那么就难以从中获知以后如何做才有可能获得成功,并容易形成能力归因或外部归因。例如,小明这回考试取得了好成绩,此时,作为老师,就应该及时给予表扬和鼓励。并且表扬一定要具体。如:小明,通过你这学期持之以恒的努力,你这次考试取得了优异的成绩!而不能泛泛而谈,如:小明,你考得不错!

五、适当开展竞赛

竞赛是鼓励进取,激发学生学习积极性的重要手段。在竞赛中,学生的成就动机表现得最为强烈,它以竞赛中的名次或胜负为诱因,可以满足学生的自尊心和自我提高的需要,从而在一定程度上提高学习积极性,并影响其学习效果。

当然,竞赛也有一些消极影响,如竞赛不利于复杂作业的完成;竞赛可能会助长中、差等生的自卑感;竞赛还可能引起自私不和、嫉妒、集体观念淡薄等。

六、帮助学生树立恰当可行的目标

在课堂教学中,目标可以用来激发学生的动机以改善他们的作业表现。而对于学生来讲,学习成功就是最大的激励。因为成功可以让他们看到自己的力量,体验到成功带来的愉快,成功可以使学生的自尊心得到满足,自信心和自我价值感得到提升,并产生对未来学习成功的期待。而成功是个相对的概念,考试得到80分对有些学生来讲是成功,而对另外一些经常考90分以上的学生则是失败,因此教师要帮助学生树立经过努力就可以达到的学习目标,通过多种途径,让每个学生都能体验成功。

七、指导学生进行积极归因,促使学生继续努力

维纳的归因理论告诉我们,不同的归因方式会影响到主体今后的行为。如果学生认为成功是由于运气或其他外部因素,那么他就不会努力学习;相反,如果学生认为成功和失败都是由于自己的努力程度决定的,那么他就会付出努力;如果学生将失败归因于能力这种不可控的因素,那么他们就会表现出习得性无助。这种归因对学生学习的积极性和坚持性都会产生消极的影响。为了防止学生身上这种恶性循环现象的产生,教师要注意学生的归因倾向,帮助学生制定切实可行的目标和达到目标的行动,当学生失败后,指导学生将失败归因为努力不够或方法不当,让学生明白只要付出努力便会成功的道理。必要情况下,需要对学生进行努力的归因训练(因为只有努力归因才是产生持久动机的最有效因素)。只要学生相信努力将带来成功,那么学生就会在学习中坚持不懈地努力。归因训练的基本步骤:

第一,了解学生的归因倾向。

第二,让学生进行某种活动,并取得成败体验。

第三,让学生对自己的成败进行归因。

第四,引导学生进行积极的归因。

后三个步骤重复进行,使学生形成积极的归因倾向。

研究发现,积极归因训练对差生转变具有重要意义。由于差生往往把失败归因为能力不足,导致产生习得性无助感,造成学习积极性降低。因此,积极的归因训练能使他们学会将失败的原因归结为努力,从失望的状态中解脱出来。

后来研究也证明,训练学生把失败归因于学习方法更能提高学习的积极性。

总之,激发学生学习动机的方式和手段是多种多样的。只要教师有效地利用上述手段来调动学生学习的积极性,学生就有可能积极主动地学习,并学有成效。

【思考与练习】

1. 解释下列名词:动机、诱因、学习动机、外部动机、内部动机、成就动机、自我效能感、习得性无助、耶克斯-多德森定律、认知内驱力、自我提高内驱力、附属内驱力。

2. 学习动机对学习有什么作用?
3. 学习动机与学习之间的关系怎样?
4. 简述奥苏伯尔关于课堂学习成就动机三成分理论的观点。
5. 强化动机理论、成就动机理论、成败归因理论、自我效能感理论在动机问题上的主要观点是什么?这些理论对教育工作有什么启发意义?
6. 如何在教育工作中有效地激发学生的学习积极性?

第八章 学习迁移及促进

本章学习提要

- 什么是学习迁移,它有哪些种类。
- 学习迁移的理论观点。
- 影响迁移的主要因素。
- 有效促进迁移的教学措施。

导入案例

双语学习会使幼儿产生语言混淆吗?

在欧美国家,一些言语治疗师和医生建议,正在培养孩子使用双语的家长,在同孩子交流时停止使用其中的一种语言。一般来说,医生建议停止使用非母语。比如在美国,医生会建议家长停止和孩子使用西班牙语对话而改用英语,而在佛兰德斯,医生则建议家长停止使用英语而改为用荷兰语与孩子对话。他们这样建议主要是基于这种考虑:幼年时接触两种或多种语言会使孩子语言混淆,并产生严重的语言学习障碍。虽然尚未有确切的研究发现双语学习一定会使幼儿产生语言混淆,但是在某些情况下确实可能存在学习的负迁移,这需要家长在进行幼儿双语教育时引起重视。

学习迁移是学习过程中普遍存在的现象。任何学习都是在学习者已经具有的知识经验和认知结构、已经获得的动作技能、已经形成的态度等基础上进行的,而新的学习过程及其结果又会为学习者的原有知识经验、技能和态度,甚至学习策略等产生影响。这种学习之间的相互影响就是学习的迁移。由于知识更新的速度和社会发展的步伐日益加快,即使再成功的教师也不可能把所有的知识都传授给学生,不可能预料学生将来所要面对的所有问题,这就使得学习迁移尤为重要,"为迁移而教"也就成为教育界流行的一句口号。

第一节 学习迁移概述

一、学习迁移的一般概念

学习迁移(transfer of learning)或称迁移,是指一种学习对另一种学习的影响。它普遍存在于知识、技能的学习中,也出现在情感、态度和行为方式的学习中。迁移是新旧学习的相互作用和影响。如已获得的知识、技能、情感、态度和行为方式对新的学习的影响,利用已有知识经验和技能去解决新问题所产生的影响。这种影响既可能是积极的,也可能是消极的,既可能是先前学习对后继学习的影响,也可能是后继学习对先前学习的影响。

二、学习迁移的分类

学习迁移有多种作用和表现形式,可从不同的角度来进行分类。

(一)正迁移和负迁移

根据迁移影响的性质和效果不同,可把迁移分为正迁移和负迁移。

正迁移指一种学习对另一种学习起促进作用。它包括一种学习为另一种学习提供了良好的心理准备状态,一种学习提高了另一种学习的活动效率等。人们常说的"举一反三""触类旁通"就是正迁移。正迁移是我们教学工作所应该积极追求和利用的。

负迁移指的是一种学习对另一种学习起干扰和抑制作用。多指一种学习降低了另一种学习的效率和准确性,或一种学习阻碍了另一种学习的顺利进行。负迁移是我们教学工作所要避免和消除的。

在实际教学工作中,有时一种学习可能对另一种学习同时产生正迁移和负迁移的双重影响。如汉语拼音的学习对英文字母发音的学习产生干扰作用,但同时对英文字母的书写却能产生积极的影响。

(二)顺向迁移和逆向迁移

根据迁移影响的方向和顺序,可把迁移分为顺向迁移和逆向迁移。

在学习活动中,新旧知识的结合过程。既可以是先前学习对后继学习的影响,也可以是后继学习对先前学习的影响。前者称为顺向迁移,后者称为逆向迁移。如掌握了物理概念"平衡"以后,就会对以后学习化学平衡、生态平衡、经济平衡等产生影响,而学习了各种平衡后,又使原有的日常概念"平衡"发生了变化,丰富和深化原有的"平衡"概念。

不论是顺向迁移还是逆向迁移,都有正负之分,同样,无论是正迁移还是负迁移,也都有顺逆之分,它们之间的关系见表8-1。

表 8-1 顺向、逆向迁移与正迁移、负迁移的关系

	正迁移	负迁移
顺向迁移	顺向正迁移	顺向负迁移
逆向迁移	逆向正迁移	逆向负迁移

(三)纵向迁移和横向迁移

根据迁移的层次和水平,可把迁移分为纵向迁移和横向迁移。

纵向迁移也称垂直迁移,主要指处于不同抽象、概括层次的各种学习内容之间的相互影响。从学习内容的逻辑关系来看,有的学习内容的抽象性与概括性较高,在所形成的认知结构中处于上位结构,有些学习内容的抽象性与概括性较低,处于认知结构的下位。纵向迁移指的就是这种上位的较高层次的经验与下位的较低层次的经验之间的相互影响。

横向迁移也称水平迁移,指的是抽象概括水平相同的学习内容之间的相互影响,属同一水平的迁移。如直角、钝角、锐角、平角等概念之间的关系是并列的,都处于同一抽象和概括层次,各概念的学习之间的相互影响即是水平迁移。

(四)特殊迁移和一般迁移

根据迁移作用范围的不同,可以把迁移分为特殊迁移和一般迁移。

所谓特殊迁移也叫特殊成分的迁移,指的是具体知识与技能的迁移。这种迁移发生时,

学习者原有经验的组成要素及其结构没有发生变化,只是将一种学习中习得的经验要素重新组合并移用于另一种学习之中,是习惯或联想的延伸。

一般迁移指的是一般概念、原理或态度的迁移。一种学习中获得的一般概念、原理和态度会对相关的许多具体知识的学习都产生重要影响,使后继学习效率更高。

布鲁纳特别强调对迁移做一般迁移和特殊迁移的分类。他十分重视一般迁移的重要性,认为一般迁移是教育过程的核心。

三、迁移的作用

完善的学习理论不仅要说明学习是如何发生和进行的,还应阐明学习的结果在以后的学习中是如何应用和变化的,以及学习结果对先前学习与后继学习会产生怎样的影响。学习迁移不仅涉及所学知识经验与技能等在新情境中的变通运用,而且其本身又是影响学习的基本条件。因此,学习迁移是完善的学习理论不可缺少的组成部分,历来受到教育学家和心理学家的重视。

第一,迁移是有效学习之保证。

由于知识、技能、态度总是存在着各种联系,因此任何学习都不是孤立的,都离不开其他学习的影响,同时也免不了影响其他学习。凡是有学习的地方就会有迁移,孤立的、彼此互不影响的学习是不存在的。往往是前面的学习成为后继学习的基础,而后继学习又进一步巩固和加强前面的学习,这样学习就成为一个逐步积累和不断提高的过程。学习结果的正迁移能够给学习者带来事半功倍的学习效率。因此可以说,学习迁移是有效学习的保证。

第二,迁移是教学目的之所在。

迁移是检验学校教学目标实现程度的最可靠指标,是衡量学习任务完成程度的最重要指标。人们常说,教育是为了将来,教育是为了将今天在学校所得的知识、技能和态度运用于将来的学习和生活情境中,有效解决新问题。但是如果没有迁移,学生们就必须"使课堂学习为应付他们在真实的生活环境中所面对的每一种情境都有所准备""这显然是不可能的"。[①] 因此学校的教学目标就是要有效地促进学生的学习迁移。同时迁移也可作为检查教学效果的指标,学习的正迁移越大,说明学生通过学习所产生的适应新的学习情境或解决新问题的能力越强,所学的效果也就越好。

第三,迁移是培养能力之前提。

现代教育强调"培养能力""发展智力"。能力的形成依赖于知识、技能的掌握,同时也依赖于所掌握的知识和技能的类化。因为迁移是由知识技能掌握过渡到能力形成的重要环节,对所掌握的知识技能加以概括,不断整合和类化,能实现能力的形成和发展。而且在新的学习情境中,在解决新问题时灵活而又广泛地利用已有知识技能,是迁移的具体表现,也是能力提高的标志。因此通过利用正迁移,能达到培养能力的目的。

第二节 学习迁移理论

学习迁移问题历来为理论家和实践工作者所关注。迁移的实质是什么?迁移发生的基本过程如何?迁移产生的条件有哪些?不同的研究者从不同的理论基础和哲学基础出发,

---

① D. P. 奥苏伯尔. 教育心理学——认知观点[M]. 佘星南,宋钧,译. 北京:人民教育出版社,1994.

根据各自不同的实验和研究,提出了种种不同的解释和看法,形成了各种各样的迁移理论。

一、传统的迁移理论及其教学意义

(一) 形式训练说

形式训练说是最早对迁移现象进行系统解释的理论,其理论基础是官能心理学。官能心理学认为人的心是由许多生来就具有的官能所组成的,这些官能包括感知、注意、记忆、想象、意志、判断、推理等。各种官能都是各自分开的实体,分别从事不同的活动。如利用记忆官能进行记忆和回忆,利用思维官能从事思维活动。这些固有的心理官能可以像肌肉一样通过训练而增强力量(能力),且能在各种活动中发挥效用。如通过记忆的训练可增强记忆官能的力量,已增强的记忆官能又能更好地记住各种东西。

由于人心是由各种官能组成的整体,一种官能的改进,也在无形中加强了其他各种官能。迁移就是一种官能的训练效果自动地转移到其他官能上,使其他官能得到发展。如果将组成心的各种官能加以训练,就可以提高各种能力如注意力、记忆力、想象力、意志力等,且各种能力之间还会产生自动迁移。

形式训练说把训练和改进心的各种官能作为教学的最重要目标。它强调"形式"和"训练"的重要性,认为学习的内容不甚重要,重要的是所学东西的难度和训练价值,因为学习的内容经常容易忘记,其作用是暂时的,但形式是永久的。因此某些学科被认为可能具有其特别的训练价值。

形式训练说重视教学过程中学习能力的培养,认为知识可能过时,能力发展了可以受益终生,这在今天仍然是正确的。但这一学说在教学上的消极影响是导致学校教材的选择不重视实用价值,只注重它们对心的官能训练所具备的形式。

形式训练说在欧美盛行了约 200 年,至今还有一定影响。究竟心的各种官能能不能分别加以训练,使之提高,从而自动迁移到一切活动中去?教学的主要目标是不是训练心的各种官能?形式训练说还缺乏经得起科学检验的实验依据和现实证据。

(二) 相同要素说

相同要素说又叫共同成分说。它是在以实证研究检验形式训练说的过程中发展起来的。

詹姆士于 1890 年首先用记忆实验来检验形式训练说的迁移理论。詹姆士发现,记忆能力不受训练的影响:记忆的改善不在于记忆能力的改善,而在于方法的改善。

桑代克等在 1901 年所做的面积估计实验是相同要素说的经典实验。该实验以大学生为被试,分三个阶段进行。第一阶段是预测,让被试估计 127 个长方形、三角形、圆和不规则图形的面积,预测他们判断面积的一般能力。第二阶段是训练,让被试估计 90 个各种大小不同的平行四边形面积(10~100 平方米),进行充分的练习,直到获得很大进步为止。第三阶段是测验,测验有两种:一种是让被试估计 13 个与训练图形相似的长方形的面积;另一种是让被试估计 27 个三角形、圆和不规则图形的面积,这 27 个图形是在预测中使用过的。研究结果发现,通过平行四边形面积估计的训练,被试对长方形面积的判断成绩提高了,而对三角形、圆、不规则图形面积估计成绩却没有提高。

桑代克从实验中总结出:两种学习"只有当机能具有相同要素时,一种机能的变化才能改变另一种机能"。由此他们提出了相同要素(identical elements)说,认为只有当两种学习情境有相同要素时,迁移才会产生,而且两种情境中的相同要素越多,迁移越大。

相同要素说后来被伍德沃斯修改为共同成分(common components)说,意指只有当学习情境和迁移测验情境存在共同成分时,一种学习才能影响另一种学习,即产生迁移。

相同要素说揭示了迁移现象中的一些事实,指出了形式训练说的谬误,对迁移理论的研究做出了重大贡献,对教育界曾起过积极的作用,这一理论特别有助于避免学校教育与现实生活脱节。但由于桑代克的联结主义观点,他所谓的相同要素,只是共同的刺激-反应联结,迁移是相同联结的转移。共同要素说忽视了学习者的主动性和理解、领会的作用,而且它对一般迁移的悲观态度也是不可取的。

专栏 8-1

有意义的学习与机械学习的迁移之争

迁移的形式训练说和相同要素说只代表了迁移的一般与特殊之争的两个极端。在这两个极端的理论争论之间,还有有意义的学习与机械学习的迁移之争。

20世纪初到20世纪60年代前,学习领域的研究一直以动物的学习和人类的言语联想学习为两大主题。学习的基本机制一直被认为是通过强化和反馈所形成的S-R联结。迁移理论是学习理论的延伸,有什么样的学习理论就会有什么样的迁移理论。以桑代克为代表的相同要素说,实际是一种机械的迁移理论。在20世纪30年代至40年代,通过配对联想学习进行了大量的学习与迁移的研究,其主要成果由奥斯古德加以总结。这类研究能够严格控制先后进行的两项学习任务中的刺激和反应的相似程度。找出这种相似程度对迁移的正、负和大小的影响,可较准确地对迁移进行预测。可惜的是,配对联想学习是机械性质的,从中所得到的迁移规律也是机械的。

在学习迁移的研究史上,最早起来反对机械迁移理论的是贾德。他于1908年进行了有名的水下击靶实验。贾德的实验表明,先后两次学习有相同要素并不一定能保证迁移的发生。迁移出现的重要条件是理解两项任务之间的共同原理。以后格式塔心理学进一步强调理解在迁移中的作用。

到20世纪60年代至70年代,D.P.奥苏伯尔强烈地批评了机械主义者对迁移的悲观主义理论,认为有意义的学习过程就是学习者认知结构中原有知识同化新知识的过程。他认为,凡是存在利用原有知识同化新知识的过程,就有迁移发生。

从贾德到格式塔心理学家到D.P.奥苏伯尔,他们似乎都赞成普遍的迁移。但是这些理论家所强调迁移产生的原因是对具有概括性的原理和解题方法的理解,由此引申出来一个问题:教学策略对迁移将产生重大影响。

资料来源:皮连生.智育心理学[M].北京:人民教育出版社,1996.

(三)概括说

桑代克的相同要素说也引起了大量的检验性实验研究,贾德的"水下击靶"的经典实验奠定了批评相同要素说和形成概括说的基础。

实验以小学五、六年级的学生为被试,把他们分为A、B两组,让他们练习用镖枪射击水下的靶子。对A组学生在射击之前充分解释光在水中的折射原理,对B组学生则不讲。在开始进行投掷练习时,靶子置于水下12英寸(1英寸=0.025 4米)处,结果,A、B两组学生成绩相同。也就是说,在开始的测验中,理论的学习对练习似乎没有起到作用,因为所有的学生必须学会使用镖枪,理论的说明不能代替练习。然后把靶子移至水下 4 英寸处,继续练习投靶。这时,两组学生表现出明显的差异。学习过折射原理的 A 组学生无论在速度上还是准确度上都大大超过没有学习过折射原理的 B 组学生,他们很快适应了水下 4 英寸的条件,而 B 组学生则表现出极大的混乱,他们投掷水下 12 英寸靶子时的练习不能帮助改进投掷水下 4 英寸的练习。

两组被试的练习在很多方面具有共同要素,但为什么学过折射原理的学生在后来的练习中成绩远远超过未学过折射原理的学生的成绩呢?贾德认为,这是因为学过折射原理的被试已将折射原理概括化,并能根据新的情境做出调整和适应,将概括化了的原理运用到新的情境中去。

因此,根据概括化理论,两个学习活动之间存在共同成分,只是产生迁移的必要前提,而产生迁移的关键是,学习者在两种活动中概括出它们的共同原理。

概括说强调原理、概括化的经验在迁移中的作用,认为迁移更多的是依赖于对一般原理的理解以及这种理解在新旧情境的相互关系中的作用,这一点比共同要素说有所进步。因此,在教学中要鼓励学生对核心的基本概念进行抽象或概括,实现最大程度的迁移。概括说是加强"双基"教学的重要理论依据之一。

当然,概括化的经验仅仅是影响迁移成功与否的条件之一,并不是迁移的全部。

(四)关系转换说

关系转换说是格式塔心理学家提出的迁移理论。格式塔心理学家认为,迁移不是两个学习情境具有共同成分、原理或规则而自动产生的某种东西,而是由于学习者突然发现两个学习经验之间存在的关系的结果。即人所迁移的是顿悟——两个情境突然被联系起来的意识。

柯勒在 1929 年所做的"小鸡觅食"实验是关系理论的经典实验。在实验中,他先训练被试(小鸡或幼儿)在两种深浅不同的灰色纸下寻找食物。让被试形成对深灰纸和浅灰纸的分化性条件反射。通过多次训练,被试学会从深灰色纸下面取得食物,即对深灰色纸产生食物条件反射,而对浅灰色纸不发生食物条件反射。然后变换实验情境,保留原深灰色纸,用黑纸取代浅灰色纸,观察被试是对原来的深灰色纸发生食物反应,还是根据刺激物的深浅关系对黑纸发生食物反射。结果表现,小鸡对黑纸的反应为 70%,对原来的深灰色纸的反应为 30%,而幼儿对黑色纸的反应为 100%。

可以设想,在实验中,实验情境变化后,如果被试仍坚持在深灰色纸下寻找食物,则可说明迁移是由于共同要素的作用;如果被试选择的是两个物体中颜色更深的(即黑色纸),就可说明迁移是对关系的反应。柯勒认为,个体越能发现事物间的关系,则越能加以概括、推广,迁移越普遍。而对关系的发现、理解又是通过顿悟实现的。对事物之间的关系的顿悟是迁移产生的机制。小鸡(幼儿)觅食实验充分地证明了关系转换的迁移理论。

尽管如此,这个理论对两个情境间的关系的发现或理解的重视,有助于我们注意学习方法在迁移中的巨大作用。

二、现代迁移理论

(一)认知结构迁移理论

D. P. 奥苏伯尔的认知结构迁移理论体现了认知心理学在迁移问题上的新贡献。在他看来,一切新的有意义学习都是在原有的学习的基础上产生的,不受学习者原有认知结构影响的有意义学习是不存在的。也就是说,一切有意义的学习必然包括迁移,认知结构的同化作用必然导致有意义学习的迁移。在有意义学习中,认知结构是影响迁移的最关键因素。教学的目标就是使学生形成良好的认知结构。

奥苏伯尔认为,原有的认知结构能否有效地同化新知识,促进新的学习与迁移,主要取决于下述三个变量。

1. 可利用性

可利用性是指在认知结构中是否有适当的起固定作用的观念可以利用。也就是说,在认知结构中是否有与新观念关联并使之获得意义的原有的适当观念可以利用。认知结构中处于较高抽象、概括水平的起固定作用的观念,对新的学习能提供最佳关系和固定点。在有意义学习中,如果学生的认知结构缺乏这种可利用性,那么新的学习只能是机械学习。

2. 可辨别性

可辨别性是指新的潜在的有意义学习任务与同化它的原有的观念系统的可以辨别的程度。当学习者面对新的学习任务时,原有的起固定作用的观念与要学习的新观念的差异应清晰可辨。这种分辨越清晰,越有助于新的学习与保持,如果认知结构缺乏这种可辨别性,就容易导致遗忘和负迁移。

3. 稳定性和清晰性

稳定性和清晰性是指原有的起固定作用的观念是否稳定和清晰。利用及时纠正、反馈和过度学习等方法,可以增强原有的起固定作用的观念的稳定性。原有知识的稳定性和清晰性有助于新的学习与保持。如果起固定作用的观念既不稳定又模糊不清,则不仅不能为新的学习提供适当的关系和有力的固定点,而且会影响新的观念与原有观念的可辨别程度。

奥苏伯尔认为设计适当的"先行组织者"以影响认知结构变量是促进学习与迁移的重要策略。所谓"先行组织者"是指在学习新材料之前给学生呈现的一种引导性材料,它在抽象概括和包容水平上高于新学习材料,并能清晰地与认知结构中原有的观念和新的学习材料相关联。它在学生已知的东西与需要知道的东西之间架设了一道认知桥梁,使学生更有效地学习新材料。

"先行组织者"可分为两类。一类是"陈述性组织者",用于较不熟悉的学习材料中。当学习者面对新的学习任务时,如其认知结构中缺乏适当的可用来同化新知识的上位观念,就可以设计一个抽象概括和包容水平高于新材料的组织者——陈述性组织者。其目的在于为新的学习提供最适当的固定点,以提高可利用性和稳定性。

另一类是"比较性组织者",用于比较熟悉的学习材料中。当学习者面对新的学习任务时,如其认知结构中已经具有了可利用的同化新知识的适当观念,但原有观念不清晰或不巩固,或对新旧知识之间的关系辨别不清时,就可设计一个揭示新旧知识异同的组织者——比较性组织者。其目的在于比较新材料与认知结构中相类似的材料的异同,以提高可辨别性和稳定性。

认知结构迁移理论揭示了学习迁移的内部主观条件,是对学习迁移理论研究的深入,对我们解释和解决课堂中的学习与迁移问题大有裨益,对教学工作具有指导意义。奥苏伯尔认为,为迁移而教实际上是塑造学生良好的认知结构问题。为此,必须从教材内容的选择和教材的呈现方式两个方面确保学生良好的认知结构的形成。

(二) 产生式迁移理论

产生式迁移理论是由信息加工心理学家安德森提出的,用于解释基本技能的迁移。这一理论可以看成是桑代克共同要素说的发展。研究者设计了许多实验来验证这一理论。

根据多项研究结果,安德森等人对迁移问题得出如下结论:

(1) 迁移量的多寡(大量、中等、少量或负数),取决于实验情境及两种材料之间的相关。从一种技能到另一种技能的迁移量主要依赖于两项技能之间产生式的重叠。重叠越多,迁移量越大。

(2) 表征和练习程度是迁移产生的主要决定因素。不同领域的迁移各不相同,按其共有的符号成分的数量而不同。

(3) 迁移量也依赖于学习或迁移时注意的指向所在。

安德森在实验的基础上提出了程序性知识迁移的产生式理论。其基本思想是:先后两项技能学习产生迁移的原因是两项技能之间产生式的重叠。重叠越多,迁移量越大。两项任务之间的迁移,是随其共有的产生式的多少而变化的。

尽管安德森等人设计了大量实验来验证他的迁移理论,但目前该理论的研究仍停留于计算机模拟阶段。即使如此,这一理论在实际教学中的含义还是十分明显的。因为两项任务共有的产生式数量决定迁移水平,所以要注重基本概念原理和规则的教学,以便为后继的学习做准备。此外,先前学习的内容必须有充分的练习,才易于迁移。

第三节　影响学习迁移的因素

虽然学习迁移现象是普遍存在的,但迁移并不会自动发生。迁移的发生受一系列主客观条件的制约。根据有关迁移的理论和研究,我们认为影响学习迁移的主要因素有以下几种。

一、学习材料的相似性

许多研究证明,学习材料相似性是影响迁移产生的一个重要因素,桑代克的共同要素说证明,两种学习材料或活动之间存在着某种相同点,是实现迁移的必要条件。

如奥斯朋从林斯兰词汇表中选出 45 个关键音节来教学生,学生在教师指导下掌握了这些音节,并认识到这些音节是组成许多词的共同要素,而且概括出发音特点和规律后,他们就能对整个词汇表中其余有关词的学习起积极作用。如学生学会了"going"的"ing"以后,就会拼写"morning"和"playing"等词。概括出最后一个音节总是拼作"ing"之后,他们就能拼出林斯兰词汇表中词尾为"ing"的其他几百个词。由此说明,学习材料具有共同要素,且先前学习的材料具有高度概括性是引起积极迁移的重要条件。但是,新旧学习材料之间具有相似性,对迁移的影响并不都是积极的。奥斯古德的配对联想学习的实验也可以证明这一点。他的实验结果是:两项学习,如果刺激相同,反应也相同或相似,则容易产生正迁移;如果刺激相同,反应不同,则产生负迁移。

因此,教学中要注意教材内容的适用性,将同类或类似内容安排在一起,以便学生利用,实现正迁移,使学习得到简化;同时也在帮助学生辨认所学材料的本质特征,引导他们对彼此相似又不完全相同的知识进行比较,以克服负迁移。

二、学习者的智力水平

个体的智力水平对迁移的质和量都有重大影响，这是许多迁移研究者们提出的共同看法。桑代克在对中学生的学习进行大量研究后指出，被试的智力水平越高，迁移越大。智力在训练迁移中占重要地位。布鲁克斯(1924)、凯罗(1930)、瑞恩(1936)、柏瑞特(1938)等人的实验研究也证明，迁移分量与智力水平呈正相关。教学实践中，两项学习之间的共同要素往往是隐蔽的，智力水平较高的学生往往能够更容易地发现两种学习情境之间的共同要素及其关系，更善于总结学习内容的原理原则，能更有效地将先前所学到的学习策略和方法运用于新学习中，在学习中更善于融会贯通、举一反三，迁移顺利且迁移量大；相反，有些学生不善于分析和概括，不容易把握两项学习之间的共同点，迁移就很难发生。

三、学习者的态度

个体对生活、学习的积极或消极态度会影响到当前活动，并迁移到以后的类似活动中。如果能认识到所学知识对以后生活和学习的重要意义并能联想到当前知识可能的应用情境，会有助于个体在以后的具体情境中运用已有知识来学习或解决问题。杜叟曾进行过有关研究。他选取了三个班的大学生作为被试。第一班过去曾听过各种研究方法的介绍，第二班正在学习拉丁文，第三班刚学完解析几何。每班又分为实验组和控制组。为了让实验组被试建立积极的态度，使他们相信过去的学习经验可以应用于当前的工作，他们被告之"过去的训练可以帮助你们完成目前的任务"。对控制组则没有这种说明。然后要求所有被试完成相同的任务。结果实验组成绩更优异。尽管事实上过去所学的知识经验并不能对当前工作产生积极影响，但只要相信这种影响的存在，并对此持积极的态度，迁移仍是可以产生的。

另外，学生对学校、老师和其他学生的态度也会影响学习和学习的迁移。在实际教育工作中，我们经常会发现，学生会由于对某位老师有一种积极肯定的态度，而对该教师所教课程也产生积极的态度，对该学科的积极态度又可能进一步迁移到其他学科中去，使该生对整个学习都抱着积极肯定的态度。由此可见，学生对学习和学校的态度是影响迁移的一个重要因素。

四、原有认知结构

认知结构是指个人原有知识经验的全部内容和组织。研究发现个人认知结构的概括性、清晰性、理解性和稳定性等都直接关系到新知识经验的获得，影响到学习的迁移。

（一）原有知识经验的概括水平

概括已有经验是学习迁移产生的最重要条件。原有知识经验的概括水平越高，它所适用的范围就越大，就越有助于同化新的知识。一个学科中的基本原理、基本概念一般具有更高的概括水平。布鲁纳特别强调学科基本原理、基本概念的掌握，认为所掌握的内容越基本、越概括，则对新情况、新问题的适应就越广，也就越能产生广泛的迁移。如果学生能对已获得的知识经验进行概括，就能反映同类事物问题间的共同特点和规律性联系，就能更好地适应新情境，同化新知识，认识新事物、新问题的本质，并纳入已有的认知结构中，实现一种学习向另一种学习的迁移。贾德的概括化理论及 D.P.奥苏伯尔的认知结构迁移理论都强调原有知识经验的概括程度在学习迁移中的影响。

（二）理解程度

现代认知理论主张有意义学习,在有意义学习中,理解程度直接影响到有关知识的应用和迁移,理解程度越深,理解越透,对后继学习的正迁移越大,而一知半解的学习则可能引起负迁移。如果教师要求学生根据已有的经验来理解所学知识,就不仅能使学生更多地学到有用知识,而且更有利于学生运用知识解决实际问题。

（三）巩固程度

布卢姆认为,前面的学习要掌握达到80%～90%的正确率,才能开始新的学习,只有巩固和清晰的知识才能迁移。原有认知结构中的知识经验越巩固,越有助于促进新的学习,原有知识的巩固程度与后继学习的有关的知识成正相关。如果在利用原有知识同化新知识时,被利用的原有知识本身不巩固,则不但不会产生正迁移,反而可能产生负迁移。

五、定势

定势是一种心理准备状态,它影响或决定着同类后续心理活动的趋势。多次运用某一思维操作程序或方法去解决同类问题,逐步形成了习惯性思维,以后遇到类似的新问题,仍旧用这一思路去解决。定势对学习迁移的影响既可能是积极的,也可能是消极的。当前后两种课题同类或相似时,学习定势能对后继学习起促进作用,产生正迁移。但当前后两种学习的课题不同类或相似但有实质差别时,学习定势会对后继学习起干扰作用,产生负迁移。

在定势研究中,陆钦斯的"量水实验"（表8-2）可以称得上是经典之作。该实验要求被试用不同容量大小的量杯（A、B、C）,求得一定的水量（D）。第1题用来练习,练习后,将被试分为两组,实验组解决第2～11题;控制组解决第7～11题。

表8-2 陆钦斯的量水实验

题号	容器 A	容器 B	容器 C	需要水量 D	方法
1	29	3		20	$A-3B$
2	21	127	3	100	$B-A-2C$
3	14	163	25	99	$B-A-2C$
4	18	43	10	5	$B-A-2C$
5	9	42	6	21	$B-A-2C$
6	20	59	4	31	$B-A-2C$
7	23	49	3	20	$B-A-2C;A-C$
8	15	39	3	18	$B-A-2C;A+C$
9	28	76	3	25	$A-C$
10	18	48	4	22	$B-A-2C;A+C$
11	14	36	8	6	$B-A-2C;A-C$

实验结果见表8-3。实验组81%的被试形成了$D=B-A-2C$的定势,并用它来解决7～11题,解第7题时不会用$A-C$的简便方法,解第8题时遇到了很大的困难,一时认为无解。而控制组被试由于未受到此定势的影响,100%用简便方法解第7、8题。

表 8-3　定势对解决问题的影响

组　别	人　数	采用 D＝B—A—2C 方法正确解答的/(%)	采用 D＝A±C 方法正确解答的/(%)	方法错误/(%)
实验组	79	81	17	2
控制组	57	0	100	0

根据定势的双重影响,在实际教学工作中,既要考虑到所学课题与原有经验的同一性,利用定势帮助学生迅速掌握学习异类课题的方法,又要变化课题,尽量避免大量相同课题的排列过分集中,同时利用言语暗示和引导,帮助学生对表面相似但实质不同的问题进行辨别,以防止负迁移的出现。

六、学习方法的指导

实验研究表明,在教学实践中指导学生的学习方法,或者由学生自己发现一些有效的方法,掌握必要的概括化的智力活动方式,是提高学习迁移效果的必要条件。伍卓(1927)曾用实验证明教给学生学习技巧、对学习方法进行指导能提高学生的学习效率,影响学习的迁移。他以大学生为被试,把他们分成三个等组,以诗歌、散文、事实、日期、词汇为记忆材料,让被试进行记忆,并记下成绩,作为前测。然后对三组被试进行不同的训练。A 组为控制组,不做任何记忆练习;B 组为练习组,只进行单纯练习,不加指导;C 组为指导组,主试提供有效的记忆方法。B、C 两组都对相同的记忆材料(诗歌和无意义音节)进行 3 小时的记忆练习,B 组单纯练习,不给予方法上的指导;C 组用一半时间做方法上的指导,如暗示被试要相信自己的记忆力,注意把握事实和观点,进行积极的自我背诵,将材料分组,利用韵律等;另一半时间让被试自己练习。然后对三组被试分别进行后测,并比较前后两次测验成绩。结果发现,在后测中,B 组和 C 组成绩中的迁移量都超过 A 组;C 组成绩中的迁移量是 B 组的 10 倍。这一实验有力地说明,对学习方法进行有指导的练习比无指导的反复练习更能影响迁移的效果。

第四节　学习迁移的有效促进

探讨学习迁移的主要目的就是科学地应用迁移的规律,以提高教学成效。根据前面介绍的迁移规律,为了有效促进学生的学习迁移,在教学上应注意下述几个方面。

一、精选教材内容

在教学过程中,教师并不是把一门学科的所有内容一步一步地都教给学生,学生的学习也不是毫无选择地学习所有内容。要想使学生在有限的时间内掌握大量的有用的经验,教学内容必须精选。在选择教学时,要依据学习迁移的规律。根据 D.P. 奥苏伯尔的认知结构迁移理论及贾德的概括化迁移理论等,我们应选择那些具有广泛迁移价值的科学成果作为教材的基本内容。所谓具有广泛迁移价值就是指那些概括的基本概念与原理、基本技能和行为规范,掌握这些基本内容后,在以后的学习或应用中,许多与之相关的其他内容无须重新教学或学习,只需稍加引导和点拨,学生即可掌握。

当然,在选择这些基本的经验作为教材内容的同时,还必须包括基本的、典型的事实材料,脱离事实材料空谈概念、原理,则概念、原理也是空洞的,是无源之水,无本之木,当然也无法迁移。大量的实验都证明,在教授概念、原理等基本知识的同时,配以具有典型代表性的事例,并阐明概念、原理的适用条件,则有助于迁移的产生。

同时,精选教材也要随科学的发展而不断变化和更新。虽然学科的基本概念、基本原理具有较高的稳定性,但随着科学技术的迅猛发展,原来作为学科基本内容的教材可能会失去其原有的作用,所以,应及时注意科学新成果的出现,以新的更重要的迁移范围更广的原理、原则来代替。因此,在精选教材时,要注意其时代性,使之既符合科学发展的水平,又具有广泛的迁移价值。

专栏 8-2

针对不同学科特点,提高学生迁移能力

不同学科由于特点不同,其促进迁移的着重点也有所不同。在这里只介绍部分促进学生学习不同科目的迁移方法。

在语文的阅读课教学中教师可采用以下方法,促进学生迁移:

(1) 以"读—析—赏—评"方式指导学生学习文章重点和精彩语段,学会在阅读中抓关键词,以及从文章中提取主要信息,反馈并评价学生的阅读过程及阅读方法。教给学生分析文体的方法,并对学生的提问和讨论加以概括提升,使其学会文学欣赏。布置学生写读书笔记,选择有特色的读书笔记进行讲解。

(2) 将教材课后练习题改为学生自学提纲,在学生自学的基础上使之相互切磋交流。或课前指定学生准备一篇自读课的教案,由学生主持课堂学习,教师点评或总结学生的学习情况。

数学课需要教师根据新旧知识间的相离、相交、包含的关系在课堂教学中设计一些练习题,以帮助学生实现迁移。主要方法有以下几种:

(1) 设计相离关系问题的迁移,教师要在学生原有认知结构中寻找有关"材料",以联结新旧知识。设计要求是"贯通、渐进",教师要注意新旧知识之间的循序渐进和相互联系。

(2) 设计相交关系问题的迁移,教师应直接利用新旧知识的相交点来设计迁移练习。设计要求是"发散、引申",将新旧知识引申到一般情形。

(3) 设计内含关系问题的迁移,教师应将相关的旧知识按"放大、推广"的要求进行设计。

政治课教师促进学生迁移的方法主要有以下两种:

(1) 按照知识体系的逻辑性,选择教学的主线索,讲清各个知识点并从一个知识点发散联想到另一个知识点,找出知识点之间的联系与区别。

(2) 帮助学生把所学知识围绕主线索,建构成完整的知识结构,形成知识网络,使学生对所学知识做到层次分明、脉络清晰,并能根据知识网络随时唤醒与新授知识相关的内容,促进学生完成学习的迁移。

二、合理组织和呈现教学内容

精选的教材只有通过合理地组织和编排,才能充分发挥其迁移的效能,才能一方面让学生学习省时省力,另一方面有效地塑造学生良好的认知结构。

为了让学生在知识间形成丰富的联系,建立良好的认知结构,必须使教学内容结构化、一体化、网络化。即教材内容的各构成要素具有科学的、合理的逻辑关系,能体现事物的各种内在关系,如上下、并列、交叉等,将教材整合成具有内在联系的整体,防止人为地割裂知识间的联系或内容间的相互干扰和机械重复;要突出各种基本经验的联结点、连接线。通过对教材内容进行系统、有序的分类、整理与概括,可以将烦琐、无序、孤立的信息转化为简明、有序、相互联系的内容结构,这样的教材结构可以促进学生对教材的深层次的加工与理解,有助于学生构建合理的知识结构,使学生的学习达到融会贯通。

有效地促进学习的迁移,在教材的组织和呈现方面应遵循以下原则:

1. 按照从一般到个别、"逐渐分化"的原则组织和呈现教材内容

认知心理学认为,当人们在接触一个完全不熟悉的认知领域时,从已知的较一般的整体中分化细节,要比已知的细节中概括整体容易一些。认知心理学还认为,人们关于某一事件的知识在头脑中组成一个有层次的结构,最具有概括性和包容性的观念处于这个层次结构的顶点,它下面是越来越分化的命题、概念和具体知识。根据人们认识新事物的自然顺序和认知结构的组织顺序,教材的组织和呈现也应遵循由一般到个别,由整体到细节的分化顺序。

2. 按照综合贯通的原则组织和呈现教材内容,以增强知识的横向联系

从横的方面来看,教材的组织和呈现要加强概念、原理、课题乃至章节之间的联系,教师在教学中应引导学生努力探讨知识之间的联系,消除学生认识中表面的或实际存在的不一致之点。分化与综合相结合,才能真正体现知识的关联性、连续性和系统性。

3. 按照程序化的原则组织和呈现教材内容,确保从已知到未知

对概括性和包摄性相当或更强的新知识,教材的组织和呈现应由浅入深、由易到难、循序渐进,按照程序化的原则分成若干单元和若干小步子,使后一步的学习建立在前一步的基础之上,前一步的学习为后一步提供固定点,以确保从已知到未知。对缺乏内在联系的教学内容,可以用"先行组织者"的教学策略,使新知识与原有知识建立联系而获得意义。总之,教材的程序化和序列化既要反映知识的基本结构,体现不断分化和综合贯通的原则,又要适合学生原有的认知结构和认知发展水平。

三、加强基本概念和原理的教学

不论何种教学,都必须注重基本概念和原理的教学。在教学中,要帮助学生认识问题之间的关系,寻求新的知识或课题的共同特点,鼓励和指导学生自己总结、归纳所学内容,充分掌握运用基本原理的条件和方法,培养和提高学生概括总结的能力,充分利用原理、原则的迁移。

教师在讲解原理、原则时,不仅要详细地讲解概括化知识和一般原理在某些特殊领域内的应用价值,而且要运用各种变式全面地介绍在各种不同情境中运用这些知识解决实际问题的方法和案例,使学生加深对这些知识和原理的理解,并形成在广泛的学习领域中运用这些知识和原理的定势。

教学中应结合原理、原则的具体运用情境进行讲解和学习,提供充分的应用机会,使学生能把握原理、原则的实质,并在遇到其适用情境时,能准确地运用它去同化新知识或解决新问题。

四、教会学生学会学习

授人以鱼,不如授人以渔。教给学生必要的学习方法,可以从根本上改善迁移能力,提高学习和教学的效率。许多研究和教学实际都证明,学生的迁移能力在很大程度上与学生所掌握的学习方法有关。很多学生虽然拥有解决问题必需的知识,但由于缺乏必要的学习方法,致使迁移受阻,表现在不能有效地利用已有知识去解决问题。当今世界,学生更应学会学习,即学会如何去学习,掌握学习的方法。学习方法是培养学生的迁移能力、使学生学会学习的前提条件,它可以对后继学习产生比较广泛的一般迁移。因此,在教学实践中,我们要促进学生学会学习。

五、引导学生加强练习

知识、技能的掌握和学会学习,有赖于有效练习。如果有充分的练习,一些基本技能就可以成为自动化技能而不必有意识地注意,就可能有力地促进新任务的学习。通过练习能使学生在相似的情境中学会将所学知识运用于解决问题,有利于加深知识的理解,扩大知识的应用范围,促使学生学会在不同的情境中实现学习迁移。有效练习应有计划、有步骤、多样化,应集中练习、分散练习与综合练习相结合,精练与改正错误相结合,练习同类课题与其变化性相结合。总之,对学习与迁移而言,重要的是练习的质量而非数量。

【思考与练习】

1. 解释下列名词:学习迁移、正迁移、负迁移、顺向迁移、逆向迁移、纵向迁移、横向迁移、一般迁移、特殊迁移、先行组织者。
2. 学习迁移的种类有哪些?
3. 学习迁移有什么作用?
4. 简要分析各种不同的迁移理论的观点,说明它们的应用价值。
5. 影响迁移产生的主要因素有哪些?教学中如何充分兼顾到这些因素?
6. 举例说明如何利用迁移规律提高学习与教学效率。

第九章 知识的学习与教学

本章学习提要

- 广义的知识观及分类。
- 陈述性知识学习的过程、条件与教学策略。
- 程序性知识学习的过程、条件与教学策略。

导入案例

请阅读下面的文字,看它说的是什么意思。

"这个程序实际上很简单。首先,你把总件数分成几组。当然,如果件数不多的话一次就行了……很重要的是,一次件数不能太多。就是说,每次太多不如少些好。这在短时间内似乎无所谓,但经常不注意这一点,就很容易造成麻烦,而且,一旦带来麻烦,其代价可能是很昂贵的。一开始,整个程序可能看上去比较复杂,但要不了多久,它就会成为你生活中的一部分。"

当你读完上面这段话后,你可能觉得这段话有点不知所云,很不好理解。但是如果我给你一个标题《洗衣机使用说明》,这段话就变得没那么费解了。为什么呢?

在未加标题之前,虽然每个字都认识,每句话都能看懂,但是整段文字不知道它要说明什么。而一旦加了标题,我们又能恍然大悟。一个简单的标题,唤醒了我们头脑中的已有经验,使我们可以理解这段文字;而离开了经验背景,这段话就变成杂乱无章的字句。可见,理解在我们的学习过程中,不是一个简单的"印入"信息的过程,学习者已有的知识经验在知识的学习过程中起着重要的作用,意义的理解正是通过外界信息与已有经验的相互作用而实现的。

知识的教学是学校的重要任务,也是学校智育的核心内容,因此,知识的学习与教学历来是教育心理学研究的一个中心问题。本章首先根据现代认知心理学呈现了广义的知识观及其分类,然后分别介绍各类知识的学习过程、学习条件及其教学策略。

第一节 广义的知识观与分类

一、知识的概念

知识是一个使用频率极高的概念,也是一个复杂的概念。人类对知识的含义和本质的探索由来已久,不同学科从不同角度来定义知识。知识历来是哲学认识论研究的对象。我们常见的知识定义往往是从哲学认识论中的反映论来定义的,认为知识是客观事物的属性和联系在人脑中的反映。如《现代汉语词典》对知识的解释是:"人们在社会实践中所获得的认知和经验的总和。"教育学也常把知识定义为"对事物属性与联系的认识"。[①] 这些界定肯定了知识的稳定性和明确性,特别在教育领域中各门学科所涉及的知识,基本上是该学科中较为确定、接近共识的内容,是人类积累下来的较为可靠的经验体系。但是,只从这个角度认识知识是不全面的,这样定义知识,不能揭示出认知活动中主体与客体的动态,容易把知识固定化。

从心理学的角度来分析,知识是个体头脑中的一种内部状态,即人脑对客观事物的特征与联系的反映,是客观事物在人脑中的主观表征。现代认知心理学把学习活动看作信息加工过程,认为知识是个体通过与环境相互作用后获得的信息及其组织。人在与外界相互作用的过程中,获得来自客体的各种信息,用一定的方式对这些信息进行加工和组织,形成对事物的理解,从而形成知识。存在于个体头脑中的是个体知识,存在于个体之外的是人类的知识。

一般认为,"知识"的定义有狭义和广义之分。狭义的知识就是能储存在语言文字符号或言语活动中的信息或意义,如各门学科的事实、概念、公式、定理,等等。上述认知心理学对知识的定义是广义的知识,它既包括个体从自身的生活实践和人类的社会历史实践中获得的各种信息(狭义的知识),也包括在获得和使用这些信息过程中所形成和发展而来的种种技能、技巧和能力。

知识在人的头脑中是如何储存并运作的呢?这就涉及表征这一概念。表征也称为知识表征或信息表征,指信息在头脑中记载和呈现的方式。一个外在的信息在头脑中可以以具体形象、概念或命题等形式记载和呈现。不同类型的知识,其表征方式是不同的。

二、广义知识的分类及表征

著名认知心理学家安德森(1983)根据知识的状态和表现方式把个体的知识分为两类:陈述性知识和程序性知识。

(一)陈述性知识及其表征

陈述性知识(declarativeknowledge)是个人具有有意识的提取线索而能直接陈述的知识。这类知识是关于世界的事实性知识,包括关于事实是什么的知识和关于事物及其关系的知识,主要回答"是什么""为什么"的问题,如"中国的首都在哪里?""第二次世界大战的原因是什么?""为什么太阳从东边升起而从西边落下?"等问题,都需要陈述性知识。

陈述性知识是以命题和命题网络为主要表征形式[②]。命题是陈述性知识的最小单元,指词语表达意义的最小单元,一个命题大致与头脑中的一个观念相当。词、短语、句子虽然是陈述性知识的物质载体,但人脑中所记载储存的是以命题所反映的句子或短语所表达的意义,而非句子本身。个体是用命题来储存记载信息的,命题可以是一个词、一个短语、一个句子,也可以是一个方程式或任何一种符号的有意义的组合,但这些只是观念的外壳工具。人的记忆和思考的对象是命题而不是词语。

若干个命题彼此相连就组成了命题网络,一个复杂的句子常常会表征为一个简单的命

---

① 顾明远.《教育大词典》第一卷[M].上海:上海教育出版社,1990.
② [美]J.R.安德森.认知心理学[M].杨清,张述祖,等,译.长春:吉林教育出版社,1989.

题网络。如"爱美的小李今天穿上了一条红色的新裙子。"由于知识之间总是互相联系的,我们所有的陈述性知识构成了一个庞大的命题网络。命题网络同计算机网络一样用来记载和呈现复杂的信息。

命题和命题网络是陈述性知识的主要表征方式,除此之外,表象系统和图式也是陈述性知识的表征形式。

（二）程序性知识

程序性知识(procedural knowledge)是个体不具备有意识的提取线索,只能借助某种作业形式来间接推测其存在的知识。它是关于完成某项活动的知识,它表现在活动中,是一套办事的操作步骤和过程,因此程序性知识又称为步骤性知识或过程性知识,它主要回答"怎么做"的问题。由于程序性知识与实践操作密切联系,因而具有动态性质。如回答"1/3＋3/4＝？",将主动语态变成被动语态、用心理学中强化理论中的强化程序来设计一个行为矫正方案等问题,都需要程序性知识。

现代认知心理学家认为,程序性知识的表征方式是产生式和产生式系统[①]。产生式(production)这个术语来自计算机科学。信息加工心理学的创始人西蒙和纽厄尔认为,人脑和计算机一样,都是"物理符号系统",其功能都是操作符号。计算机之所以具有智能,能完成各种运算和解决问题,乃是由于它储存了一系列以"如果—那么"(if/then,亦译"如果—则")形式编码的规则的缘故。也就是说,由于人经过学习,其头脑中储存了一系列以"如果—则"形式表示的规则。这种规则称为产生式,一个产生式是一个由条件和动作组成的指令,即所谓的条件—行动(condition—action)规则(简称 C-A 规则)。C-A 规则与行为主义的 S-R 公式有相似之处,但也有原则上的区别。相似之处是每当 S 出现或条件满足时,便产生反应或活动;不同的是,C-A 中的 C 不是外部刺激,而是信息,即保持在短时记忆中的信息, A 也不仅仅是外显的反应,还包括内在的心理活动或运算。

简单的产生式只能完成单一的活动。有些任务需要完成一连串的活动,因此,需要许多简单的产生式。经过练习,简单的产生式可以组合成复杂的产生式系统。这种产生式系统被认为是复杂的技能的心理机制。

专栏 9-1

知识的其他分类

1. 显性知识和隐性知识

英籍匈牙利哲学家波兰尼依据知识与言语的关系,将知识分为显性知识(explicit knowledge)与隐性知识(implicit knowledge),前者也称"明言知识(articulate knowledge)",是指能用语言文字(包括数学公式、图表)等诸种符号表达的知识。后者也称"默会知识(tacit knowledge)",是指只能意会而不能言传的知识。如幼儿在受正规教育之前,能用合乎语法的句子表达自己的思想,但是他们未清晰地意识到自己的话语中暗含的语法规则。实际上,信息加工心理学划分的两类知识与波兰尼划分的两类知识存在着很大的一致性。陈述性知识也就是显性知识,是个体能够意识到并能用言语表达的;程序性知识中有些是个体完全不能意识和用言语表达的,也就是默会知识。

---

① 杨盛春.知识表征研究述评[J].科技情报开发与经济,2012(19).

2. 结构良好领域知识和结构不良领域知识

美国心理学家斯皮罗等人依据知识及其应用的复杂多变程度,将知识划分为结构良好领域知识(well-structured domain knowledge)和结构不良领域知识(ill-structured domain knowledge)。结构良好领域的知识是有固定答案的知识,如算术运算的某些规则,需要背诵的课文中的语言知识;结构不良领域的知识是指生活中比较复杂的知识,它们不是简单回答就能理解解决的知识。如解决问题中的知识。结构不良领域是普遍存在的,例如听了一次讲座后,你很受鼓舞,可是当你想把讲师的方法也运用到自己的课堂中时,就要处理大量带有结构不良特征的情境和知识。

第二节 陈述性知识学习的过程与条件

前文所说的陈述性知识主要说明事物"是什么""为什么",是个人可以有意识地回忆出来的关于事物及其关系的知识。例如历史事实、数学原理、观点信念等涉及事实、定义、规则和原理的描述的都属于陈述性知识,它主要用于区别和辨别事物。

一、陈述性知识学习的分类

奥苏伯尔在其有意义言语学习理论中谈及"知识"的构成成分时,未区分陈述性知识和程序性知识。由于奥苏伯尔的理论主要用于解释以语言文字符号表示的"意义"怎样被个体习得、保持和提取,所以可以将奥苏伯尔的这一"知识"分类看成是对陈述性知识的分类。奥苏伯尔对陈述性知识做了与加涅类似的区分,他认为陈述性知识可以分为以下三类。

(一)表征学习

最简单的知识就是建立事物与符号的表征关系,即加涅所讲的符号学习。加涅所讲的符号学是指学习单个符号或一组符号的意义,或者说学习符号代表什么。符号表征学习的主要内容是词汇学习,即学习单个语言符号的意义。

(二)概念学习

掌握概念的一般意义,实质上是掌握同类事物共同的关键特征和本质属性。如"鸟"有两个共同的关键特征,即前肢为翼,无齿有喙,其他的如体型大小、羽毛辨色、是否能飞等均属无关特征。如果掌握了这两个关键特征,就是掌握了这个概念的一般意义,这就是概念学习,"鸟"就成了代表概念的名词。可见,概念学习比符号学习更为复杂,但需要以符号学习为前提。学生在掌握概念时,其学习往往是分步的,一般是先达到符号学习水平,再提高到概念学习水平。

(三)命题学习

命题学习指学习由若干概念组成的句子的复合意义,实质上学习表示若干概念之间的关系的判断。命题由句子来代表,组成句子的词实际上代表相关联的概念。命题可以两类:一类是非概括性命题,只表示两个以上的特殊事物之间的关系,如"北京是中国的首都",这个句子里的"北京"代表特殊城市,"中国的首都"是一个特殊对象的名称,这个命题只陈述了一个具体事实;另一类命题表示若干事物或性质之间的关系,这类命题叫概括性命题。学习命题,必须先了解组成命题的有关概念的意义。如要学习命题"等边三角形是三条边相等的三角形"这一命题时,如果没有获得"三角形""边"等概念,便不能获得这一命题的意义。可见，命题学习必须以表征学习和概念学习为基础，它旨在反映事物之间的联系和关系，是一种更加复杂的学习。

二、陈述性知识学习的过程

陈述性知识的学习是一个复杂的心理活动过程。这一过程是怎样发生的，如何运行的，其内在机制是什么，心理学家们从不同角度进行过大量的探讨并提出了各种观点。

我们认为，陈述性知识的学习可以划分为三个阶段：习得阶段、保持阶段和提取阶段。

（一）陈述性知识的习得

陈述性知识的习得，也叫陈述性知识的理解，是学习者把输入的信息同认知结构（长时记忆）中的有关知识相联系，从而建构事物的意义并把它纳入认知结构（长时记忆）中的过程。关于陈述性知识理解的过程和内部机制，具有代表性的是 D. P. 奥苏伯尔的知识同化理论。

同化一词来自生理学，其基本意义是接纳、吸收、合并为自身的一部分，奥苏伯尔用同化的思想系统地说明知识的学习。他认为，知识的同化就是把新观念纳入学生已有的认知结构中，使已有的认知结构发生变化（重组、修改、扩充、深化等），形成新的认知结构的过程。

奥苏伯尔详细论述了符号意义的同化过程及概念和命题意义的同化过程。

1. 符号意义的同化过程

奥苏伯尔把这一过程称作表征性学习，指学习单个符号或一组符号的意义，或者说，学习它们代表什么。表征性学习的心理机制是符号和它们所代表的事物或观念在学习者认知结构中建立相应的等值关系。例如"猫"这个符号，对初生儿童是完全无意义的，在儿童多次同猫打交道的过程中，儿童的长辈或其他年长儿童多次指着猫（实物）说"猫"，儿童逐渐就学会用猫（语音）代表他们实际见到的猫。这时，猫这个声音符号对某个儿童来说获得了意义，也就是说"猫"这个声音符号引起的认知内容和实际的猫所引起的认知内容是大致相同的，同为猫的表象。

2. 概念和命题意义的同化过程

概念学习和命题学习是陈述性知识学习的核心内容。

知识同化理论认为，学生认知结构中原有的适当观念在新知识的学习中起着决定作用，这种原有的适当观念对新知识起固定作用。认知结构内的观念是按照网络层次结构组成的，处于上层的、概括水平高的观念叫上位观念，处于下层的叫下位观念。根据新观念和认知结构中起固定作用的观念之间的层次结构关系，知识同化可以有以下三个模式。

1) 下位学习

认知结构本身在观念的抽象、概括和包容水平方面，倾向于按层次组织。新的概念或命题意义的出现，最典型的形式是新旧知识之间构成一种归属关系，即认知结构中原有的有关观念在包容和概括的水平上高于新学习的知识，新学习的知识归属于旧知识而得到理解。新知识与旧知识所构成的这种归属关系，又称下位关系，这种归属学习的同化过程便称为下位学习。下位学习是最常见的一种同化形式。下位学习也叫类属学习，指认知结构中原有的有关观念在包容和概括水平上高于新学习的知识，新知识与旧知识构成类属关系。下位学习又有两种形式：派生下位学习和相关下位学习。

派生下位学习是指新的学习材料仅仅是原先获得的概念或命题的例子、证据或例证，或是能从已有命题中直接派生出来。通过新旧知识的相互作用，新知识获得意义，原有的上位观念也得到了充实或证实。如原有上位概念"果实",已有下位概念是"苹果""梨子""桔子",新概念是"花生",把"花生"纳入"果实"的概念之下,新概念"花生"获得了意义,而原有的"果实"概念本质特征不变,但外延扩大。这种学习中的下位概念完全可以从上位概念中派生出来,因此叫作派生下位学习。在派生下位学习中,所要学习的新材料可以直接从认知结构中原有的具有更高包容性和概括性的概念或命题中推断出来,或者蕴含于其中。也就是说,新知识只是旧知识的派生物,所以,派生材料的意义出现很快,学习比较省力。

相关下位学习是新的下位观念不能从旧的上位观念中派生出来,新观念纳入旧的认知结构中之后,使原有的上位观念得出限制、补充、修饰等,新观念也获得意义。例如,原有上位概念是"短跑技术",原有下位概念有"起跑技术""起跑后的加速技术",新概念是"终点冲刺技术",同化的结果是使"短跑技术"这一上位概念的本质属性得到补充、加深和完善。这种学习中的下位概念与原有的上位概念是相关的关系,故称为相关下位学习。在相关下位学习中,新知识虽然被看作是原有知识的下位观念,但是前者的意义并非完全蕴含在后者之中,也不能被后者所充分代表。

区分这两类下位学习的关键是新知识纳入原有认知结构中之后,原有的上位概念或命题是否发生本质属性的改变。在派生下位学习中,新知识纳入原有的旧知识中,原有的上位概念或命题只是得到证实或说明,本质未变。但在相关下位学习中,每次新知识的纳入,原有的上位概念或命题得到扩展、深化或修改。

2)上位学习

当认知结构中已经形成了几个观念,新学习的观念就是在这几个原有观念的基础上形成一个包容程度更高的命题时,这种学习就是上位学习。即新学习的观念是原有观念的上位观念。如原有"桌子""柜子""椅子""凳子"等概念,现在形成一个上位概念"家具"。再比如,在语文课学习中用拟人化手法写作范文后,总结拟人化写作方法的特点。由于上位学习是一个舍弃下位概念或下位命题中的非本质特征,抽取其本质特征的概括过程,因此较之下位学习的难度更大,对学生的抽象概括水平要求更高。学生学习公式、定理、定律、原理、各种理论知识都必须通过上位学习模式进行,通过抽象概括的理性思维而总括出来。上位学习在概念学习中比在命题学习中更为普遍。

3)并列结合学习

当新学习的观念与认知结构中原有观念既不能产生类属关系,又不能产生总括关系,但它们之间又具有某种联合意义,即都具有某种共同的本质特征,这种学习称为并列结合学习。许多新命题和新概念的学习都是并列结合学习的同化模式,而且随着学生年级的升高这种同化模式越来越多。因为学生所学的命题和概念是有潜在意义的,它们是由一些已经学习过的观念合理结合而构成的,并且一般与学生已有的整体的有关认知内容是吻合的,因而能与认知结构中的有关内容的一般背景联系起来。如学习质量与能量、热与体积、遗传结构与变异、需求与价格等概念之间的关系,质量与能量、热与体积、遗传结构与变异为已知的关系。现在要学习需求与价格的关系,这个新学习的关系虽然不能类属于原有的关系之中,也不能概括原有的关系,但它们之间仍然具有某种共同的关键特征,如后一变量随前一变量的变化而变化等,根据这种共同特征,新关系与已知的关系并列结合,新关系就具有了意义。

三种知识同化模式如图9-1所示。

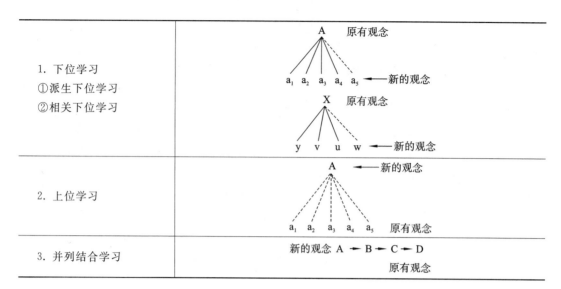

图 9-1 三种知识同化模式

在学习知识时,上下位同化是知识的纵向联系,并列学习则是知识的横向联系,因此,通过三种同化,学生的认知结构就会不断分化,并得到进一步的整合协调,从而在头脑中建立完整精确的认知结构。当然,我们应该看到,对许多知识的理解并不是单纯利用某一种同化模式的结果,而是通过对各种模式的综合运用而实现的。

(二)陈述性知识的保持

理解了新学习材料的意义只是陈述性知识学习的第一阶段,学生原有认知结构发生改组与重建、新的认知结构建立之后,必须把它们保持和巩固下来。这一心理过程就是记忆过程。

1. 记忆及其加工过程

记忆是对记忆材料的识记、保持、再认或回忆的过程。现代信息加工心理学认为记忆过程是信息加工过程,是人脑对外界输入的信息进行编码、储存和提取的过程。心理学家根据编码方式不同及信息在头脑中保持时间的长短,把记忆过程分成三个阶段:瞬时记忆、短时记忆和长时记忆。

瞬时记忆:又称即时记忆、感觉记忆,外界信息进入感觉登记器,保持很短时间,大约为0.25～2秒钟,这种短暂的记忆就是瞬时记忆。在瞬时记忆阶段,信息如果受到注意就会进入短时记忆系统,不被注意就会消失。瞬时记忆的特点是信息保持时间极短,信息按物理特征编码,具有鲜明的形象性。

短时记忆:又称工作记忆或操作记忆,是记忆的操作平台,是指从瞬时记忆中进入的信息与从长时记忆中提取的信息,在短时记忆中进行加工的信息。短时记忆的时间只有1分钟左右。短时记忆容量也有限,只有7 ± 2个信息单元。短时记忆中信息的编码方式主要是听觉编码,当然还有其他编码方式。通过复述,短时记忆中经过编码的信息便进入长时记忆永久保存,也可以直接提取出来到反应发生器进行反应。如不复述便会遗忘。

长时记忆:短时记忆中经过复述加工的信息进入长时记忆储存,保存时间长,容量无限大,所以又被称为永久性记忆。

2. 知识的遗忘及其原因

知识的保持和遗忘是矛盾的两面,记忆内容不能再认、回忆或错误的再认、回忆就是遗忘。德国心理学家艾宾浩斯(1885)对遗忘的进程做了经典的实验研究,结果表明遗忘的进程是先快后慢,即学习完知识的最初时间遗忘最多,以后随着时间的推移,遗忘的量越来越少。艾宾浩斯遗忘曲线如图9-2所示。

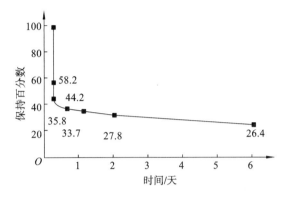

图9-2 艾宾浩斯遗忘曲线

关于遗忘的原因,心理学家们提出了一些不同的理论来进行解释,影响较大的有衰退说、干扰说、检索困难说和同化说。

衰退说认为识记信息时大脑会留下痕迹,痕迹如不加深就会消退,记忆痕迹随时间推移而消退,表现为遗忘,即用进废退,日久淡忘。这是一种比较古老的观点,缺乏实验证实。

干扰说认为遗忘是由于在记忆过程中受到其他信息材料的干扰所致。一旦干扰排除,记忆就恢复了。

检索困难说认为,储存在长时记忆中的信息是永久保存的,之所以提取不出来,是因为原有信息没有组织好,提取时缺乏线索而导致的。

同化说认为,陈述性知识获得并储存在长时记忆中的命题网络后,如果长时间不再被激活和运用,则可能被遗忘。奥苏伯尔认为,遗忘可分为积极遗忘和消极遗忘。积极遗忘是指当新的知识或上位命题习得后,一些下位的命题和具体的事例或细节的遗忘不会导致知识的实质性损伤,反而减轻了记忆的负担;消极遗忘是指新的知识或上位命题发生了遗忘,或与同化它们的原有观念发生了混淆,从而使知识发生了实质性的损伤。

陈述性知识的巩固与保持过程实际上是同消极遗忘做斗争的过程。一般来说,克服消极遗忘的基本途径是主动复习。当知识获得时,外部刺激再次被选择性注意到时(例如复习课文、反复听录音等),它能够激活该知识的命题表征,甚至激活与此有关的其他命题,并使它们之间的联系更为牢固。另外,在对其他知识进行精加工时被激活,也能起到复习和巩固的作用。

(三)陈述性知识的提取

提取就是从记忆库中把所需的知识寻找(检索)出来,这是陈述性知识学习的目的所在。

1. 陈述性知识提取的基本过程

认知心理学认为,知识提取的过程并不是把输入头脑中的东西原封不动地单独再现出来,而是对命题网络或图式进行搜索并做出决策的过程,这一过程包括对知识的重新建构。

柯林斯等人(1975)对语义网络中的知识的提取过程进行了详细的描述。首先要激活储存在头脑中的有关知识,使长时记忆中的有关知识由静息状态变成活跃状态。当储存的知识被激活后,要从一个知识网络中把所需的知识提取出来,还要进行搜索和决策。

如果信息仅以命题网络来储存,而对信息的搜索需要沿每一个连线(即命题)来进行,其速度将是很慢的。另外,随着信息量的增加,提取的速度就会越来越慢。实际情况并不是这样,大量的知识是以图式的方式储存的,而图式对知识的提取具有重要的作用。图式是大的信息组块,这样就可以大大提高信息激活的速度。

2. 提取线索

从长时记忆中提取信息时,需要依据一定的线索。

(1) 依靠提取线索提取信息离不开联想。各种联想(如接近联想、相似联想、对比联想)都是基本的提取线索。

(2) 知识的层次组织是一种最重要的提取线索。

(3) 学习情境和主体状态也是提取知识的重要线索。

(4) 学习者在学习时的姿势也可以成为提取线索。

三、陈述性知识学习的条件

陈述性知识的学习包括知识的习得、巩固和提取等一系列复杂的过程,要完成知识的学习需要很多条件。以下从内部条件和外部条件两个方面来分析。

(一) 内部条件

1. 对新知识的积极关注

新知识在学习之初是作为一个问题呈现在学习者面前的,这一外部刺激如果还得不到学习者的选择性注意,就不可能进入工作记忆,同样,被注意到的呈现新知识的刺激(言语或符号),如果不被学习者积极地进行表征转化,并主动复述,它也不可能长久储存在工作记忆中。它也可以看作是有意义学习的心向问题。学生对新知识的积极关注常常来源于对知识本身的兴趣、良好的学习习惯和教师的有效提示。

2. 对原有旧命题(知识)的主动地、有效地提取

即学生在学习新知识前应该对原有旧知识做出清晰、准确地提取准备。新命题如果激活了不适当的旧命题,或者所需要的适当的旧命题被延期激活以至于不能与新命题同时处于工作记忆中,则新知识显然是不可能与旧命题互相作用、发生联系,并通过精加工获得与旧有的命题网络之间形成的广泛的新的共同联系,新知识的意义也就难以建立。

3. 合理使用工作记忆的有限容量

由于工作记忆的容量有限,而信息的联结、精加工及信息组织等的发生,均要求被加工处理的命题同时处于激活状态,因此,必须充分合理地利用工作记忆有限的容量。激活的速度过慢,能同时提取的信息量就会太少,必然限制了同时加工的命题的数量和质量;但同一时间内激活的命题多而杂,仿佛胡思乱想时头脑中出现的相去甚远的千头万绪,也不利于信息加工的顺利进行。

4. 充分的精加工

精加工是有效学习陈述性知识的必要条件,除了少数机械性较强的知识之外,绝大多数有意义的陈述性知识都需要进行充分的精加工处理才能获得较好的理解和掌握。精加工也不限于用抽象符号表征的知识,对所学陈述性知识进行相关的想象、列表、绘图等都是精加工。事实上,如果学生能够用多种表征方式来储存同一知识,他们对知识的掌握和运用就会更加完整和灵活。因此,平时能够积累大量的感性经验会有利于知识的精加工。

5. 必要的复习

新知识编入命题网络之后,在保持的阶段并不是原封不动的,命题网络中的新、旧命题之间会继续发生相互作用,导致认知结构和知识的改变与重构,在改组和重构的过程中,新知识会发生遗忘和改变。因此,对于陈述性知识而言,因久不温习而变得模糊、错误、混淆,甚至忘记的现象屡见不鲜。只有经常复习,采用科学的、多样化的方式复习,才能保证所学的知识记忆准确牢固。

6. 及时组织和系统化

建构合理、结构清晰、组织优化的命题网络不仅是学习新知识的良好工具,也是知识能够顺利高效地提取和运用的有力保障。大量研究证明:有效的组织能促进学习。约森(1974)研究了小学生对图片的再现成绩与他们运用组织策略的能力的关系。让学生分别识记属于动物、交通工具和家具的15张图片,根据被试再现时是否将同一类属图片聚类来看其组织的程度。结果发现,随着组织程度的增高,他们的再现量逐渐提高。及时组织所学的知识,可以有效地防止知识间发生混淆,增加知识的可辨别性、清晰性和稳定性。系统化是组织的高级阶段,经过系统化的某一领域的知识不仅结构稳定清晰,易于检索和巩固,而且完成系统化的工作需要对该领域内所有的知识和命题进行大量的分析、对比、归类、综合等整合工作,这本身也是一次重要的精加工和全面完整的复习,有利于知识的融会贯通。

(二)外部条件

1. 学习材料本身具有逻辑联系

新知识与旧知识有逻辑联系,才能组成新的完整精确的认知结构。材料内容本身就具有逻辑联系、系统而完整,学生依教材内容来学习,就能达到这一外部条件。

2. 新知识要以一定方式呈现

如果能引起学生注意,激活学生头脑中原有的命题网络,激活原有认知结构中的有关命题,就易于同化新知识[①]。因此,教师进行教学之前,要对教学内容的呈现进行精心设计。教师为学生呈现学习材料主要通过教科书和讲课(口头讲述)两个渠道,另外还有一些直观材料。

四、陈述性知识的教学

促进陈述性知识学习的教学策略,在每一阶段中都有不同的教学策略。

(1) 学生的学习离不开一定的学习动机和对学习目标的预期。教师在这一阶段要向学生提示学习目标,激发学生有意义学习的积极心向,防止机械学习。

(2) 学生必须对各种学习材料进行选择性知觉,教师提供的新信息必须以学生易于理解的方式呈现。

(3) 学生在已有知识的基础上建构新材料的意义,把新知识纳入原有的认知结构的编码系统中。在此阶段教师应及时了解学生理解的程度,促进学生对知识的理解,并提供反馈信息。

① 激活学生原有的有关知识。一般而言,学生对学习材料的选择性知觉就可以激活认

---

① 李同吉,杜伟宇,吴庆麟.复杂陈述性知识学习过程中学习活动对学习成绩影响研究[J].心理科学,2009(04).

知结构中的有关知识导致对新意义的建构。但是很多情况下,学生所激活的仅仅是与新材料直接相关的知识,而许多有关的知识不能自动激活。

②设计"组织者",补充必要的学习材料。有时教师发现学生缺乏同化新知识的适当观念,或者尽管有这些观念,但学生不能适当利用,面对这种情况可以利用D.P.奥苏伯尔所提出的"先行组织者"策略。在正式学习之前,给学生补充一些过渡性的学习材料。"先行组织者"分解释性"组织者"和比较性"组织者"。

③鼓励学生大胆猜测,促进对知识的深层理解。理解过程是一种类似于假设检验的过程。要想让知识为学生所掌握,学习者就必须在选择性知觉的基础上对有关事物的意义进行猜测,然后根据各方面的知识检验猜测结果的正确性。

④了解学生理解的程度,及时提供反馈信息。教师要和学生展开讨论,平等对话。加深双方对知识的理解应用。

(4) 意义保持阶段,新知识的命题网络会同认知结构的其他部分继续相互作用,从而导致认知结构的改组与重建。在此阶段,为了防止知识的混淆和有用观念的遗忘,在教学中要指导学生对所学知识进行归纳整理,促进学生的认知结构在纵向上由上而下不断分化,在横向上不断整合协调。做各种练习,运用复习与记忆的策略。

(5) 根据需要提取信息,提供日常生活或新的学习需要的信息。在这阶段教师的职责是测量和评价学生认知结构的特征,重点是看学生的知识的网络结构是否形成,而不应强调机械记忆。陈述性知识掌握的实质是学生认知结构中命题网络的建立。对知识的提取不是把输入头脑中的东西原封不动地单独再现出来,而是对知识的网络结构进行搜索并做出决策的过程。首先,运用现代认知心理学测量认知结构特征的技术,教师编写测量知识内在联系的试题;其次,在知识的提取阶段,教师还要注意提示学生利用情境和身体动作线索提高提取效率。

第三节 程序性知识的学习过程与条件

程序性知识是关于"怎样做"的知识,相当于传统教育心理学所讲的技能。它表现在一个人能顺利地完成某种操作,是个体具有的用于具体情境的算法或一套行为步骤。程序性知识的学习是在陈述性知识学习的基础上进行的,从信息加工过程来看,程序性知识的学习就是在头脑中建立产生式系统的过程。在学校教学中,并不是所有的陈述性知识学习都要求转化为程序性知识的学习,如有些人名、地名、年代等事实性知识,只要求学生能够陈述就行。而对绝大多数学科领域知识都要转化成指导行动的有效指南,即要求学生从会说到会做。

一、程序性知识的分类

可依据两个维度对程序性知识进行划分。

第一个维度是按照知识与领域相关的程度来划分,分为特殊领域的程序性知识与一般领域的程序性知识:前者仅适用于特殊领域,但通常由一些能够有效地用于特殊领域的产生式组成,因此也称为"强方法",如数学问题和英语问题的解答等;后者广泛适用于各个领域,如事先做出计划、探讨各种可能性、尝试与错误等方面的程序性知识,既可用于解答几何证明题、下棋,也可用于资金预算、筹划庆典等,但它对于要达到的特定目标来说并不十分有效,多数时候只能起到一种指导作用,因此又称为"弱方法"。

第二个维度是根据程序性知识执行的自动化程度来划分,分为自动化的程序性知识和有意识的(受控制的)程序性知识。例如,专家在阅读他所熟悉的领域的文章时,对一些较简单的词汇或术语无须刻意探讨它的意思,往往是一看便知,而对一些较难的语句,则需要通过查字典或联系上下文才得知。值得注意的是,这两种维度的划分是相对的,而不是绝对的。例如,特殊领域的程序性知识可以是自动化的(称为自动化基本技能),也可以是有意识控制的(称为特殊领域的策略)。综合两个维度,程序性知识的分类可用图9-3来表示。

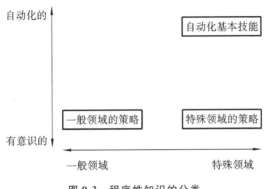

图 9-3　程序性知识的分类

二、程序性知识与概念、规则

概念和规则的学习是陈述性知识同时也是程序性知识学习的核心。所谓概念,是指符号所代表的具有共同关键特征的一类事物或性质。

概念学习就是能概括出同类事物的共同的本质特征,即关键特征。由于事物不仅在本质特征上有共同点,在非本质特征上也有共同点,这就给概念学习带来了困难。概念学习的第一步是获得观念方面的陈述性知识,但最终目的是能运用概念适应不断变化的外部环境,也就是必须转化为程序性知识。

规则又称为原理,是能反映出某些概念之间的必然联系的概括性命题,如"金属能导电"就是关于金属和电的关系的一条规则。和概念的学习一样,命题学习也要经历陈述性知识和程序性知识阶段。传统教学中往往存在把概念和规则仅当陈述性知识来教学,忽略把概念和规则转化为程序性知识,以及割裂知识和技能培养的关系两种偏向。

概念和规则既是陈述性知识的核心成分,也是智慧技能和认知策略的核心成分。如果它们以命题网络的形式储存且能被学生陈述或提取出来,则称为陈述性知识;如果它们以产生式方式储存,支配了人的行为,则称为程序性知识。

三、程序性知识学习的一般过程

(一)陈述性知识的习得阶段

陈述性知识的习得阶段即学习概念、规则(原理)阶段,也可以理解为习得概念、规则(原理)的意义。在这一阶段行为程序以陈述性知识的形式被学生学习,其过程与陈述性知识的学习过程相同。

(二)转化阶段

通过应用概念和规则的变式练习,使概念和规则的陈述性形式向程序性形式转化。变式练习是陈述性知识学习向程序性知识学习转化的关键。所谓变式就是在保持事物本质属性不变的条件下,有计划地变化事物的非本质属性,帮助学生更好地掌握本质属性的方法。实际上可以看成概念或规则的肯定例证在无关特征方面的变化。例如学习"果实"的概念,既要选苹果等可食的果实,也要选棉籽等不可食的果实;既要选西瓜等结在植物枝茎上的果实,也要选花生等长在地底下的果实,以便突出"一切果实都有种子"的本质特征,从而舍弃其"可食性"等非本质特征。在这一阶段,学习者仍需思考各个步骤的规则,但经过练习和接收到的反馈,学习者已能将各个步骤联合起来,流畅地完成有关的活动。

(三)自动化阶段

随着进一步的练习,学习者最终进入自动化阶段。[①] 在此阶段,学习者常常无须用意识控制或努力就能够自动完成有关的活动步骤。例如,一个人在开车时可以一边说话,一边流利地换挡,在交通拥挤的路面上连续地改变方向;或者一个学生不用想着分数加法的各项规则就能快速准确地计算分数加法题,表明他们已达到了自动化阶段,即获得了有关的程序性知识或技能。这一阶段是程序性知识发展的最高阶段,是一长串动作相对不需要注意地自动进行,是熟练操作的阶段。

由以上分析可见,程序性知识学习的基本特点有以下三点:第一,以陈述性知识学习为基础;第二,变式练习是陈述性知识学习向程序性知识学习转化的关键;第三,能运用规则解决新问题才是程序性知识学习获得的标志,即学生获得了按规则解决问题的能力。

四、程序性知识学习的类型

程序性知识用于信息的转换,如在除法中,将有关除数和被除数的信息转换成商,程序性知识无论对学校中的还是对日常生活中的基本技能都是至关重要的。成功地执行将一个数字转换成另一个数字,将符号转换成意义这一过程的能力,是学业成就的基础。程序性知识的学习可分为模式识别学习和动作步骤学习两种形式。

(一)模式识别学习

前已述,程序性知识告诉我们如何做某件事。要知道如何做某件事,我们不仅要知道做事过程的每一步,而且还要知道采取每一步的条件。因此,程序性知识可以被认为是由"如果""那么"条件陈述句组成的,其形式是:如果某个条件适合,那么就要采取某个行动。例如,在分数除法中有这样一个过程:如果除以一个分数,那么倒置分数进行乘法。模式识别的主要任务是把握产生式的条件项。

模式识别就是把输入的刺激(模式)的信息与长时记忆中的有关信息进行匹配,从而辨别出该刺激属于什么范畴。模式识别是对内外刺激模式进行分类和判断的基础。通过模式识别就是对执行某一动作步骤的情境条件的模式做出准确的判别。

(二)动作步骤学习

动作步骤的学习是指学会顺利执行、完成一项活动的一系列操作步骤,这种学习主要是

[①] 吴吉惠. 程序性知识的获得与学生能力的发展[J]. 西南师范大学学报(人文社会科学版),2005(05).

对产生式动作项的学习。这实际是做事、运算和活动的规则和顺序的现实运用能力。动作步骤学习是从陈述性的规则和序列开始的,动作序列的执行则从模式识别开始,即只有首先能对需要执行某一动作步骤的情境条件的模式做出准确的判别,动作步骤的执行才能有效解决问题,否则就会造成"解题时胡乱套错公式"或"空有一身绝技,不知何处下手"的技能滥用或技能无用现象。

一个动作系列是为了达到某个目标所采取的一系列行为或认知动作。减法中的借位就是一个很好的例子。当两个数相减,被减数的个位不够减时,往前一位借位,相当于给这位数加上 10,再进行计算。动作系列首先是当作构成某个过程的一系列步子来学习的。学习者必须有意识地执行每一步,一次执行一步,直到过程完成。例如,学习开汽车,先要进行一系列的教学:"首先,如果车门关着,就打开车门;第二,如果车门开着,就坐到驾驶座位上;第三,关上车门;第四,系上安全带;第五,插入钥匙。"一开始,每一步都要有意识地想着去做,这样效率很低,但是随着练习次数的增加,这一过程几乎就会变成自动化,驾驶员将会不假思索地完成这一过程。

实际上,模式识别程序与动作序列程序是不可分离的,模式识别是完成动作序列的前提条件,但它们的学习过程和所需要的条件仍然是不同的。

五、程序性知识学习的条件

程序性知识学习的第一阶段是对陈述性规则的学习,因此,促进陈述性知识学习的一般条件在此阶段也都适用。除此之外,程序性知识的学习还需要下列条件。

(一)例证

正例和反例的提供是学习模式识别的必要条件,没有大量合适的正、反例,概括化和分化的过程就无法完成,也就很难达到对同类和不同类刺激模式的准确辨别和区分。模式识别无法完成,动作步骤也就不可能被正确运用到该用的问题情境中来。

(二)练习与反馈

练习在程序性知识的学习中尤其是在动作序列学习阶段是必不可少的,没有练习,程序性知识就不可能成为程序性知识;没有练习,程序性知识只能永远以陈述性的规则或命题及命题网络表征储存在人脑中,既无法实现程序化,更无法自动化地熟练运用。因此,教师在教学过程中要给学生设计科学的练习。不仅如此,教师还要对学生的练习结果必须给予反馈,练习的效果很大程度上取决于教师提供的反馈。

六、促进程序性知识学习的教学策略[①]

根据促进程序性知识学习的一般条件,可以采用以下教学策略。

(一)展开过程策略

在程序性知识的教学中,应该重视向学生演示程序操作展开的、完整的、精细的过程,以帮助学生明确操作及其操作步骤。示范及练习的讲解应注重程序性知识的执行过程的演练、分析和评价。即教师在示范时,要把程序的各个步骤充分展开,使学生准确地把握操作的结构与特点,更好地观察、理解与模仿。

---

① 周志平.论程序性知识及其教学[J].教育理论与实践,2001(04).

（二）合理使用变式策略

变式是促进概括化的最有效方法，但它的运用并不是越多越好，而是要注意选择典型的、特殊的变式。教师在为学生讲解各种新的概念和规则时，可能给学生提供具体事例，或通过举例子的方式促进学生的理解和掌握。无论是模式识别的学习还是动作步骤的学习，只有能在各种不同的情境中加以运用才算是真正被掌握了。而且促进陈述性知识向不同情境迁移的教学策略是向学生提供大量的变式练习题。

（三）比较策略

比较是指在呈现感性材料或例证时，与正例相匹配呈现一些较易混淆的典型反例，以促进分化的顺利进行，并提高其准确性。反例尽可能选择那些与正例具有较多共同的非本质特征、仅有少数本质特征不同的例子，或是能直接矫正学习者原有的错误经验的例子。教师在教学中应引导学生回忆过去学过的有关技能，分析新技能与原有技能的共同之处，这样不仅可以使学生更好地理解新技能，而且有利于在下一阶段原有技能向新技能的迁移。

（四）辅助辨别策略

教师运用一些独特的、形象的、能给人深刻印象的辅助方法，如借助形象化的讲述、顺口溜、谐音等也能较好地促进学生对容易混淆的刺激模式的辨别学习。如有的教师这样总结确定不等式组的解集的方法："同大取大，同小取小，大小小大中间夹，大大小小无解答"，学生很快就会准确找到各种类型的不等式组的解集。

（五）练习和反馈策略

在学习之初，练习的速度要慢，问题要精，具有典型性，一次时间不宜过长，采取短间隔分散练习较为合适。等一个新动作完全程序化之后，再用较大量的练习来进行加深、巩固、提高和熟练化的训练，这时练习要变换多种题型，逐渐加大难度，以增进程序性知识的灵活性和熟练性。总之，教师设置的练习应该数量充分，难度多样，合理安排。对学生的练习结果要及时提供反馈信息。大量研究表明，及时向学生提供反馈是提高练习效果的一种基本的教学策略。

【思考与练习】

1. 解释下列名词：知识、知识表征、陈述性知识、程序性知识、同化、认知结构、上位学习、下位学习、并列结合学习。
2. 举例说明什么是陈述性知识、程序性知识。
3. 举例说明陈述性知识和程序性知识的表征方式。
4. 概述陈述性知识、程序性知识的学习过程。
5. 分析陈述性知识、程序性知识学习的条件。
6. 论述陈述性知识、程序性知识的教学策略。

第十章 学习策略的学习与教学

 本章学习提要

- 学习策略的含义、特点及分类。
- 学习策略的学习过程。
- 学习策略的教学。

 导入案例

晓阳是一个对物理感兴趣的初中生。上课铃响的时候,她已经坐到了自己的位置上。前天晚上她就预习过今天上课老师要讲的所有内容,知道今天要做一个关于电流的实验。她在笔记上标明了日期,并写上"电流/电",然后翻到有关这些内容的那一章。晓阳已经做好了一切准备。当教师开始讲课时,晓阳马上就开始记笔记了,但是她发现自己根本就跟不上老师说话的速度,意识到自己不可能记下老师所说的每一句话,所以她试着用自己的话把老师的讲课内容简化一下,然后记下来。但是她很快又发现自己的笔记越记越乱,因为老师开始做实验了,操作越来越多,讲的则越来越少,而且好像还没有什么结构。她知道,老师是想让大家画一条完整的线路图,这样晓阳就不再记老师说的话了,而是开始按照老师所说的进行制图。效果确实不错,晓阳看自己的笔记就能做出一个完整的线路图。下课的时候,晓阳觉得自己在这节课上很有收获。

上述案例中的晓阳是一位学习态度积极、善于学习的学生。她能根据学习任务制订学习计划和制定学习目标,选择合适的学习方法,在学习过程中能对自己的学习状况进行及时监控,遇到困难时积极反思考虑可行的学习策略。我们认为她是个"会学习的人"。

古人说"授人以鱼不如授人以渔";联合国教育、科学及文化组织出版的《学会生存——教育世界的今天和明天》一书中,有这么一句话:"未来的文盲,不再是不识字的人,而是没有学会怎样学习的人。"如何教会学生学习、思考和创造,即让学生掌握学习策略是当前教育关注的热点,"学会学习"在今天已经成为学校教育的重要目标之一。那么,什么是学习策略?学习策略主要有哪些?学生是如何学会学习策略的?教师应该如何教授学习策略?这些问题都是本章要讨论的主要问题。

第一节 学习策略的概述

一、学习策略的概念及理解

对学习策略的系统研究开始于 20 世纪 50 年代美国著名心理学家、教育学家布鲁纳对人工概念的研究,以及认知心理学家西蒙用计算机有效地模拟"问题解决"策略的研究。这些研究都是从认知心理学的角度,对学习策略的某一部分或某两个要素进行深入的探讨。由于研究者对学习策略到底是属于认知过程的信息加工部分,还是属于信息加工过程的调节与监控部分存在着一定的分歧,因此,对学习策略的性质规定也就有不同的理解,时至今日还没有一个统一的界定。国外学者有几种代表性观点:把学习策略看成具体的方法或技能、把学习策略看成学习的规则或能力、把学习策略看成是学习的调节和控制技能、学习策略就是元认知。

我们认为,学习策略是在学习过程中学习者对学习任务的认识、对学习方法的调用和对学习过程的调控[①]。对这一定义,可以从以下几个方面来进行理解:

(1) 学习策略是用于学习的计策谋略,是学习方法、规则等使用中的科学和艺术。学习规则、方法等的使用有一定的可操作程序,是外显的动作行为,这是学习策略的科学方面;而对规则、方法等的灵活运用是内隐的心智活动,这是学习策略的艺术方面。对学习进行谋划、高水平地运用学习方法这是学习的智谋,是智慧的表现。

(2) 学习策略是学习主体为实现学习目标而自觉主动使用的。一般来说,学习主体采用学习策略都是有意识的心理过程。学习者面对一个学习任务,对目标的确定、已有知识的运用、可选策略的考虑、实施计划的设计、遇到新情况时策略的调整等都应积极主动,这些都是自觉的学习所必不可少的。当学习者对策略的使用习惯化和自动化后,它可能只需要很少的意识参与,几乎是下意识地使用,从而导致更高层次上的自觉学习。

(3) 学习策略是有效学习所需要的。所谓策略,实际上是相对效果和效率而言的。对一件学习任务来说,使用不同的方法,效果是不大一样的。一个学习者在学习中使用最原始的方法,是很难实现学习目标的,即使最终实现了,效果也不会好,效率也不会高。学习策略是以追求最佳效益为根本的,学习方法要科学而灵活地运用。

(4) 学习策略的作用对象是学习活动及其要素。学习活动由学习主体、学习客体、学习手段和环境等要素的相互作用而构成。学习策略的使命就是分析各种要素的特性并将它们有机结合起来,进行调节和控制,使之不断处于动态平衡之中。

二、学习策略的特点

根据对学习策略的界定,可以看出学习策略具有以下几个特点[②]。

第一,主动性与操作性的统一。学生的学习活动有主动和被动之分。被动学习是死记硬背的、呆板的、机械的学习,根本谈不上什么学习策略;主动学习正好相反,是非常注重学习策略。如 D. P. 奥苏伯尔的有意义学习理论就非常重视学习者自身对学习过程的操作和控制,把学习者在学习过程中积极主动的倾向与行为作为有意学习的重要内部条件。主动学习强调学习者对学习过程的操作和控制,强调学习者学习过程中积极主动的倾向。学习策略的实质就是学习者的主体意识的明确和主动性的发挥。操作性体现在学生认知过程的各个阶段,实质在于进行各种认知加工。学习策略是学习者对学习活动的能动把握,是对自我学习活动的一种调整和监控。其调控的方式有两种:一是直接干预学习环节达到学习目标;二是通过提高自身的认知功能间接地达到学习目标。

[①] 蒯超英.学习策略[M].武汉:湖北教育出版社,1999.
[②] 史耀芳.二十世纪国内外学习策略研究概述[J].心理科学,2001(05).

第二,外显性与内隐性的统一。在学生的学习活动中,常常需要进行某些外部的学习操作,并对此做出适当的监控,它使学习策略表现出外显性特点。同时,学习策略对学习的调控和元认知的意识是在学习者头脑中借助内部语言进行的内部意向活动,它支配和调节着外部操作,因而它又具有内隐性的特点。

第三,通用性与变通性统一。从知识分类的角度来看,学习策略是一种程序性知识,由一套规则系统或技能构成,对于同一种类型的学习来说,存在着基本相同的计划和一般性的学习方法或技能(常见的一些学习策略如SQ4R阅读法、记忆术等),因此学习策略具有通用性。但是学习活动又是因人而异、千变万化,学习策略又在一定程度上受到学习材料和学习情境的制约,必须随时根据学习的需要,进行自我调整以适应不同的学习情境,因此学习策略又具有变通性。

三、学习策略与学习方法、认知策略、元认知

(一) 学习策略与学习方法

学习方法是学习者在一次具体的学习活动中为达到一定的学习目的而采用的手段和措施。它与学习策略的区别有以下几点。

(1) 具体的学习方法与具体的学习任务相联系,有较强的情境性,而学习策略既与具体任务相联系,又与一般学习过程相联系。

(2) 学习方法经学习者反复运用,熟练掌握后,学习者在具体情境中往往凭习惯加以运用,而学习策略则是学习者经过对学习任务、学习者自身特点等各方面进行分析,反复考虑之后才产生的方案或谋划。

(3) 具体的学习方法可以用来达到一定的学习目的,完成学习任务,但不考虑最佳效益,而学习策略则是以追求学习最佳效益为基本点的。

学习方法与学习策略虽有区别,但又不能截然分开。一方面学习策略虽不同于具体方法,但它又不能脱离具体方法,学习策略的谋划最终要落实到学习方法上,借助学习方法表现出来;另一方面,只有那些经过学习者整体谋划之后启用的方法才会获得策略的性质,成为学习策略系统不可分割的一部分。否则,不动脑筋随意运用的一种学习方法,不属于学习策略的范畴。

(二) 学习策略与认知策略

R. M. 加涅在论述认知策略的同时,也提到与学习策略的关系。他认为认知策略与学习策略具有因果关系。认知策略的改进是学习策略改进的原因。

虽然认知策略的学习有助于学习策略的发展,但认知策略并不等同于学习策略,学习策略是比认知策略更广的概念。学习策略针对学习活动过程,尽管学习活动离不开客观事物的认知,但认知只是学习活动的一个部分和某个方面,学习的过程除了是信息加工的过程外,还表现出学习者个体生理的、社会性的特征等,因此,把认知策略等同学习策略无疑缩小了学习策略的外延。从某种意义上来说,学习策略比认知策略所包容的范围更广。

(三) 学习策略与元认知

元认知是目前教育心理学研究中非常热门的课题。许多人认为元认知是一个非常抽象的概念,其实我们每天都在运用元认知,如"我知道我的口头表达能力不强""我得在数学学

习方面多下点功夫"。元认知是一种高级思维,是对学习中认知过程的主动监控,这些监控行为包括如何提出学习任务监控理解过程,以及对完成任务的过程进行评价。因此,元认知在成功学习中扮演着重要的角色。元认知通常被简单地认为是"对思考的思考",或对自己的认知过程的认知。它最先由弗拉维尔(1976)提出。他指出:元认知通常被广义地定义为任何以认知过程及其结果为对象的知识,或是任何调节认知过程的认知活动,它之所以被称为元认知,是因为其核心意义是对认知的认知。认知指向客观外界,而元认知指向人自身的认知过程,它以认知过程本身的活动为对象。一般认为,元认知主要包括元认知知识、元认知体验、元认知监控三种成分。

1. 元认知知识

元认知知识就是个人关于自身或他人在认知过程中,心理因素是以何种方式发生作用及相互作用,从而影响认知活动的过程及结果的认识。这些影响认知活动的各种因素可归为个人因素(对自身及他人认知能力与特点的认识)、任务和目标因素(对在完成认知任务或目标中所涉及的各种有关信息的认识)及策略因素(对在完成认知过程中各种有关策略知识的认识)三种。

2. 元认知体验

元认知体验是伴随认知活动的一种情绪体验,它可能发生在认知活动的任一时刻。这种体验在过程上可长可短,在内容上可简可繁。如在教学中,某学生意识到,他已理解并记住了大部分教学内容,从而产生轻松、愉悦的心情,另一个学生意识到自己理解这段文字相当困难,从而产生悲观、焦躁的情绪。弗拉维尔认为,元认知体验最可能发生在思维活动水平较高的情况下。例如,在学习一个较难的数学定理时,每向前推进一步,都伴随着成功与失败,理解后的喜悦,百思不解的困惑,兴奋与焦虑等交织在一起,直到整个认知过程结束。

3. 元认知监控

元认知监控是指在进行认知活动的全过程中,将自己正在进行的认知活动作为意识对象,不断地对其进行积极、自觉地监视、控制和调节。它主要包括四种相应的监控策略。

(1) 制订计划,即在认知活动开始之前,根据认知任务的性质、特点,制定完成任务的实际步骤,考虑可选择的策略,并预计执行的结果等。

(2) 执行控制,即在认知活动的过程中,及时评价、反馈认知活动中的有关信息。如果与认知目标相一致,则继续下去。如果与认知目标相背离,则应及时修正、调整认知策略。

(3) 检查结果,即根据认知目标评价自己的认知结果,是完全达到、部分达到,还是根本没有达到。

(4) 采取补救措施,即根据对认知结果的检查,对存在的问题采取可行的补救措施。

关于元认知和学习策略之间的关系,我国学者陈琦认为,学习策略是储存在长时记忆中的元认知知识,它包括认知策略、元认知策略以及资源管理策略。元认知过程则是指在工作记忆中进行的运用储存在长时记忆中的元认知知识(包括学习策略知识)来管理和控制认知活动的过程,它包含监视和调节的过程。元认知过程是使用学习策略的过程。元认知能力则是指执行这一控制的能力。这就是说,学习策略是有关学习的动态过程的静态知识,而元认知过程则是使用静态知识的动态过程。

四、学习策略的分类

我们对学习策略的理解不应仅仅只停留在对其定义的掌握与辨析上,同时还要深入地掌握学习策略的构成成分。不同的学者有不同的观点。

奈斯伯特和舒克史密斯认为,学习策略包括提问、计划、调控、审核、矫正与自检六个因素。

温斯坦(1985)认为,学习策略可以分为认知信息加工策略、积极学习策略、辅助性策略和元认知策略四类。

迈克卡等人(1990)根据学习策略涵盖的成分将其概括为认知策略(包括复述策略、精加工策略、组织策略)、元认知策略(包括计划策略、监视策略、调节策略)、资源管理策略(包括时间管理策略、学习环境管理策略、努力管理策略、寻求他人的支持策略和情感策略)。

迈克尔等人学习策略的分类如图10-1所示。

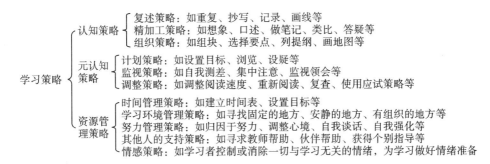

图10-1 迈克卡等人学习策略的分类

五、几种常用的学习策略

(一)复述策略

复述策略指的是通过反复读写所学的材料使信息在记忆中保持的策略。在简单任务的学习中,用这种策略只是按照一定顺序重复项目的名称,以此帮助记忆。例如,有些学生会为了记住外语单词,出声或不出声地重复口念某个单词。而在较复杂任务的学习中,例如,通过听课或阅读来学习时,复述策略可能是大声重复关键术语、抄写、做笔记、找出重要部分等。

研究表明,复述策略的运用是会随年龄的增长而发展的。5岁以下的儿童缺乏足够的、合适的复述策略;6~10岁儿童可以在一定的指导下使用复述策略,而不能自发地使用;11岁以上的儿童则可以自发地使用这种策略,并且能够不断改进自己的复述行为。

(二)精加工策略

这种策略是把新学习的材料与比较熟悉的材料联系起来,使新材料的意义得到充实的深层加工策略。在机械学习和简单知识的学习中,在脑中想象所学材料的样子,或利用记忆术通过联想人为地为学习材料附加意义,都属于精加工策略。

研究发现,如果一个新信息和其他信息联系得越多,能回忆出该信息的原貌和途径就越多,也就是提取信息的线索越多,回忆就越容易。如做笔记、提问、编歌诀、谐音联想、PQ4R法等,都是我们对复杂知识的学习策略,都是精加工策略。

【专栏 10-1】

PQ4R 方法

PQ4R 方法是一个有效的能帮助学生理解和记忆的学习技术，是由托马斯和罗宾逊提出来的，它是在罗宾逊早期版本 SQ3R 的基础上改进而来。PQ4R 分别代表预览（preview）、设问（question）、阅读（read）、反思（reflect）、背诵（recite）和回顾（review）。有研究表明，PQ4R 方法对年龄稍大一些的儿童有效。PQ4R 程序的进行可使学生集中注意力、有意义地组织信息、使用其他有效的策略，诸如产生疑问、精加工、过一段时间后复习等。

PQ4R 技术可以这样具体地使用：

1. 预览：快速浏览材料，对材料的基本组织主题和副主题有一个初步的了解。注意标题和小标题，找出你要读的和学习的信息。

2. 设问：阅读时自己问自己一些问题。根据标题用"谁""什么""为什么""哪儿""怎样"等疑问词提问。

3. 阅读：阅读材料，不要泛泛地做笔记。试图回答自己提出的问题。

4. 反思：通过以下途径，试图理解信息并使信息有意义：①把信息和你已知的事物联系起来；②把课本中的副标题和主要概念及原理联系起来；③试图消除对呈现的信息的分心；④试图用这些材料去解决联想到的类似的问题。

5. 背诵：通过大声陈述和一问一答，反复练习记住这些信息。你可以使用标题、划了线的词和对要点所做的笔记来提问。

6. 回顾：最后一步积极地复习材料，主要是问你自己问题，只有当你肯定答不出来时，重新阅读材料。

（三）组织策略

组织策略是指整合所学新知识之间、新旧知识之间的内在联系，使之带上某种结构，以便加强与提高对新材料的记忆、理解与表述的策略。它是将信息由繁到简、由无序至有序处理、加工的一个重要手段。比如列提纲、画系统结构图、网络关系图、流程图、列表等。

（四）元认知策略

元认知策略是学生对自己认知过程的策略，包括对自己的了解和控制，有助于有效地安排和调节学习过程。元认知策略又分为：①计划策略，比如设置学习目标，产生问题，怎么完成这些学习任务；②监控策略，比如考试的时候控制自己的速度和时间，对阅读到的材料进行自我提问；③调节策略，对认知活动的检查，及时修正，调整自己的认知策略及学习方法。

（五）资源管理策略

资源管理策略是辅助学生管理可用的环境和资源的策略，对学生的动机有着重要的作用。它主要包括时间管理策略、学习环境管理策略、努力管理策略、寻求支持策略以及情感策略等。成功地使用这些策略可以帮助学生适应环境以及调节环境，从而适应自己的需要。在实际学习过程中，通常运用较多的资源管理策略是情感策略，即学习者控制或消除一切与学习无关的情绪，为学习做好情绪准备。

第二节　学习策略的学习过程

一、学习策略学习的一般过程

现代认知心理认为,程序性知识的一般学习过程包括三个重要的学习阶段:陈述性知识阶段、转化阶段、自动化阶段。学习策略即策略性知识在实质上又是一种特殊的程序性知识,它的学习过程也可以参照程序性知识学习的三个阶段。策略性知识学习有以下三个阶段:

1. 理解学习策略阶段

教师通过具体的教学案例向学生呈现学习策略有关的概念、规则及操作程序等,让学生理解有关学习策略的知识,并纳入个体自身的知识结构中。由于学习策略非常隐蔽,通常很难通过外显的行为表现出来,因此,教师可以实际示范,或者出声地说出他是如何执行策略的,还可以通过体现策略运用的例子进行指导、讲解、评论等,让学生理解这些学习策略,同时,在这一阶段,教师还要向学生描述为什么要使用某一策略,该策略要实现什么目的以及策略所适用的具体情境。例如,可以让学生在学习学科知识的同时,阅读一些有关策略方面的书籍,掌握一些学习策略的运用实例,以供更好地形成策略性知识。

2. 知识转化阶段

教师向学生提供大量练习的情境和机会,让学生通过反复练习,将策略性知识以陈述性形式向程序性转化。在练习的初期,应给学生提供简单的练习材料,因为学生要学习构成策略的程序,随着学生对策略的逐步掌握,可以给他们提供更复杂的练习。在练习的过程中,教师要负责监控学生练习的进展情况,诊断学生练习中遇到的困难,并相应地调整学习策略的教学。教师应让学生达到每当遇到同一类的学习任务和情境时,能立即根据习得的同一学习策略解决当前的学习任务和学习情境。

对策略的练习可能会持续较长时间,在这一练习过程中,对策略运用的控制权可逐步由教师转移给学生自己。在练习的初期,教师可承担较多的控制,到练习的后期,学生可承担起对策略执行的主要控制权。此时,学习策略已经能够自觉地支配学生的学习行为,学生也可以内化策略性知识,外在的策略开始向内在的、个性化的、自己的策略性知识转化。

3. 熟练应用策略阶段

学生在持续的学习活动中,通过反复大量的练习,习得的策略性知识可以完全地支配他们的行为,已经可以达到相对自动化的水准。这里的练习即变式练习,让学生练习判断在什么情况下使用某一策略,如针对不同类型材料练习策略的运用,如写文章概要的策略可以用语文、科学、历史、地理及报刊中的文章来练习。训练学生在各科的学习中如果遇到了某一策略适用的情境,要把练习的机会让给学生,促进学生对策略的使用。通过在不同科目中运用某一策略,学生逐渐熟练应用,策略的运用也达到泛化和灵活化。许多优秀学生,他们对学习已经策略化,十分明确在学习的每个阶段,怎么学、如何学、用什么手段学、时间分配、怎样达成学习目标等,学习策略应用自如、恰当,自我监控和调节环节也时刻贯穿于学习的始终。

二、影响学习策略学习的主要因素

（一）内部因素

1. 学习者的动机

研究表明学习动机影响着学生学习策略的掌握与运用。学生对学习结果的期望不同、动机归因不同，则学习策略的掌握与使用的水平也不同。如果学习者认为学习结果毫无价值，则他不会主动应用策略进行有效的学习；如果学习者认为即使经过努力也不能达到学习目标，则他不可能花大量时间去尝试应用多种学习策略以解决问题。一般而言，动机强的学生倾向于经常使用已习得的策略，而动机弱的学生对策略的使用不主动、也不敏感。

2. 学习者原有的知识经验

丰富的知识经验为学习策略的形成提供了基础，同时又促进着学习策略的应用。以记忆策略的一项研究为例，林德伯格（1980）曾要求小学三年级的学生和大学生分别记忆一组单词，如猫、狗等，共30个。结果大学生比小学生回忆的数量多且应用了群集策略。但当要求被试去记忆另外30个有关周末的电视节目名称和儿童卡通人物名字时，小学生比大学生回忆出更多的信息，且小学生也应用了群集策略。这一实验表明，大学生有关动物的知识远远超过小学生，前者能根据动物的种属关系来记忆，记忆效果好。在第二种实验情境中，小学生的背景知识比大学生丰富，也更易采用群集策略，所以小学生占优势。

原有的知识经验不仅影响着记忆时所使用的策略，同时也在一定程度上影响着解决问题时所使用的策略。知识背景越丰富，越易于采用有效的策略去解决问题。策略的有效性是儿童日益增长的知识的一个函数，尤其是某一特定领域的知识和元认知知识对策略使用的有效性影响很大，具有重要的意义。

3. 学习者的认知发展水平和元认知发展水平

学习策略的掌握、使用受到学生的认知发展水平的制约，如果儿童尚未形成有关事物的类别的概念，则很难使用群集等策略来进行记忆。学习者掌握和运用学习策略的能力是在学习中随经验的增长而逐渐发展起来的。学习者对自己学习系统的了解及对进入学习系统的信息怎样处理做出决定，是有效运用学习策略的基础和前提。研究发现，儿童认知发展水平制约他们的学习策略。

一般来说，儿童先有认知发展，然后才有元认知的发展。由于儿童的自我意识发展水平较低，他们运用元认知监控和调节自己认知活动就比较困难。这在一定程度上限制和阻碍着儿童策略学习的效果。研究发现，儿童即使接受了有关阅读策略的训练，但其对训练的策略仍然很难达到监控和调节的水平。如果儿童的元认知能力尚未发展到一定水平的话，则也难以主动、有效地使用学习策略。限于学生的认知与元认知水平的发展，在学前期，儿童尚未掌握有效的学习策略。在小学阶段，虽然也自发地掌握了一些学习策略，但不知道何时、何处、为何应用某种策略。到了中学阶段，学生能够比较有效地使用学习策略。考虑到学生的认知发展水平，教师应该适时地教授一些必要的学习策略及其元认知策略。

（二）外部因素

1. 教师的有关特征

学生学习的特点之一就是在教师的指导下，通过对教师、同辈群体的模仿而进行的。这说明了教师在学生的良好的学习习惯的形成中所起到的主导作用，教师的教学方式是学生学习方法的原型。

相对学生而言，教师可被视为某一学科领域的专家，拥有该学科领域丰富的知识及相应的解决问题的技能、策略。但教师能否将这些丰富的经验升华到一定的高度，以恰当的、符合学习规律的形式传递给学生，这是至关重要的。教师是否拥有合理的知识结构，是否能对教学进行有效的控制，教师是否具备元认知能力，是否具有灵活而有效的教学策略等，都决定着学生能否达到最终的学习目标。其中，使学生掌握学习策略、学会学习是要达到的目标之一。

2. 教师是否有学习策略的教学意识

在教学过程中，教师是教授、监督和评估学习策略的主导者，知识经验丰富、教学思想先进的教师能够根据具体的教学内容及学习者的需要来选择与教授一些被证明为有效的学习策略。作为教师，其头脑中可能存在着一些有效的学习策略，但教师常常没有意识到。这实际上是一种资源的浪费。教师应关注、反省自己解决问题的过程、解题思路、构思过程，等等，并对这些活动加以整理、概括，然后以外显的、程序性的方式传授给学生。

教师在具体的教学过程中如果能够合理地选择、利用现成的学习策略，同时又能够有针对性地提炼自己的思路，并教给学生，那么改善学生的学习能力、提高教学效率就真正贯穿于实际教学的始终。

3. 学习策略的教学方式

在具体的教学过程中，教师以何种方式教授学习策略直接决定着学习策略的掌握水平。关于学习策略的教学方式，一般认为比较典型的有三种。一是通用的学习策略教学方式，即学习策略的训练不涉及特定的学科内容，只单独开设学习策略训练课，以教授一般的学习方法与技巧。二是学科学习策略教学方式，即以具体的学科为载体，教授适合特定领域的方法与技巧，如应用题解题策略等。三是交叉式学习策略教学方式，即把前两种结合起来，先教授通用的学习策略，然后再与具体学科结合，要求学生把所学的策略用于具体的学习中。三种教学方式都可以在不同程度上达到教学目的，改善学生的学习能力，但大部分研究者提倡第二种教学方式，因为其适应面较广，具有广泛的迁移性。

在每一种教学方式中，又可以通过各种不同的具体的教学方法来实施，如发现法、观察-模仿法、有指导的参与法、专门授课法、直接解释法等。至于采取哪种方法，可根据学生及其学习内容的特点来确定。

第三节　学习策略的教学

| 专栏 10-2 |

学习策略是否可以通过教学训练让学生掌握？

教育心理学家对此提出了两种不同的观点。一种观点认为学习策略是问题解决能力的一种类型，虽然构成学习策略的各种态度、概念和具体的学习方法是可教的，但策略性思维能力本身难以直接传授给学生，它是个体在长期学习实践中自然诱发出来的学习结果。而学生根据学习情境来组织适当的学习策略的认知机制，也是他们学习经验的伴随结果。因此，学习策略不需要专门的教学。另一种相反的观点则认为，学习策略需要专门的教学，而且是可教的。这种观点认为，策略性思维实际上是受规则指导的行为，这些规则是能够被研究发现的,那么同样可以将其用于改善学习者的学习行为和学习效率。

不论策略性思维能力能否可以通过教学训练直接传授给学生,但是策略性知识中的大部分,如各种态度、概念和具体学习方法是可以教授的。同时,存在争议的策略性思维能力也是需要长期的学习情境来逐步发展与完善的。其中,学习情境离不开教师的教学。因此,策略性知识的学习在一定程度上是可以通过教学训练直接传授给学生的。

既然学习策略是可以被教授的,以下将集中探讨学习策略的教学训练等问题。

一、学习策略教学训练的原则

(一)特定性原则

虽然存在着一些现成的、有效的学习策略,但由于学习内容、学习阶段及其学习者等各不相同的特点,盲目套用某种策略是不明智的,其效果也不一定理想。学习策略的教学一定要适于学习目标和学生的类型。同样一个策略,年长的和年幼的,成绩好的和成绩差的,用起来的效果就不一样。向别人写出阅读提要可能是一种有效的学习方法,但对幼儿则可能相当困难。一年级的学生知道某些学习任务比其他学习任务难,三年级的学生通常知道什么时候他们已经不能理解某些事物。尽管如此,这些年幼的学生在这些方面毕竟能力有限。直到儿童晚期和青少年时期,学生才有能力评价某个学习问题、选择一个策略去解决这一问题、并且评价他们的成功。当然,这并不意味着学习策略对这些年幼的儿童并不重要,这仅仅意味着教师要针对学生的年龄、学生已有的知识水平,以及学生的学习动机类型,帮助学生选择学习策略或改善其对学习不利的学习策略。同时,教师还要考虑学习策略的层次,必须给学生各种各样的策略,不仅有一般的策略,而且还要有非常具体的策略。

(二)生成性原则

策略性知识是否有效,其最重要的原则之一就是学习者要利用学习策略性知识对学习材料进行重新加工,生成某种新的东西,这需要高度的心理加工。要想使一种学习策略有效,做这种心理加工是必不可少的。生成性程度高的策略有以下内容:给别人写内容提要、向别人提问、将笔记列成提纲、图解要点之间的关系、向同伴讲授课程的内容要求。生成性程度低的策略有以下内容:不加区分的划线、不抓要点的记录、不抓重要信息的肤浅的提要等,这些对学习都是无益的。

(三)有效监控

对策略执行结果的监控强调学生要把注意力集中在学习结果和学习过程二者之间的关系上,监控自己使用每种学习策略所导致的学习结果,以便确定所选策略的有效性。经过这样的监控实践,学生就能够灵活把握何时、何地与如何使用何种策略。教学生何时、何地与为何使用策略是非常重要的,但教师却常常忽视这一点。

(四)自我效能感

我们已经知道,自我效能感是指学生在执行某一任务时对自己胜任能力的判断,它是影响学习策略选择的一个重要的动机因素。即使学生可能知道何时与如何使用策略,但是,如果他们不愿意使用这些策略,他们的一般学习能力是不会得到提高的。通常情况是能有效使用策略的学生相信使用策略会影响他们的成绩。因此,教师一定要给学生一些机会使他们感觉到策略的效力。学习策略的教学训练课程必须包括动机训练,学生应当从策略性知识的学习过程中,感受到努力、感受到收获、感受到自信。在策略训练中,首先要使学生体会到运用较好的学习策略,学习效率才能提高。也就是说,要使学生将学习的改进归因于采取了较好的策略。这种认知反过来会推动学生去运用策略。一般来说,学习策略的低水平与自我效能感的低水平是并存的。教学要改变学生低水平的学习策略,则要改变他们不良的归因倾向。教师要帮助学生树立这样一种意识:使用学习策略,学习就会有更大的收获。

二、学习策略的教学目标

（一）教给学生大量可供提取或选用的学习方法和技能

教学实践中有许多学生把学习中的困难归因于缺少能力,但实际上,他们的学习问题可能是不会学习,因为很多教师是从来没有教过学生如何学习的。国外有一个研究发现,小学教师只用3%左右的时间向学生建议一些记忆和学习策略。不仅如此,面对所有课程中的所有任务,有些学生只会使用一两个自然而然就能学会的学习策略,面对复杂的材料时,也照旧使用这一两个本不适宜的学习策略。学生极度缺乏学习策略方面的知识。因此,学习策略教学的目标之一就是要教给学生大量可供提取或选用的学习方法和技能,如复述、记笔记、拟提纲等具体方法。

（二）训练学生学会确定学习目标

首先,教师要培养学生区别学习材料中主要观点和次要观点的能力,这是学生运用记忆术、笔记法、提问法、概要法及其他学习方法的前提技能。其次,培养学生能够确认自己应该学什么,明确学习目标,这也是学习策略这一高级形式的学习所必需的能力。最后,教师要训练学生善于根据学习目标的不同去选择合适的学习方法和学习策略。

（三）帮助学生树立学习过程中使用学习策略的意识,逐步学会对学习过程进行自我监控

在实际教学中,很多学生即使学会了策略性知识,并不会经常性地去运用它,还是习惯化地运用以前单一、呆板的学习策略,使得策略性知识的学习效果大打折扣。因此,当学生积累了一定学习方法等策略性知识后,教师就要让学生有运用学习策略的意识,要注重对学生进行自我监控、自我反思的训练。

教师可以在学生的学习过程中不断地向学生提问和测验、检查,提问学生是否使用了有效的学习策略,何时、何地以及为什么使用这一策略,并且根据这些给学生评定成绩,对那些能清楚说出自己何时、何地及为何使用某一策略的学生进行表扬和鼓励,树立学生使用学习策略的信心,促进学生使用学习策略,并让学生感受到,使用了学习策略进行学习,他们的学习收获更大。下一步,教师要让学生从教师监控逐渐过渡到自我监控的学习过程。

三、学习策略的有效教学

（一）结合具体课程,教授学生学习策略

为了突出学习策略的重要地位,一些学者主张单独开设或设置一门课程来教授学生在所有学科中要用到的学习策略,从而大面积地促进学生的学习。这一主张很诱人,历史上也有人做过这方面的尝试,但最后以失败告终。这说明,学习策略的教学应结合具体的内容、学科来教。教师要结合所授的具体课程,充分挖掘课程里的学习策略,教授学生策略性知识。比如,上课时,可以有意识地教会学生怎样有意义地组织和加工所学知识、如何记笔记等。

（二）结合学生的年龄特点，循序渐进地教授策略性知识

处于不同学习阶段的学习者，因每个时期的学习要求不同，学习者的原有基础和认知特点不同，所采用的学习方法会有很大的不同。例如，幼儿、小学生、中学生和大学生所采用的学习方法就有很大的差异。在培养和提高学生学习策略的教学过程中，应该注意与他们的发展阶段相吻合。

第一阶段：大致在学前期，儿童不仅不能自发地产生策略，而且，即使别人教给他们某种策略，他们也不能有效地使用。雷斯将这种情况称作调解的缺乏，即指年幼儿童因缺少产生策略及有效地应用策略的心理装置，还不能对认知活动进行合理的调节。

第二阶段：大致在小学阶段，虽然儿童仍不能自发地产生某种策略，但却可以在他人的指导下，学会某种策略，从而提高认知活动的反应水平。弗拉维尔（1970）将这种情况称为产生的缺乏，即指儿童已具有使用某种策略的能力，但如果离开外力的帮助，自己不能产生策略。

第三阶段：大致在初中和高中时期，儿童可以自发地产生并有效地使用策略。初、高中时期，部分学生在他们熟悉的知识领域，可以在无人指导的条件下，自觉运用适当的策略改进学习，而且能根据任务的需要来调整策略。

因此，在学习策略的教学中，要根据不同年龄阶段学生的特点来开展。

幼儿阶段：对学前期的幼儿，由于其自我意识与认知能力仍处于低水平状态，教师应结合幼儿心理特征，寓教于乐，用观察模仿法、有指导的参与法、发现法及实例解释法等多种方式，重点培养幼儿的好奇心和对世界浓厚的兴趣，训练幼儿学会集中注意力，简单的观察和记忆的方法，培养幼儿认真检查作业或操作的习惯，等等。

专栏 10-3

在一项实验中，让幼儿观察一幅画上有哪些小动物。一组仅要求幼儿"仔细看，看了以后告诉老师画上面有哪些小动物"，另一组除此之外还给予方法的指导："先看树上有哪些，再看草地上有哪些，最后看水上有哪些"，结果表明，对幼儿进行"按顺序观察""按类别记忆"的方法指导，有利于他们看图后回忆成绩的提高[①]。

小学阶段：教师要结合学科内容的教学，有意识地教给小学生一些学习策略，并给小学生提出掌握这些学习策略的要求。

一是应根据学习内容、小学生的特点、学习阶段等各种因素的不同，来选择恰当的学习策略进行教授。因为学习策略是多种多样的，但适用于多种情境的通用的策略是极少的。原则上来讲，应该结合具体的教学情境，选择那些针对性强、适应面广的策略加以训练，但对于小学生而言，不妨从与学科学习密切相关的具体学习策略的教学入手，即结合某一门具体的学科内容，教授某种学习策略。在此基础上，再逐渐加以概括，以提高其适用性。脱离学生的学习内容而孤立地教授学习策略，收效甚微，也没有考虑到学生学习的可接受性问题。

二是策略教学应该给学生提一套外显的、可操作的训练程序。虽然学习策略是对认知活动进行调控的一种内在过程，但其形成是一个由外部的实践活动逐步向内部的心理活动转化的内化过程。所以，教学中应遵循这种内化的规律。在训练的开始阶段，给学生提供明

---

① 张霞.幼儿元认知训练方法[J].科学咨询（教育科研），2003(06).

确的、可供模仿的操作步骤,并要求学生进行大声的言语复述和实际的练习。之后,引导学生将外部的大声言语转化为不出声的内部言语,并且用内部言语来调节策略活动。最后,逐步掌握和熟练使用学习策略。这一内化过程对于小学生而言尤为必要,因为这与小学生的思维发展水平和特点是相适应的。

三是要真正达到熟练、正确地使用学习策略,还必须给学生提供多种练习机会。只有进行充分的练习,才有可能使策略的使用达到熟练化与自动化。练习过程中,应注意循序渐进,充分发挥迁移作用,并鼓励学生在各种情境中主动应用所学的策略。

四是小学生学习策略的学习还要与学习习惯的培养结合起来。学习策略也可以看作是学习过程中思维操作的习惯,长期练习就会巩固下来,灵活运用。

对中学生,由于其元认知能力的发展,在教学上要重点培养中学生对学习的监控和自我调节能力,同时可以使用课前、课中以及课后三个环节分别进行学习策略的指导和教学。

课前环节:教师让学生掌握某种学习任务的基本方法技巧,提高技能,让学生养成提前预习的良好学习习惯,自主将预习环节分成具体的小步骤进行训练。

课中环节:要求学生带着预习中所思考的问题进行学习,跟随教师的思路,或者由学生提出的问题促进学习的进程,通过学生与学生、学生与教师进行合作、讨论,启发思考,完成学习某项任务。

课后环节:在课堂教学中首先教授学生复习策略;学生在课后复习过程中,充分运用教师所教授的复习策略,深刻理解知识点,尝试用不同方法解决课堂中未解决的学习问题,进一步巩固与提高所学知识。

(三)善于激发学生学习策略性知识的内在动力

学习策略学习的特点之一是主体性。学生是学习的主体,我们应遵循策略性知识学习的这一特点,多手段、多角度激发学生的学习动机,充分发挥学生的积极性,让学生能够在实际的学习活动中,自主学习、自主探索,真正理解、掌握及运用知识,只有乐于应用学习策略、坚信学习策略的效用的学生才有可能主动选择应用学习策略。因此设置情境鼓励学生使用策略、对学生应用策略给予积极的反馈、引导学生进行正确地归因、培养学生积极的自我效能感等,都有可能促进学习策略的教学成效。例如,在数学课堂中教师让学生自主练习,教师巡查指导学生,尤其对学习不好的学生答对题时要进行激励表扬,提高学生的学习自信心。

(四)提供元认知策略的指导

学习策略的效能是否能真正得以发挥,在很大程度上取决于个体的元认知水平。教师在教授学习策略时,不仅直接、明确地解释策略是什么,而且还要提供为什么、何时、何处应用这些策略的详细的信息,即给学生提供元认知的指导。许多学生之所以不能有效地应用学习策略,是因为元认知的缺乏。为此,教师可以根据学生的心理发展状况,适当地进行一定的元认知训练。

戴(1981)分析了四种教学元认知的技术:①"自我管理"教学,仅让学生自己运用具体的学习方法(如如何写纲要);②"规则"教学,明晰地告诉学生如何使用具体的方法并示范;③"规则"加"自我管理"的教学,即把上述两种教学方法结合起来的教学;④"控制"加"监视"教学,接受这种方法的被试不仅被告知如何使用学习方法(包括有关学习方法怎样使用和何时使用的知识),而且知道何时和如何检查学习策略的使用(包括有关学习的监视与控制的知识)。实验结果表明,在上述四种教学中,第四种教学效果最佳,第三种次之,第二种更次,而第一种则没有取得明显的效果。那么,如何才能有效提高元认知训练的效果？研究发现,元认知监控策略的有效教学可采取以下技术。

1. 出声思考

当教师处在思考解决问题计划和解决问题方案时,通过语言将自己的思考过程大声地讲出来,展示给学生,以便学生能够模仿教师所展示出来的思维过程。展示思维过程十分重要,因为学生需要一些用于思考的词表达自己的思维过程。模仿和讨论这一环节,可以发展学生用于思维和陈述思维过程所需要的词汇。学生使用这些词汇表达思维过程,可以促进他们思维技能的发展。

帕里斯卡尔等人(1986)提出的结伴问题解决法,也是一种十分有效的训练策略。其方法是,一个学生对另一个学生讲述解决问题的过程,特别是详细地描述自己的思维过程,其间同伴认真倾听并注意讲述者的思维过程,还要向他提出问题,从而使双方的思维明朗与清晰。同样在小组学习中,大家轮流扮演教师,对正在学习的材料进行阐述、提问及总结,也可以起到相同的作用。

2. 写学习日志

写学习日志是发展元认知的又一种方法。学习日志的内容包括:①学习的主要内容及重要内容;②相关知识点和各知识点之间的联系;③对不明确的、有矛盾的问题的思考;④将一些容易混淆的概念列表对照、鉴别,并自己尝试举例说明;⑤对自己处理某一件事情的评价。写学习日志的作用在于:①反思自己的学习和思维过程,厘清思路,澄清混乱,思考并提出一些有价值的问题;②促使学生学会学习自己教自己,并在此过程中产生重要的顿悟;③将学生的注意力从学校教授的知识转移到自己的认知过程,有助于学生主动地控制自己的学习。

3. 计划和自我调节

教学过程要增加学生对做学习计划和自我调节学习过程的责任感。如果学生的学习是由他人计划和监控的话,那么他就很难成为一位积极有效的自我定向的学习者。做学习计划包括:估计学习所需要的时间、组织材料、制定完成一项活动的具体的时间安排表等。在这个过程中,学生可以学会如何思考,如何向自己提问,从而使学生逐步形成自我控制、自我检查、自我调节的能力。

4. 报告思维过程

让学生报告思维过程,发展他们的策略意识,有助于学习策略的迁移。①教师引导学生对学习活动进行回顾,自己报告完成学习的思维过程和在这一过程中的感受;②将学生报告中提到的有关的思维方法进行分类,确认学生在学习中用到了哪些学习策略;③让学生自己评价他们的成功与失败,抛弃那些不合适的方法,确定哪些是有价值的学习策略并总结、推广运用,同时积极寻找新的学习策略。

5. 自我评价

学生对自己的学习过程或学习质量进行检查和评价,可以提高学生的元认知能力。学生的自我评价可以通过自我报告和回答关注思维过程的问题逐步形成,直至养成自我评价的习惯。当学生认识到不同学科的学习活动的相似性时,也就表明他们能够将学习策略迁移到新的学习情境。

【思考与练习】

1. 解释下列名词：学习策略、认知策略、元认知、复述策略、精加工策略、组织策略。
2. 什么是学习策略？谈谈你对学习策略概念的理解。
3. 举例说明复述策略、精加工策略和组织策略。
4. 试述学习策略学习的一般过程。
5. 分析影响学习策略学习的内外部因素有哪些？
6. 说明学习策略的教学要点。

第十一章 动作技能的学习与教学

本章学习提要

- 动作技能的概念、分类及作用。
- 动作技能的形成过程。
- 影响动作技能学习的条件。
- 各年龄阶段学生动作技能的教学要点。

导入案例

《欧阳文忠公文集-归田录》里有一篇《卖油翁》：

陈康肃公善射，当世无双，公亦以此自矜。尝射于家圃，有卖油翁释担而立，睨之，久而不去。见其发矢十中八九，但微颔之。康肃问曰："汝亦知射乎？吾射不亦精乎？"翁曰："无他，但手熟尔。"康肃忿然曰："尔安敢轻吾射！"翁曰："以我酌油知之。"乃取一葫芦置于地，以钱覆其口，徐以杓酌油沥之，自钱孔入，而钱不湿。因曰："我亦无他，惟手熟尔。"康肃笑而遣之。

这就是成语"熟能生巧"的由来。

"自钱孔入，而钱不湿"足见卖油翁沥油动作的娴熟，这种动作实际上是一种动作技能。动作技能跟我们的生活息息相关，大到运动健将、体坛高手，小至日常生活方面的书写、运动、开车；体育运动方面的游泳、体操、打球；生产劳动方面的锯、刨、车等活动方式，都属动作技能。人的行动是由一系列动作组成的，即使是简单的行走，也是腿、脚、手臂和眼等的共同活动。开车是脚、腿和手臂的动作和整个躯体以及视觉、触觉等的联合活动。最初这些动作是不协调的、笨拙的。由于练习，实现动作的方式就巩固下来，熟练起来，某些动作就从意识中解放出来，变成自动化的动作。

动作技能的掌握是学生学习的重要内容之一，动作技能的掌握对学生知识的学习以及能力的培养具有积极的促进作用。本章我们将主要探讨以下三个问题：动作技能概述、动作技能形成的过程、影响动作技能学习的条件。

第一节 动作技能概述

一、动作技能的概念

动作技能（psychomotor skill）又称心因性动作技能或者操作技能，我国学者一般将其定义为：在练习的基础上形成的，按照某种程序或者规则顺利完成身体协调任务的能力。动作技能又称为心因性运动技能,该术语中的 psychomotor 是由 psycho 和 motor 合成,表明这里的动作不是简单的外显反应,而是受控于内部的心理过程。

二、动作技能的分类

(一)连续性动作技能和非连续性动作技能

连续性动作技能是指需要完成的动作序列比较长,在完成活动任务的过程中,需要根据复杂的内外刺激进行连续、不间断的调节和校正的动作技能。例如骑车、跑步、游泳、打字、弹琴等。其特点是动作的持续时间长,动作与动作间没有明显可以直接感知的开始和结束,难以精确计数。

非连续的动作技能是指完成的动作序列比较短,在完成过程中,能够对一个特定的外部刺激做出一个特定反应的运动技能。它是由突发性动作组成的,比如射箭、举重、投篮、紧急刹车等。其特点是动作延续时间短,动作与动作间可以直接感觉到开始和结束,可以进行精确计数。

(二)封闭性动作技能和开放性动作技能

封闭性动作技能是指外界环境可以被预测。可以预测的环境主要有两种情况:一是环境非常稳定,例如射箭、打保龄球、刷牙等动作的环境;二是环境的变化是可以预测的,例如变戏法、工业生产线上的任务。这种技能的特点是不需要外部环境因素作为参照,具有固定的动作模式。

开放性动作技能是指外界环境是一直变化的,不能预测,要根据外部刺激的变化而相应调节自己动作的动作技能,如驾车、踢球等。其特点是必须参照外部环境刺激来调节动作。该技能成功的关键取决于个体能否适应环境的变化以及适应程度。

(三)细微型与粗放型动作技能

细微型动作技能是依靠小肌肉群的运动来实现,一般不需要激烈的大运动,而依靠比较狭窄的空间领域进行手、脚、眼的巧妙的协调动作。如打字、弹琴就是这类动作技能。

粗放型动作技能是依靠大肌肉群的运动来实现,执行动作时伴有强有力的大肌肉收缩和通过全身运动的神经-肌肉协调动作。如举重、铁饼、标枪就属这类动作技能。

(四)工具型动作技能和非工具型动作技能

工具型动作技能是指需要操纵某种工具才能完成活动的技能,如写字、绘画、雕刻等。其特点是需要操纵现成的工具。

非工具型动作技能是指不需要操纵工具,只需要利用机体一系列的骨骼、肌肉运动就能完成活动的技能,如跳舞、走路、唱歌等。其特点是不需要操纵任何工具。

三、动作技能的作用

(一)动作技能是变革客观现实所不可缺少的心理因素

动作技能是一种操作性经验,它使人类能够通过有效的、合理的活动来直接与环境相互作用,从而更好地适应和改造环境,变革现实。从日常生活中的衣食住行到计算机、人造卫星等高科技领域,其中各种产品的产生中无不包含着多种多样的动作技能。正是如此多样的动作技能,才使得人类社会发生了巨大的变革。传授和掌握动作技能应当成为学校教育的重要内容之一。

(二)动作技能是操作能力形成和发展的重要构成因素

动作技能的掌握就是要使学生形成顺利地完成某种实践任务的熟练的行动方式。这是培养或造就人的技术能力和才能不可缺少的一个重要因素。事实表明,要造就某种技术人才,除了要掌握有关科学知识外,更需要掌握有关的操作技能。没有掌握吹、拉、弹、唱等基本动作技能的人,难以想象他何以具有很高的音乐才能。人的操作能力有操作性知识与操作性技能两种因素,通过操作性知识与操作性技能的掌握及其广泛地迁移,操作能力才有可能形成。虽然个体固有的生理素质在动作技能形成中起到非常重要的作用,但它们仅是操作能力形成发展的自然条件,并不能完全脱离操作性知识与操作性技能的掌握与迁移而构成操作能力。

第二节 动作技能形成的过程

一、动作技能形成的理论

动作技能形成的问题有多种解释,其中最有代表性的是行为派的理论解释和认知派的理论解释。

(一)行为派的理论

行为派的理论认为,动作技能的学习本质上就是形成一套刺激-反应的联结系统,用刺激-反应来解释人的行为,特别重视用强化概念来说明有机体的塑造、保持与矫正。例如,儿童学会用钥匙开门的连续动作:首先用手拿钥匙,对准锁孔,确认插入的位置是否正确,将钥匙完全插入并按正确方向旋转,最后开门。如果最后环节上缺少强化物,儿童使用钥匙开门的行为就会发生消退。

(二)认知派的理论解释

自20世纪六七十年代以来,越来越多的心理学家偏向于用认知的理论来解释动作技能的学习。认知派理论强调动作技能的学习必须有感知、记忆、想象、思维等认知成分的参与。动作水平越高,越是需要学习者有较高水平的认知。代表性的理论有韦尔福特(1968)运用信息加工的观点解释动作技能的形成提出的动作技能形成认知模型,该模型分为三个连续的阶段(图11-1)。

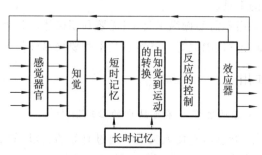

图11-1 动作技能形成模型

(1)感觉接收阶段(通过知觉对信息加以选择性注意,把信息储存在短时记忆中)。

(2) 由知觉到运动的转换阶段(新旧动作的同化、融化并缩短反应时间,通过效应器提供的反馈对动作进行矫正或加强反应,把长期练习形成的运动程序图式储存在长时记忆中)。

(3) 效应器阶段(在大脑的支配下产生动作)。

二、动作技能形成的阶段

动作技能的学习要经历习得、保持和迁移的过程,动作技能的形成是指通过练习而逐渐掌握某种外部动作方式并使之系统化的过程。费茨和波斯纳提出了动作技能的一般过程,包括以下三个阶段。

(一) 认知阶段

该阶段是学习一种新的动作技能的初期,学习者通过指导者的语言讲解或观察别人的动作示范来理解任务及其要求,对所学技能的性质、要点、注意事项等进行分析和了解,同时也做一些初步尝试,把任务的组成动作构成一个整体,并试图探寻它们是如何构成的。例如,儿童刚开始学习毛笔字,要先观察范例,以便了解如何起笔、如何收笔。在这一阶段中,学习者的主要任务是领会技能的基本要求,掌握组成技能的局部动作。

(二) 联系形成阶段

在这一阶段,练习者将已经掌握的一系列局部动作联系起来,试图形成连贯的动作,但是各个动作结合得不紧密。在从一个动作过渡另一个动作的过程中,会经常出现短暂的停顿。练习者的协同动作是交替进行的,即先集中注意一个动作,然后再注意另外一个动作,反复地交替,进行不同的动作。这种交替慢慢加快,技能结构的层次不断增加,然后逐渐形成整体的协同动作。在这一阶段中,关键是要使客体刺激与动作反应形成适当联系,排除习惯的干扰和局部动作间的相互干扰。例如,刚开始学习游泳的人,手脚的动作会经常相互干扰,动作不能协调。

(三) 自动化阶段

这是动作技能的完善阶段,也是动作技能形成的最后阶段。在此阶段,各个局部动作联合成为一个完整的自动化的动作系统,成为一个有机的整体固定下来,整套动作序列能依照准确的顺序以连锁反应的方式实现。在这个阶段中,练习者多余的动作和紧张状态基本消失,练习者能够根据情况的变化,快速准确地完成动作,几乎不需要有意识地控制。

| 专栏 11-1 |

动作技能学习的阶段(以骑自行车为例)

下面以大家都比较熟悉的学习骑自行车为例来说明动作技能学习的过程。

初学骑自行车时,我们首先观察了许多会骑自行车的人如何骑自行车。在开始学习时,常有朋友或父母给我们指点,如何扶把,如何蹬车,如何保持平衡,要先练习一只脚踩在脚蹬上并保持人车平衡,等等。这是第一阶段,它使我们对如何骑自行车有了大致的认识和了解。

接下来,我们开始尝试骑自行车了。我们会按照指导,先练习在自行车滑行时一只脚踩在脚蹬上保持身体平衡。等这一动作熟练后,再练习坐到车座上双脚踏蹬,同时双手还要扶好把,掌握住方向。这时这两个动作间常有干扰,我们会显得忙乱一些,有时只顾踏脚蹬,忘了转方向而撞向大树;有时专注于把握方向,忘了踏脚蹬而失去平衡。随着练习的进行,蹬车和把握方向这两个动作逐渐协调起来,我们骑在车上也不如刚学时那样紧张了。这是动作学习的第二阶段。

最后,经过大量的练习,我们的骑车动作已经很熟练了,不仅骑车时不再紧张,而且可以边骑车边与人说话,还能在拥堵的道路上灵活地骑行。这表明,我们骑车的动作技能已经达到了自动化的程度。

三、动作技能形成的标志

动作技能形成的标志是达到熟练操作。所谓熟练操作指动作已经达到较高速度、准确、流畅、灵活自如,且对动作组成成分很少或不必有意识注意的状态。熟练操作具有以下主要特征。

(一)意识调控减弱,动作自动化

在技能形成的初期,人的内部语言起着重要的调节作用。人们完成每一个技能动作,都要受到意识的调节与控制。随着技能的形成,意识对动作的控制逐渐减弱,整个技能或技能中的大多数动作逐渐成为一个自动化的动作系统。由于动作系统的自动化,扩大了人脑加工动作信息的容量,完成动作的紧张程度也就缓和了。

(二)能利用细微的线索

任何动作都受情境中的线索的指导。线索可以是能看到、听到或触到的。有的线索乃是有助于人辨认情境或指引行动的体内外刺激。指导动作的线索大致可分为三类:第一类是基本线索,即人要进行成功反应所必须注意的线索;第二类是有助于调节反应的线索;第三类是无关的线索。在动作技能形成初期,学习者只能对基本线索发生反应,他不能觉察到自己动作的全部情况,难以发现自己的错误。随着练习的增多,学习者能觉察到自己动作的细微差别,能运用细微的线索,使动作日趋完善。技能相当熟练时,人能根据微弱的线索进行动作。

(三)动作反馈作用加强

在技能形成中,反馈对技能动作的学习和完善起着重要的调节作用。在动作技能中,反馈可分成外反馈与内反馈两种。外反馈是指视觉、听觉等提供的反馈,它们具有外部的信息源,内反馈指由肌肉或关节提供的动觉反馈,它们是动作的自然结果。

在动作技能形成的不同阶段,反馈起调节作用的方式也在变化。在技能形成的初期,内反馈与外反馈都很重要,但来自外界的视觉反馈起着更重要的作用,人们根据动作反应后所看到或听到的结果,对反应进行调整和校正,使动作朝向所要达到的目标。随着技能的形成,外部感觉的控制作用逐渐为动觉的控制所代替,动觉反馈在动作技能的调节中便起着越来越重要的作用。例如,一个人刚学打字,他的动作是在视觉的严密控制下进行的。他注视要打的文件和打字机上的每一个键盘,一个字一个字地把它打出来。待打字的技能熟练了,他们就能够摆脱视觉的控制而熟练地操纵打字机了。

(四)形成运动程序的记忆图式

一系列局部动作联合成为一个完整的动作系统,即一种协调化的运动程序的记忆图式。技能是由一系列动作构成的。技能动作的协调化运动程序表现在以下两个方面。

(1) 连续性的统一协调,这是动作在执行时间上的协调。走路时先动一足,后动另一足;打拳时先打一式,接着打另一式,前后连贯,一气呵成,这是时间上的协调或连续性的统一协调。

(2) 同时性的统一协调,这是动作在空间上的协调。如走路时,移步配合手的摆动。许多技能,既需要连续性的统一协调,又需要同时性的统一协调,从而构成一个协调化的运动程序的运动图式。

形成运动程序的记忆图式是完成技能的重要条件。

(五)在不利条件下能维持正常操作水平

表现出同样操作水平的人,其熟练程度可能不同,检验谁是最熟练的操作者的最好方法是看谁在条件变化时能保持正常的操作水平。最优秀的飞行员能在恶劣的气候条件下维持协调的和准确的操作。著名的球星在有对手贴身防守,甚至由于对手犯规使自己身体失去平衡时能摆脱困境,将球踢入网内。紧急情形的突然出现可能使不熟练者手足无措,但能使熟练者的技能发挥至巅峰。

四、动作技能的保持与迁移

(一)动作技能的保持

大家都有共同的经验:动作技能一经学会,便不易遗忘。如学会了游泳和骑自行车的人,过了若干年以后,虽未经练习,其技能似乎基本上保持如故。

我国心理学工作者以大学生为被试,研究了动作技能的遗忘进程。学习内容为一套新编的徒手体操(各节无名称),十分钟学会,一分钟完成动作。许尚侠1986年研究发现,动作技能的遗忘进程同艾宾浩斯无意义音节的遗忘进程有很大的区别(图11-2)。

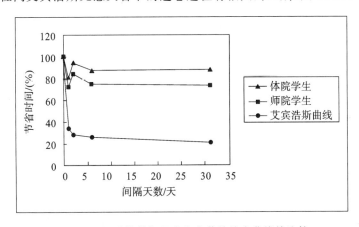

图 11-2 运动技能与无意义音节的遗忘曲线的比较

为什么动作技能不易遗忘呢?

第一,动作技能是经过大量的练习之后获得的。一般来说,经过过度学习的任务是不易遗忘的。

第二,许多动作技能是以连续任务的形式出现的。连续的任务相对简单,故不易遗忘。

第三,动作技能不同于言语知识,它的保持高度依赖小脑和脑低级中枢,而这些中枢可能比脑的其他部位有更大的保持动作痕迹的能量。

（二）动作技能的迁移

动作技能的学习与知识的学习一样，也存在迁移现象，即一种技能的学习对另一种技能的学习产生影响。

已经形成的动作技能，对另一些新技能的形成发生积极的影响，能促进新技能的形成和发展；或者反过来，学会了新的动作技能对已经形成的动作技能的保持产生积极的影响，这种现象称之为动作技能的迁移，又称为积极的迁移或正迁移。

已经形成的动作技能，对另一些新技能的形成发生消极的影响，即妨碍新技能的掌握，这种现象称之为动作技能的干扰，又称为消极的(抑制性的)迁移，或负迁移。

从动作技能的特点及其关系也可以把迁移划分为以下几种迁移形式：

（1）双侧型迁移，是指在身体一侧器官形成的技能迁移到身体另一侧的器官。研究表明，双侧型迁移最明显是人体对称部位，如左手—右手、左脚—右脚等；其次是同侧部位，如左手—左脚、右手—右脚等。双侧型迁移对需要双手或四肢协调的动作技能学习具有促进作用。

（2）语言-动作迁移，这是指在动作练习前的语言训练对掌握动作技能有影响作用。一般来说，只有当语言的反应不干扰被试的动作时，学习动作技能前的语言训练才能对动作技能产生正迁移。

（3）动作-动作迁移，这是指已形成的一种动作技能向另一种动作技能的迁移。两种动作技能之间既可以产生正迁移也可以产生负迁移。当两种动作技能的学习存在相似的注意分配、反应速度、操作动作成分、操作方式时，则产生正迁移，如学会骑摩托车就较容易掌握驾驶汽车的技能。当两种动作技能的动作成分相似，操作动作的方式相反时，则容易产生负迁移。如习惯于从自行车左边上车的人很难掌握从自行车右边上车的技能。

第三节 影响动作技能学习的条件

动作技能的形成是一个复杂的过程，为了能够提高动作技能学习的效率，需要了解影响动作技能学习的条件，这些条件可以分为两类：内部条件和外部条件。

一、促进动作技能学习的内部条件

（一）具备学习动作技能的动机

学习动作技能的动机是在学习者产生学习动作技能需要的基础上形成的，能够对动作技能的学习起到积极的作用。例如，学习者对使用电脑的技能产生了学习的兴趣，形成了强烈的学习动机，就会认真钻研电脑的结构和使用方法，从而尽快获得这一技能。

（二）具有正常的智力水平

当学习者的智力处于正常水平时，小肌肉动作技能的学习和智力之间有较低的正相关，智力水平越高，学习成绩越好；大肌肉动作技能的学习和智力之间几乎没有什么相关；通过心理训练所进行的动作技能的学习与智力之间相关不大。当学习者的智力处于正常水平以下时，小肌肉和大肌肉的动作技能学习和智力存在清晰的正相关，智力越低，学习速度越慢。

（三）具备知识经验与理论

知识并不等于技能，但技能的形成必须运用知识，知识越丰富，对克服技能学习的难点越有帮助。但是只学习理论,不学习操作,很难形成任何动作技能。因为知识和运动分析器没有建立起联系。只模仿操作,不学习有关理论,其技能也不能得到进一步发展。理论可以加快动作技能的获得,可以免去或减少动作技能形成过程中的错误。有心理学家曾对电器装配工人进行过实验研究。一组工人只是机械地、重复地学习技能,而对另一组工人则讲解操作原理。结果发现,两组工人最初的水平差不多,但后来第二组工人的绩效远远超过第一组工人的绩效。

（四）具有良好的人格特征

奥吉利夫和塔科特1967年的研究表明,与出色完成任务有关的人格特征有以下几种:①较高的成就动机;②忍耐力、坚持性;③抗干扰、承受打击和注意稳定的能力;④控制力;⑤任劳任怨、努力、吃苦的精神;⑥自信、大胆、心胸开阔;⑦高于常态的智力水平。由此可见,良好的人格特征,对动作技能的学习有重要影响。

人格类型也会影响动作技能的学习。比如外向型与内向型人格类型对动作技能的学习就会有不同的影响。与内向型人格相比,外向型的人动机水平高,活动效率也较高;较难形成条件反射;易于形成粗放型动作技能。

二、促进动作技能学习的外部条件

（一）科学的指导

在动作技能的学习中,有效的指导是非常重要的。指导主要包括讲解和示范两种形式。结合动作技能的特点进行讲解和示范,对动作技能的学习起着积极的促进作用。

1. 讲解

讲解可以是口头形式,也可以借助文字、模型、草图等进行。讲解的目的是突出动作概念,提高学生对动作的认识水平。讲解的内容主要包括:学习动作技能的目的、动作技能的性质、学习程序与步骤及注意事项。

讲解宜简明扼要,过度冗长的讲解,将会减低学生的兴趣与动机,应尽量避免。有些内容应待练习进行到适当程度时再进行讲解。

2. 示范

示范是指导者做给学习者看的。示范主要有两种形式,一种是教师示范,另一种形式是借助视听教学进行示范。例如通过观看教学电影,幻灯等,这种方式可以激发学生的学习兴趣,提高教师指导及学习者学习动作技能的效率。不管以上哪种示范,都要求动作准确、规范,将动作技能中的每一个动作都能够清楚地展现出来。

在动作技能学习中,讲解与示范一般是结合起来的,示范时结合讲解,或指出错误,进行现场评价效果更好。研究表明,示范时结合讲解效果更好。因此,学习动作技能时,教师应让学习者注意观察并理解所演示的内容,同时教师应把讲解与示范结合起来,在示范时应及时对学习者的动作错误加以指正,这是促进动作技能学习的最有效方式。

（二）练习

有目的地多次执行某种动作以形成技能的过程,称为练习。练习是影响动作技能最重要的因素。这里的练习是指有意练习,即练习者要怀着改进作业水平的目的,并且需要付出一定的努力。练习虽然是固定地执行某种动作,但并不是同一动作的机械重复,而是以改善动作方式为目的的重复。例如为了学会打字,提高打字技能而反复学习打字,就叫打字练习。练习使人的动作从本质上发生变化,它表现为人在完成动作时心理结构的变化。

1. 练习与练习曲线

练习技能形成与发展的过程可以用练习的曲线来表示。所谓练习曲线,就是在连续的练习期间所发生的动作效率变化的图解,即练习曲线是描述动作技能随练习时间变化而变化的图形。在练习曲线上可以看出技能形成过程中的工作效率、活动速度和准确性的变化。在各种动作技能形成的过程中,练习成绩的进步既有共同趋势,也有明显的个别差异。这些都可以从练习曲线上反映出来。练习曲线的几种共同趋势如下。

1)练习成绩逐步提高

练习成绩的逐步提高主要表现在动作速度的加快和准确性的提高上。动作速度加快的标志是在单位时间内所完成的工作量的增加,或每次练习所需要的时间减少。动作准确性提高的标志是每次练习的成功率增多,错误率减少。练习成绩逐步提高的情况如图 11-3 所示。

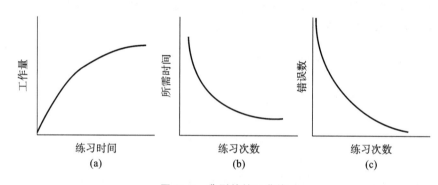

图 11-3　典型的练习曲线

(a)—表示工作量对练习时间的关系;
(b)—表示每次所需时间对练习次数的关系;
(c)—表示每次练习的错误对练习次数的关系。

2)练习中的高原期现象

在动作技能形成过程,练习到一定时期有时会出现练习成绩暂时停顿的现象,这就是高原期。

高原期现象产生的原因有以下几种:感觉机能和中枢机能对动作的控制和调节作用减弱;提高练习成绩的新的活动结构和方法尚未形成;练习方法不当,一时无法突破困难;产生心理上和生理上的疲劳;动机强度减弱,兴趣下降,产生的厌倦等消极情绪;意志品质差,缺乏继续提高的勇气和信心;自满情绪等。这些因素的改变都将有利于突破高原期现象,使练习成绩有长足的进步。所以高原期现象与练习极限有本质差别,高原期现象并不具有普遍性和必然性。

3)练习中的起伏现象

动作技能的形成不是一帆风顺、直线上升的。在其形成的过程中,练习成绩时而上升,时而下降,有"峰"有"谷",呈现明显的波浪,这就是练习成绩的起伏现象。

学生在学习动作技能中,起伏现象时有发生,甚至有时会出现令人担忧的严重退步的现象。发生这种现象的原因,既可能是由客观条件的变化而导致的,学习环境的变化、练习条件的变化、教师指导方式的变化等,都是造成起伏现象发生的原因;又可能是由主观状态的变化所引起的,学习动机和兴趣的变化、注意状态和情绪状态,以及努力程度、健康状况等,也都可能造成起伏现象的发生。改善学生的练习环境,端正学生的学习态度,严格评价学生的成绩,明确学生的奋斗目标,往往能减少大的起伏现象的发生。

4) 练习成绩相对稳定的现象

在动作技能发展的最后阶段,出现练习成绩相对稳定不再继续提高的现象,通常称为动作技能发展的极限,但"极限"是相对的。从人的生理素质和技能来看,每个人掌握某种技能都有一定的发展限度。动作技能之所以有生理限度,是因为动作是身体的技能,是通过骨骼、肌肉的运动来实现的。身体有其固定的物质结构,动作的准确性、速度、灵活性不能超越身体物质结构许可的限度。在实际生活中,真正达到生理限度的情况是极少的,动作技能发展的极限是相对的,因此提高技能的潜力很大。在一般情况下,一个人所掌握的各种技能都没有达到发展限度,提高技能的潜力还是很大的。

5) 练习进程中的个别差异

在技能形成的过程中,虽然练习曲线有共同趋势,练习进程都遵循上述的一般规律,但由于各种技能的复杂性程度不同,学习者的人格特征、知识经验、练习态度、练习方法等不同,因此同一个人学习不同的技能或不同的人学习同一种技能,其练习进程也各不相同,表现出明显的个别差异。

2. 合理组织练习

1) 明确练习目的

这是影响练习效率的最重要因素。学生明确了练习的目的,就可以激发起学生强烈的学习动机和高涨的学习热情,提高练习的自觉性和积极性,使练习经常处于意识控制之下,从而提高练习的效果。因此,在技能形成过程中,若能依据练习的进程,不断提出练习目标,积极鼓励学生争取达到预期目标。实验研究表明,练习前的学习目的教育对师范学校的学生掌握弹琴的基本技能有明显的积极作用。

练习的目标有近期目标和远期目标两种。近期目标对提高练习效率有更大的作用。研究发现,只有远期目标的人,成绩的进步较缓慢,而每周都有一个目标的被试,成绩的进步较快。可见目标越具体明确,练习的效果就越好。

2) 合理分配时间

动作技能的学习需要有足够的练习时间或练习次数,因此要制定合理的时间分配表。根据时间分配上的不同,可以把练习分为集中练习和分散练习。集中练习是指长时间不间断地练习直到掌握该技能为止。分散练习是指把练习分成若干阶段,在各阶段之间加入适当的休息时间。

练习的次数并不是越多越好,如果在一段时间内练习次数太过于频繁,不仅浪费时间和精力,而且容易疲劳,练习的效果也会降低。一般来说,适当的分散练习比过度的集中练习优越。它可以使每次练习的效果较好,不仅在时间上比较方便,而且在技能的保持上也比较好。

3) 掌握正确的练习方法

获得动作技能的练习方法从练习内容的完整性上来分主要有两种:一种是整体练习;一种是部分练习。整体练习,即把动作技能作为整体进行不断重复训练的练习;部分练习,即把一套完整的动作技能分解成几个部分,每次分别进行一个部分的训练,最后获得整个完整的动作技能的练习。采用何种练习,要根据动作技能的性质及复杂程度而定。通常来讲,如果动作技能的各部分独立性较大或者较复杂时,采用部分练习效果会比较好;如果动作技能较简单或者结构完整,则采用整体练习效果会比较好。

4）及时反馈

许多研究表明,在影响动作技能获得的各种因素中,反馈的作用仅次于练习。学习者只有及时得到自己练习的反馈信息和结果,才能知道自己动作正确与否,把正确的动作巩固下来,把错误的动作改正过来,从而提高动作技能的学习。

5）心理练习

练习者在不进行外显身体动作的条件下,在头脑中对技能进行认知复习的练习方法叫心理练习。如体操运动员站在比赛场边,在开始表演套路之前,在头脑中将整个套路复习一遍。赫德等人(1991)用实验法对心理练习、身体练习、二者不同比例的混合练习及无练习的效果进行了比较。结果发现,心理练习组的学习效果要比无练习组好,但不如身体练习组;从混合组的结果来看,身体练习的比例越高,其学习效果越好。[①] 其他相关研究也得到类似的结论。因此,研究者认为,动作技能的习得应尽量运用身体练习,但在不能进行身体练习的情境下,心理练习对动作技能的习得和技能操作的准备具有积极作用。

第四节 各年龄阶段学生动作技能的教学要点

根据动作技能发展的年龄特点和规律,我们在教育过程中要正确地运用有关规律进行教育教学。

一、幼儿阶段的动作技能训练

3到6岁是动作技能发展的关键时期,这个时期儿童身体柔软,容易学习,加之他们喜欢模仿,喜欢不厌其烦地重复同一个动作,也不怕别人嘲笑和失败,因而只要能积极予以创造条件,学前儿童可以获得许多技能。

（一）主要任务

获得跑、跳、投、推、拉、攀登、悬垂等动作技能,称为基本运动技能。它们是人们赖以生存——生产劳动和生活中不可缺少的能力。它随着年龄的增长而不断巩固和熟练。另外还要发展如绘画、写字、操作积木等精细动作动能。

（二）训练要点

（1）教师的示范要慢而清晰,让幼儿能在头脑中形成鲜明清晰的动觉映像,从而明确学习的目标动作。

（2）正规训练和日常生活相结合的练习。幼儿的练习可结合生活和游戏活动进行,并注意活动方式的多样化,引发幼儿的学习兴趣和自主性,提高练习效果。

（3）及时反馈。幼儿的学习明显受到学习后效果的影响,教师要及时让幼儿知道哪些动作做对了,哪些动作做得不够好,再通过练习把正确的动作巩固下来。

---

① [美]Richard A. Magill. 运动技能学习与控制[M]. 张忠秋,等,译. 北京:中国轻工业出版社,2006.

| 专栏 11-2 |

儿童使用筷子技能的发展及其与学业成绩的关系

线条填画和图形临摹都是较为普遍、典型的精细动作技能,而那些与特定文化相关的精细动作的发展以及他们与学业成绩的关系是怎样的?董奇等人对特定文化背景下的工具性精细动作的发展,例如像我国使用筷子技能这一具有典型文化特色的精细动作发展与学业成绩的关系进行了研究。学业成绩主要针对小学低年级儿童的语文和数学两门最主要的课程进行,统计结果表明:筷子使用技能的实效性和稳定性与其语文成绩存在显著相关,但筷子使用技能的所有三种特性,与儿童的数学成绩都没有显著相关。

(资料来源:董奇,陶沙.动作与心理发展[M].北京:北京师范大学出版社,2002.)

二、小学生的动作技能训练

小学低年级的学生,开始逐渐从游戏、比赛性质的活动中获得竞技运动方面的技能,小学高年级的学生则开始学习和掌握竞技运动技能。

进入小学后,儿童不论是在技能的速度、强度、灵活性和平衡性方面,还是在技能的内容方面,都有很大的发展变化。

小学生动作技能的训练要点:

(1) 准确地示范和讲解。

(2) 结合各科进行练习。如结合数学教学,教师可以让学生学会用工具度量角的大小、测量物体的长短、几何图形的作图、用三角板画垂线和平行线、画长方形等技能;在语文教学中训练学生手腕、手指书写文字和字母等技能;在美术教学中训练学生准确地临摹二维图形,并把这些图形整合到他们的绘画当中,训练小学生借助物品重叠、对角线设计和收敛线条等深度线索学会表现第三维度的技能等。

(3) 注意学生在动作技能学习中的性别差异。男女儿童在技能发展上的差异也更加清楚,男女动作上的差异在学前期已开始出现,男孩在大肌肉动作的协调方面,如抛球、从这里跳到那里、上下楼梯、投掷和踢球等方面比女孩强;而女孩在精细动作协调方面如单足跳、跳远、奔跑这些依赖平衡和敏捷的运动方面继续保持优势。

三、中学生动作技能的训练

青少年正是身体发育的高峰期,青春期带来了大肌肉运动能力的稳步提高。

中学生动作技能的训练要点:

(1) 增加青少年动作技能的训练项目。适合青少年的体育运动项目大概分成三类:第一类为下肢运动,包括跳绳、跳高、撑竿跳、跳远、纵跳、单足跳、双足跳、爬楼梯、爬山、远足、散步、滑冰、滑旱冰、滑雪等。第二类为伸展运动,包括跳健美操、健身操、韵律操、徒手操、持棍操以及在单、双杠上做引体向上、悬垂、摆动、回环、扩胸后仰、踢腿摆腿、压腿等展身锻炼运动,夏季游泳,也是四肢伸展活动的好项目。第三类为全身性运动,包括篮球、排球、乒乓球、网球、羽毛球、高尔夫等球类运动项目和武术、划船等。

(2) 关注青少年的动作笨拙现象。在青少年发展的某个时期里,当生长以最高速度进行时可能会伴随着动作技巧的暂时障碍,主要在男性中间存在。[①] 实际上它并不一定存在动作迟滞或不良问题,它只是暂时的问题。

(3) 加强青少年动作技能的心理练习。青少年时期思维发展达到了一个新的阶段,他们有了元认知能力,能够在头脑中对一些观念或形象进行操作。

【思考与练习】

1. 解释下列术语:动作技能、练习曲线、高原期现象、心理练习。
2. 简述动作技能形成过程。
3. 论述影响动作技能的学习的主要因素。
4. 举例说明熟练动作技能的主要标志。
5. 简述合理组织动作技能练习的主要条件。

---

① 董奇,陶沙.动作与心理发展[M].北京:北京师范大学出版社,2002.

第十二章 态度和品德的学习与培养

本章学习提要

- 态度与品德的概述。
- 态度与品德发展的主要理论。
- 态度与品德学习的一般过程。
- 良好态度和品德培养的有效方法。

导入案例

"小恶霸"

小M是一位小学五年级的学生,他似乎到哪里都能制造麻烦。在教室里,他显得很粗鲁,且总是违反规则、挑衅他人。他在学校经常发生的事情是:上课总是迟到;在座位上垂头丧气、无精打采,把脚跷在桌子上;对同学和老师大声喊着一些污言秽语,并且对参与班级活动充满抵触,而且只要躲开老师的眼睛,小M的行为就会更加糟糕;他会在走廊推搡同学;在食堂偷比他小的低年级学生的午饭;常常在学校的操场上挑起冲突。

很显然,学校没人喜欢小M。他的同学们都说他欺负人,同学的家长都说他是"小恶霸",坏到骨子里的那种。他的班主任老师,即便一直努力挖掘小M的优点,但小M的优秀品质还是乏善可陈,她甚至都开始想把小M作为自己职业生涯中的一个反例。

培养学生良好的社会态度和高尚的道德品质是学校教育的一项重要任务。学校教学(智育)工作没有做好,学生没有掌握好科学文化知识就走上社会工作,可能成为"次品";如果体育工作没有做好,学生没有健康的体魄,就可能参加不了社会工作,成为"废品";学校德育工作没有做好,学生没有良好的社会态度和高尚的道德品质,就可能危害社会,成为"危险品"。因此,培养学生良好的社会态度和高尚的道德品质是非常重要的。那么,什么是态度?什么是品德?二者关系如何?态度和品德是怎样形成的?形成学生良好的态度和品德有哪些有效的方法?

第一节 态度与品德概述

一、态度的概念与结构

(一) 态度的概念

态度是心理学中一个重要的概念。通常认为,态度是通过学习而形成的影响个人行为选择的内部准备状态或反应的倾向性。首先,从行为特征上来看,态度往往表现为趋向与回避、喜爱与厌恶、接受与排斥等,但是,态度不是实际反应本身,而是在特殊情境下以特定方式反应的内部准备状态。其次,态度不同于能力,虽然二者都是内部倾向。能力决定个体能否顺利完成某些任务,而态度则决定个体是否愿意完成某些任务,即决定行为的选择。如在公共汽车上给老人、儿童让座,这样的行为不是由能力决定的,而是由态度决定的。最后,态度通过学习而形成的,不是天生的,个体是通过与环境相互作用而形成和改变的。

(二)态度的结构

心理学家一般认为态度包括以下三个成分。

1. 认知成分

态度的认知成分指个体对态度对象所具有的带有评价意义的观念和信念。有些态度可能基于正确的观念和信念,相应的态度也往往是积极的;有些态度则可能基于错误的观念和信念,这些态度因而也常常是消极的。

2. 情感成分

态度的情感成分指伴随态度的认知成分而产生的情绪或情感体验,是态度的核心成分。研究表明,在人的态度发生变化时,情感也会发生相应的改变。

3. 行为成分

态度的行为成分指行为的准备或行动的预备倾向,或准备对某对象做出某种反应的意向或意图。

一般来说,态度的认知成分、情感成分和行为成分是一致的,但是,研究也发现,态度的行为成分与认知成分也存在分离的情况。这明显地表现在人们口头所表示的态度常常很难付诸行动,即知行脱节。

二、品德的概念及结构

(一)品德的概念

品德,即道德品质的简称,是个体依据一定的社会道德准则与行为规范行动时表现出来的比较稳定的心理特征和倾向。这些稳定的特征和倾向可以从道德认识、道德情感、道德行为中综合反映出来。品德不是先天生就的禀赋,而是在一定的社会和教育环境中习得的,这一过程表现为外在的道德准则规范不断内化和内在的道德观念不断外显为道德行为的复杂过程。

由上可知,品德具有两个基本特征:

(1)品德表现为稳定的道德行为。道德品质不只是指个体具有某种道德观念或道德认识,而是指具有某种观念并表现在行为之中,道德行为是判断道德品质的客观依据。道德品质是稳定的,偶尔表现出来的道德行为代表不了道德品质,只有在不同时间、不同地点都表现出来某种一贯的道德行为,才标志着道德品质的形成。

(2)品德以道德观念为基础,做到道德观念与道德行为的有机统一。道德品质是在道德观念的控制下,进行某种活动、参与某件事情或完成某个任务的自觉行为,如果没有形成道德观念,即使个体的行为(不)符合社会规范,也不能称之为(非)道德行为。

道德与品德是既有联系又有区别的两种现象。道德是一种社会现象,受社会发展的制约,是社会历史的产物,它不以个别人的存亡和品德的有无为转移。品德是一种个体现象,是社会道德在个体身上的反映,品德依赖于具体人的心理活动规律,依赖于具体人的存亡。

(二)品德的结构

一般认为,品德和态度一样,也是由认知、情感和行为三种成分构成的。品德的这三种成分表现为道德认识、道德情感和道德行为。

1. 道德认识

道德认识又称道德观念,是指人对道德行为准则及其意义的认识,通常表现为人对道德现象或道德行为的是非、善恶及其意义的认识。道德认识是通过学习把外在的道德行为规范、道德价值体系不断内化的过程。道德认识是社会的道德要求转化为个体内在品质的首要环节,是道德品质形成的基础和前提。

2. 道德情感

道德情感是个体的道德需要是否得到满足的一种内心体验。它伴随着道德认识而产生并渗透到道德行为中。它可以表现为人们根据道德观念来评价自己或行为时产生的内心体验,也可以表现为人们在道德观念下采取行动的过程中所产生的内心体验。道德情感在品德中处于非常重要的地位。

3. 道德行为

道德行为是人在一定的道德认识指引和道德情感激励下所进行的对他人或社会具有道德意义的行为。它是实现道德需要、道德动机的手段。道德行为是人的道德认识、道德情感的具体表现,是衡量品德的重要标志,看一个学生的品德,主要不是看他认识到什么,而是看他是否言行一致。

品德的三个成分之间是相互联系、相互制约的,在培养学生的优良品德时,不能忽视任何一个成分。

三、态度与品德的关系

通过以上对态度与品德的概念及结构的分析,我们可以发现,态度与品德的实质是相同的。品德是一种习得的影响个人行为选择的内部状态,态度也是依据一定的道德行为规范行动时所表现出来的比较稳定的心理特征。二者的结构是一致的,都是由认知、情感和行为三个方面构成。有时我们甚至难以把两者严格区分开来。

但是,态度和品德这两个概念也有区别。

第一,二者所涉及的范围不同。态度涉及的范围较大,包括对社会、对集体的态度,对劳动、对生活、对学习的态度,对他人、对自己的态度等。其中有些涉及社会道德规范,有些则不涉及社会道德规范,只有涉及道德规范的那部分稳定的态度才能称为品德。

第二,二者价值的内化程度不同。克拉斯沃尔和布卢姆等人的教育目标分类学指出,因价值内化水平不一致,态度可以从轻微持有、不稳定到受到高度重视、稳定之间发生多种程度的变化。从态度的最低水平开始,依次是接受、反应、评价、组织和性格化。价值内化的五级水平实际上也就是态度变化的水平。只有价值内化到最高级水平的态度才可以称为品德,即价值观念经过组织且已成为个人性格的一部分时的稳定态度才能被称之为品德。

因此,我们认为,态度和品德有着密切的联系,也有一定的区别。在教育上可从建立轻微的态度做起。

第二节 态度与品德发展的主要理论

一、道德认知发展阶段的理论

（一）皮亚杰的道德发展阶段论

瑞士著名心理学家皮亚杰早在20世纪30年代就对儿童的道德判断进行了系统研究，他认为儿童道德判断的发展有一个序列、合逻辑的模式，儿童品德的发展是与一般认知能力的发展相对应的。皮亚杰采用对偶故事法研究了5～13岁儿童的道德认知发展，取得了重要的研究成果。他提出儿童的道德判断有两级水平，是一个从他律到自律的发展过程。

一级水平是他律道德水平。这是指10岁之前，儿童根据自身以外的价值标准进行道德判断，接受权威制定的规范，具有客体性，只根据行为后果来判断对与错。这一水平的道德又称为道德现实主义。

另一级水平是自律水平。这是指10岁之后，儿童根据自己内在的主观的价值标准进行道德判断，具有主体性。这一水平的道德，又被称为道德相对主义或合作的道德。

皮亚杰认为，品德发展的阶段不是绝对孤立的，而是连续发展的，应用时加以界定只是为了研究的方便，并不表明儿童品德发展的连续统一体的中断。同时，在从他律到自律的发展过程中，个体的认知能力和社会关系具有重大的作用。

（二）柯尔伯格的道德认知发展阶段理论

柯尔伯格是美国当代著名的心理学家和教育家，他以皮亚杰儿童道德判断的研究为基础，于1958—1981年年间用"两难故事法"对十来个不同国家6～21岁的72名男被试进行了以道德判断谈话为主的研究。柯尔伯格的一个经典的道德两难故事是海因兹偷药。

欧洲有个妇女患了癌症，生命垂危。医生认为只有一种药才能救她，它是本城一个药剂师最近发明的镭化剂。制造这种药要花很多钱，药剂师索价是成本的10倍。他花了200元制造镭化剂，而这点药他竟索价2000元。病妇的丈夫海因兹到处向熟人借钱，总共才借到1000元，只够药费的一半。海因兹不得已，只好告诉药剂师，他的妻子快要死了，请求药剂师便宜一点卖给他，或者允许他赊欠。但药剂师说："不成！我发明此药就是为了赚钱。"海因兹走投无路在夜晚竟撬开药店的门，为妻子偷来了药。

给被试讲完这个故事后，他要求被试回答：海因兹应该这样做吗？为什么？法官该不该判他的刑？为什么？柯尔伯格和皮亚杰一样，重点关注的是被试回答为什么，考察他们进行道德判断的依据。根据被试的回答，他提出了著名的道德发展阶段理论，即"三水平六阶段"道德发展模式。柯尔伯格认为道德认识可分为三个不同的发展水平——前习俗水平、习俗水平和后习俗水平，每一水平又包含两个阶段。

1. 前习俗水平

处于这一水平的儿童没有内在的道德判断标准，他们道德判断的依据是行为的具体后果及其与自身的利害关系，这一水平又包含着两个阶段。

第一阶段：惩罚与服从取向阶段。个体的道德价值来自外力的屈从或逃避惩罚。

第二阶段：相对功利取向阶段。个体的道德价值来自满足自己的需要或获得奖赏。他们主要考虑的是一个行为的后果是否能满足自己的需要，而不注意行为的客观结果。

2. 习俗水平

个体着眼于社会的希望和要求,能够从社会成员的角度思考道德问题,开始意识到个体的行为必须符合社会的准则,能够了解和认识社会规范,并遵守和执行社会规范。这一水平也包括两个阶段:

第三阶段:寻求认可取向阶段。也称为"好孩子"取向阶段。个体的道德价值以人际关系的和谐为导向,认为凡是社会大众认可的,就是对的,反之是错的。

第四阶段:遵守法规取向阶段。个体的道德价值以服从权威为导向。服从权威,遵守公共秩序,接受社会习俗,尊重法律权威,有责任感和义务感。

3. 后习俗水平

它的特点是以普遍的道德原则作为自己行为的基本准则,能从人类正义、良心、尊严等角度判断行为的对错,并不完全受外在的法律和权威的约束,而是力图寻求更恰当的社会规范。这一水平包括两个阶段:

第五阶段:社会契约取向阶段。个体开始认识到法律或习俗的道德规范是一种社会契约,它是由大家商量决定的,利用法律可以维持公正。

第六阶段:普遍原则取向阶段。个体的道德价值以基于自己的良心所选择的道德原则为导向。他们根据自己的人生观、价值观去判断是非善恶,超越现实规范的约束,即以良心、正义、公平、尊严、人权等最一般的原则为标准去进行道德判断,行为完全自律。

皮亚杰和柯尔伯格的研究成果,对中学德育工作至少具有以下三点启发意义:

第一,道德认识水平的提高与思维水平的提高平行,因此要提高学生的道德认识水平,必须大力发展学生的思维能力。

第二,道德判断水平的高低对道德行为的选择有重要制约作用,因此要提高学生的道德品质,必须加强道德认识的教育。在我国的德育领域中流行一句名言即"晓之以理"。皮亚杰和柯尔伯格的研究对我们在德育中为什么要晓之以理和如何晓之以理都有重要启示。

第三,道德认识的发展是循序渐进的,因此对青少年学生进行社会道德规范时,不能脱离他们的接受能力。

专栏 12-1

吉利根的关怀道德理论

尽管柯尔伯格的道德发展理论得到了众多研究的支持,产生了重大影响,但是也有许多人对该理论提出了一些异议。最先对柯尔伯格的理论提出质疑的是曾经是他的助手与合作者的美国心理学家吉利根。她从性别视角审视批评了西方社会现有的几种道德发生论模式,提出了颇具影响的女性道德发展理论,也称关怀理论。

吉利根的关怀道德理论有如下要点。第一,在道德判断和推理中存在公正和关怀两种典型的道德取向,个体在进行道德判断与推理时常倾向于某一取向,也有可能改变道德取向。第二,男性和女性对世界和社会的看法是不同的,体现在道德观上女性是典型的关怀取向,男性则是典型的公正取向。第三,在道德推理上存在显著的性别差异:男性重是非,讲法制,多数从"理"的观点看问题;女性重善恶,讲人道,多数从"情"的观点看问题。第四,女性关怀道德的发展经历了三个阶段:第一阶段,关心自我利益和生存阶段,体现为女性对自身的过分关怀;第二阶段,关心责任和关怀他人阶段,女性将善良等同于自我牺牲,并与关心他人的需要结合在一起;第三阶段,对自己和他人普遍的关怀,适当关注他人和自我关系,关怀成为普遍的义务。

吉利根的道德关怀理论在一定程度上揭示了道德发展的性别差别,这不仅丰富了人类个体道德发展理论,是对道德发展理论的重要修正,而且为我们针对不同性别学生开展道德教育提供了一条重要思路。

二、品德形成的行为主义理论

(一)强化理论

斯金纳的强化理论及其经典实验在前面已有详细介绍。按照他的理论,个人道德行为是学习的产物,品德形成是操作性行为强化的结果。

斯金纳坚持以强化理论来说明人的道德行为,认为一切受到正强化的行为就是善的行为,受到惩罚的行为就是恶的行为。他指出道德"不过是强化作用的依随联系,而不是这些依随联系所产生的感受"。任何道德规范都是强化的依随关系的反映。因此,斯金纳尤其重视外部环境对道德行为的强化作用,认为道德教育就是依靠控制和改变环境而实现对学生道德行为的控制和改变。

(二)社会学习理论

班杜拉的社会学习理论及其经典实验在前面已有介绍。他提出的社会学习的品德理论是将行为主义的学习理论应用于品德学习之中。他的理论不同于斯金纳强化理论的地方就在于,他强调个人的道德行为更多的是对榜样的模仿而获得的,而且他不排斥认知在学习中的作用。

班杜拉认为儿童的大部分道德行为都是通过观察学习而获得和改变的,观察学习是儿童学习的主要形式。观察学习遵循了一定的过程,即注意过程、保持过程、运动复现过程和动机过程。他还提出品德教育的重要目的是塑造学生的良好行为,而对学生已经形成的不良行为必须加以矫正和改造。社会学习理论提出的"相继近似法"是塑造教育的有效方法,即把想要建立的良好行为分解为几个难度水平不同的阶段,逐渐提高要求,最后达到建立正确行为的目的。这一行为训练方法对小学低年级儿童的行为塑造尤为有效。

三、态度形成和改变的认知失调理论

认知失调理论由费斯廷格(见图12-1)于1957年提出,认为当两种认知或认知与行为不协调时,为了保持一致,态度将发生变化。费斯廷格认为,人类具有一种"一致性需要",需要维持自己的观点或信念的一致,以保持心理平衡。如果个体的观点或信念出现了不一致或失调时,失调导致心理上的不舒适,它使人致力于缓解这种失调。为了缓解失调,必须用协调的因素代替失调的因素。认知因素的这种重新安排可以有不同的方式。它可能造成行为变化,也可能只限于认知水平上的变化。例如,吸烟有害健康这种认知,应当伴随着不吸烟是适宜的行为,所以如果人吸烟,他将体验到失调,为了缓解失调,他应当戒烟。但失调理论并不认为人总是按理性行事,而认为人会用种种方法把自己合理化。例如人们会

图12-1　费斯廷格

说,如果我们戒烟,体重会增加,而体重增加易发心脏病。实际上人们所做的是建立关于吸烟的协调认知,以淡化失调体验。

| 专栏 12-2 |

费斯廷格等人的经典实验

在费斯廷格等人的一个著名实验里,让3组被试从事重复乏味的作业1小时。然后让第1组被试向其他人说明作业情况。让第2、3组被试把作业说成是有趣的好玩的。第2、3组的唯一差别是,第2组的被试获得1元钱,第3组的被试获得20元。最后问这3组被试对作业的态度。结果是,第1组被试表示出最消极的态度,但是第3组被试比第2组被试表示更消极的态度,实际上只有第2组被试对作业表示出积极的评价。对第2、3组之间所表现出的差别,实验者认为,20元钱的条件足以诱使被试说出与自己体验相反的话,他们没有感到高度的认知失调,没有感到有什么压力使他们的态度符合于所说的话。在1元钱条件下,被试感到收益很小,体验到他们所做的几乎无收益的工作与所做出的评价之间的认知失调。他们感到心理上的压力,使他们的态度更符合于他们的行为。

第三节 态度与品德学习的一般过程

一、态度与品德学习的一般过程

态度与品德的形成过程经历依从、认同与内化三个阶段。

(一)依从

依从包括从众和服从两种。从众是指人们对某种行为要求的依据或必要性缺乏认识与体验,跟随他人行动的现象。服从是指在权威命令、社会舆论或群体气氛的压力下,放弃自己的意见而采取与大多数人一致的行为。服从可能是出于自愿,也可能是被迫的。

依从阶段的行为具有盲目性、被动性,不稳定,随情境的变化而变化。此时个体对道德规范行为的必要性尚缺乏充分的认识,也缺乏情感体验,行为主要受控于外在压力(如奖惩),而不是内在的需要。依从可能得到安全,否则将受到惩罚。可以说,处于依从阶段的态度与品德,其水平较低,但却是一个不可缺少的阶段,是态度与品德建立的开端环节。

(二)认同

认同是在思想、情感、态度和行为上主动接受他人的影响,使自己的态度和行为与他人相接近。认同实质上就是对榜样的模仿,其出发点就是试图与榜样一致。

与依从相比,认同更深入一层,它不受外界压力的控制,行为具有一定的自觉性、主动性和稳定性等特点。主体虽然对道德行为规范本身仍缺乏清楚而深刻的认识与体验,但由于对榜样的仰慕,在行为上就试图与榜样一致。认同的愿望越强烈,对榜样的模仿就越主动,在困难面前就越能表现出坚强的意志和毅力。榜样的特点、榜样行为的性质、示范的方式等都影响着认同。

(三)内化

内化指在思想观点上与他人的思想观点一致,将自己所认同的思想和自己原有的观点、信念融为一体,构成一个完整的价值体系。由于在内化过程中解决了各种价值的矛盾和冲突,当个人按自己内化了的价值行动时,会感到愉快和满意;而当出现了与自己的价值标准相反的行动时,会感到内疚、不安。

在内化阶段,个体的行为具有高度的自觉性和主动性,并具有坚定性,表现为"富贵不能淫,贫贱不能移,威武不能屈"。此时,稳定的态度和品德就形成了。

二、影响态度与品德学习的一般条件

(一)外部条件

1. 家庭教养方式

研究表明,学生的态度与品德特征与家庭的教养方式有密切关系。若家庭教养方式是民主、信任、容忍,则有助于儿童的优良态度与品德的形成与发展。若家长对待子女过分严格或放任,则孩子更容易产生不良的、敌对的行为。

2. 社会风气

社会风气由社会舆论、大众媒介传播的信息、各种榜样的作用等构成。作为社会的一个成员,学生不可能与社会隔绝,也无力控制、净化社会环境,再加上自身的选择、判断能力有限,因此,社会上良好的风气与不良的风气都有可能影响其道德信念与道德价值观的形成,这也使得德育工作难度加大。

3. 同伴群体与榜样

归属于某一个团体的需要是个体的一种基本需要,因此,正式的班集体、非正式的小团体等对学生都具有一定的吸引力,他们试图使自己的言行态度与同伴群体保持一致,以得到同伴群体的接纳和认可。可以说,学生的态度与道德行为在很大程度上受到他们所归属的同伴群体的行为准则和风气的影响。

(二)内部条件

1. 认知失调

人类具有一种维持平衡和一致性的需要,即力求维持自己的观点、信念的一致,以保持心理平衡。当认知不平衡或不协调时,比如新出现的事物与自己原有的经验不一致,或者自己的观点与他人的、社会的观点或风气不一致等,这样内心就会有不愉快或紧张的感受,个体就试图通过改变自己的观点或信念,以达到新的平衡。可以说,认知失调是态度改变的先决条件。

2. 态度定势

个体由于过去的经验,对所面临的人或事可能会具有某种肯定或否定、趋向或回避、喜好或厌恶等内心倾向性,这种事先的心理准备或态度定势常常支配着人对事物的预料与评价,进而影响着是否接受有关的信息和所接受的量。假如学生对教师有消极的态度定势,则教师的教诲与要求可能会成为耳旁风,甚至引发冲突。帮助学生形成对教师、对集体的积极的态度定势或心理准备是使学生接受道德教育的前提。

3. 道德认知

态度与品德的形成与改变取决于个体头脑中已有的道德准则和规范的理解水平和掌握程度,取决于已有的道德判断水平。根据皮亚杰和柯尔伯格的研究,要改变或提高个体的道德水平,必须考虑其接受能力,遵循先他律而后律、循序渐进的原则。

此外,个体的智力水平、受教育程度、年龄等因素也对态度与品德的形成与改变有不同程度的影响。

第四节 良好态度和品德培养的有效方法

根据不同年龄学生态度和品德发展的特点,在良好态度和品德培养过程中注意不同的教育内容与教育方法。

一、幼儿园阶段

由于幼儿道德认知水平较低,道德是非观念处于不稳定的状态,缺乏道德认知的一致性,情绪和行为冲动,喜欢模仿,品德带有很强的情绪性、情境性和受暗示性,因此,本阶段的教育重点可放在道德行为及习惯的培养上。

（一）利用童话、故事和图片等符合幼儿年龄特点的文学作品,教给幼儿具体的社会行为规范和待人接物的要求

由于幼儿思维的具体形象性及生活经验的局限性,抽象的说教对幼儿的道德认识的提高很难起作用。只有用符合其年龄特点的生动具体的事例,提供给幼儿具体的方法,才能让学生懂得是非,提高道德认知。

（二）利用行为主义的条件反应法和提供榜样法,对幼儿进行道德情感的培养和道德行为的训练

条件反应法的理论基础是经典条件反应和操作条件反应。在本书前面我们已经知道,通过条件作用个体可以形成或改变对一些事物的情绪和态度,也改变或形成一些行为习惯。

提供榜样法的理论基础是班杜拉的社会学习理论。班杜拉的社会学习理论以及大量的实践经验都证明,社会学习是通过观察、模仿而完成的,态度与品德作为社会学习的一项内容,也可以通过观察、模仿榜样的行为而习得。由于幼儿喜欢模仿,提供道德行为榜样在幼儿道德行为习得中具有重要的作用。

二、小学阶段

小学生的品德发展具有形象性、过渡性和协调性等特点。形象性指的是尽管小学生一定程度上发展了原则性和抽象概括性的道德认识,但是由于其思维和生活经验的制约,还是离不开直观的感性形象的支持,对道德观念的认识和理解带有明显的形象性。过渡性指的小学生的品德发展处于由简单、低级向高级、复杂过渡;由具体形象向抽象概括过渡;由生活适应性水平向伦理性水平过渡;由依附性向独立性过渡;由他律向自律过渡;由服从向习惯过渡。协调性有两个表现:一是品德心理各成分之间的协调,即道德认识、道德情感、道德行为之间是协调的、一致的;二是主观愿望与外部要求外部约束的协调。

因此,小学生的品德教育方法也具有过渡的特点。对小学低年级的学生,可以借鉴幼儿园的态度和品德的培养教育方法;而对小学生高年级的学生,则可以采用以下对中学生的态度和品德培养方法。

三、中学阶段

根据学生态度和品德形成与改变的过程和规律,教师可以综合运用一些方法来帮助学

生培养良好的态度和品德。除了上述方法外,还可以结合中学生的特点,采用说服性沟通,价值观辨析,群体引导,角色扮演等方法。

(一)说服性沟通

在学校教育中,教师经常通过言语说服学生改变态度。在说服过程中,教师向学生提供对其态度的支持性或非支持性的论据,使学生获得与教师要求的态度有关的事实和信息,以改变他们原有的不正确态度。有效的说服技巧主要有以下几种。

1. 提供单面证据与双面证据

在说理时,我们常常采用两种方法:一种是仅仅提出所赞成观点的材料来论证自己观点的正确,另一种是除了列举赞成观点的材料之外,还提到反面的观点及其论据,经过反驳这些论据和观点,来证明自己的论据成立和观点正确。前者叫作单面证据,后者叫作双面证据,在说服过程中,到底哪个方法好?社会心理学家通过大量研究发现,对于受教育程度较高的说服对象来讲,提供双面证据易于改变态度,而提供单面证据更有助于受教育程度较低的说服对象改变态度。因此,对低年级学生,教师主要应提供单面证据;而要说服高年级学生,则可以考虑提供双面证据。

另有研究表明,如果教师提出自己的观点之后,学生不产生相反的观点,则教师只提出正面的观点和有助于学生形成肯定的态度。如果在这种情况下提出反面的观点和材料,则会引起学生对反面材料的兴趣,进而怀疑正面观点和材料,不利于形成积极的态度。如果学生本来就有反面的观点,就应主动提出正反两个方面的观点和材料,并且有充分的论据证明反面的观点和材料是错误的。这会使学生感到教师是公正的,容易改变态度,并增强对错误观点的免疫力。

2. 以理服人与以情动人

教师的说服有些是以理服人,有些则主要是以情动人。那么说服的情感因素与理智因素哪一个有利于学生的态度呢?有研究发现,说服内容的情感因素对态度的改变容易收到立竿见影的效果,但这种影响往往不能持久,而说服内容的理智因素则容易产生长期的说服效果;说服的情感因素与理智因素对态度改变的影响还受到学生成熟度的制约。如果教师期望低年级学生改变态度,富于情感色彩和引人入胜的说明内容容易发生影响。而要让高年级学生改变态度,充分说理,逻辑性强的说服内容有更大的影响力。对于一般的学生来说,说服开始时,加强情感感染会有助于引起学生的兴趣,然后再用充分的材料进行说理认证,会产生长期的说服效果。

3. 逐步提高要求

学生原有态度与说服者态度之间的距离是影响态度改变的一个重要因素。如果个体原先的态度与说服者的差距小,容易发生同化判断,即具有不自觉地缩小自己与说服者之间态度差异的倾向,其态度容易改变。如果个体原先态度与说服者之间的差距大,则个体具有不自觉地扩大与说服者之间态度差异的倾向,即容易产生异化判断,使态度改变发生困难。

因此,为了有效地改变学生的态度,必须先了解其原先的态度,估计与说服者态度的距离。其两者过于悬殊,就要逐步提高要求,将态度改变的总目标分解为不同层次的子目标,先向学生提出要求较低的目标,达到此目标后再提出更高一些的目标,使说服者与被说服者的态度差距不断缩小,从而促进学生态度的改变。如果急于求成,一开始就提出不切实际的过高要求,不但难以改变学生原先的态度,而且还容易产生对立情绪。

(二)价值观辨析

青少年学生的不良态度与品德大多起因于自身不正确的价值观念导向,或价值观念模糊、混乱,因此有必要引导学生利用自己的理性思维和情感体验来辨析和实现自己的价值观念,这就是心理学家提倡的价值观辨析。

价值观辨析理论以人本主义为哲学基础,认为人的价值观是人所固有的潜能,由于它不能一开始就被人清醒地意识到而难以指导人的行动。为了让这些潜在的价值观念能发挥作用,就必须在环境影响或成人帮助下对它们进行一步步的辨析。方法大致可归纳为:大组或小组讨论;个别作业和团体作业;假定的、设计的与真实的两难问题;排序与选择;敏感性训练与倾听技术;歌唱与美术;游戏与刺激以及个人日记与交谈等。

总之,价值观辨析是一种不靠强硬灌输、死板说教的诱导性的品德教育方式,它是通过提问、讨论与练习鼓励学生自己去发现、考虑、检验、选择或更新其已有的价值观念,从而形成积极的道德价值观念的道德教育方法。他们所提出来的具体策略和技术,不仅教师易于掌握,而且学生也乐于接受。从价值观辨析的效果来看,它可以直接导致道德行为发生积极的变化。

(三)角色扮演

角色扮演是个体处于一定的社会地位并产生与此地位相适应的行为模式的过程。据心理学家沙夫特等人的研究,角色扮演法是让一部分学生当演员,另一些学生当观众。演员和观众都处于一种真实的情境中,形成解决问题的愿望和对参与的理解,产生移情、同情、愤怒及爱慕等情感,再在此基础上进行分析、讨论。这样,演员与观众都形成了一定的看法、态度和价值观。因为角色扮演设置了一个与真实生活类似的学习情境,可以使学生学到真实、内外夹攻的态度和情感,同时,角色扮演的群体情境能使个体融入群体中,也有助于形成新的态度和情感。研究证明,角色扮演是人们日常生活中稳固态度与行为的很好方法。

在实际的教育情境中,角色扮演也常常产生神奇的力量,一位对语文不感兴趣、学习语文消极被动的学生,一旦扮演语文课代表的角色,很快就会产生与语文课代表身份相符的行为模式,语文学习就会显得格外认真和努力,语文成绩也会显著进步。

(四)参照群体的规定和引导

人在社会之中不是孤立存在的。人际关系及个人与群体的关系在个人态度改变方面发挥着重要的作用。因此,利用人际关系及个人与群体的关系来改变学生的态度,是一个有效的途径。大量社会心理学实验研究证明,如果使人们从属于一定的群体,群体的规范会在其成员身上造成明显的参照效应,使人们在各种内外因素的作用下,倾向于选择与群体相一致的态度与行为。经集体成员共同讨论决定的公约、规则会有助于学生态度的改变。因为以成员讨论的规定,使成员承担了执行的责任,这样的规定对学生会产生约束力。一旦某个学生出现越轨行为,就会遇到群众有形或无形的压力,迫使他们改变自己的态度。研究证明,如果群体讨论和群体在程序上结合进行,群体中的意见一致性最高,最有可能引起态度的改变。所以如果教师期望有效地改变学生的态度,使用集体讨论后做出集体规定,让群体来引导个体的办法,肯定是有益的。

| 专栏 12-3 |

品德不良学生的矫正与教育方法

1. 提高道德认识，树立是非观念

青少年的年龄特征决定了他们有限的认识水平，所以他们常常会曲解甚至拒绝道德要求。要消除学生的这种认知意义的心理障碍，教师可以通过启发、专题讨论帮助学生树立正确的道德观念，用真实生活中的正反对比事件来帮助学生认清不良行为的危害性，提高学生明辨是非的能力，形成是非观念与是非感。

2. 创设情境，帮助学生去掉自卑心理，恢复自信

品德不良的学生因常受到成人、教师的斥责、惩罚和同学的耻笑、歧视，大多比较心虚、敏感，而他们身上存在的自卑情绪，常常成为其树立良好品德的障碍。教师要善于发现和利用学生的优点，培养学生的自信心；或是创设一定的情境，让犯过错误的学生在这种情境中充分发挥自己的长处，体验到成功后的自豪与满足，重塑自信心。

3. 运用巧妙而机智的方法，与坏习惯做斗争

与坏习惯做斗争时除了要使学生了解坏习惯的害处外，还要采取灵活多样的方法。方法的选用要考虑学生的年龄特征与个体差异，而且要及时把握教育时机，兼顾适当性、合理性和适时性。

4. 加强监督管理，切断不良行为的诱因

在矫正不良行为的初期，除了注意学生内部观念的改变外，还必须加强监督管理，切断不良行为的诱因。例如不良同伴、不良影视书刊等。但到了矫正的中后期，也不能一味地回避诱因，而是要针对诱因培养学生与诱因做斗争的能力和对诱因的免疫力。

【思考与练习】

1. 解释下列名词：态度、品德、他律道德、自律道德、逆反心理。
2. 态度和品德分别有着怎样的结构？
3. 态度和品德形成的一般过程是怎样的？态度和品德形成及改变需要哪些条件？
4. 简述皮亚杰和柯尔伯格的道德发展阶段理论。
5. 斯金纳和班杜拉是怎样说明道德行为的获得的？
6. 认知平衡理论和认知失调理论的主要观点是什么？
7. 帮助学生形成良好态度与品德的有效方法有哪些？

第十三章 教学设计

 本章学习提要

- 教学目标的设置与陈述。
- 对学习者进行分析(学习态度、起始能力、背景知识、学习风格)。
- 选择教学策略、方法和媒体。
- 教学评价设计。

 导入案例 [①]

初中语文:神态与动作描写训练教学设计。

执教教师:上海市兴业中学韩立。

执教年级:初中一年级。

【教学目标】

1. 能从学过的课文中找出对人物神态与动作描写的词语。
2. 能大体上分析所提供的材料中对人物的神态、动作描写的作用。
3. 能对学生习作中一些对人物神态、动作描写上的不妥处进行修改。
4. 能根据所给的材料较形象地续写一段描述神态、动作的文字。

【任务分析】

1. 起点能力

具备神态、动作描写这两个概念的基础知识,能在文章中找出这两种描写,并能做一些粗浅的分析,但习作时有意识地运用这两种描写的能力较差。

2. 教学目标的知识类型

(1) 教学目标1属于"神态描写"与"动作描写"两个概念的运用。

(2) 教学目标2、3"通过对人物神态、动作的描写揭示人物内心世界(性格、思想、品质)"这一写作规则的运用。

(3) 教学目标4是运用习得的上述概念和写作规则进行创造。

【教学时间】 一课时

【教学过程】

(一)告知教学目标

(二)回顾原有知识(概念和规则)

师:什么是神态、动作描写?

师:出示实例

---

① 皮连生.教育心理学[M].上海:上海教育出版社,2011.

……

上面这类课堂教学设计对于老师来讲并不陌生。良好的设计和计划是教学成功的一半。教学设计主要包括设置教学目标、分析教学对象、选择教学策略、方法和媒体、设计教学评价等方面。那么怎样去设计教学目标？如何去分析教学对象？有什么样的教学手段和教学方法可以选择？用什么方法去评价教学？这些都是在本章中将要去探讨的问题。

第一节　教学目标的设置与陈述

一、教学目标的内涵与层次

（一）教学目标的内涵

教学目标这一概念最早是由美国俄亥俄州立大学的泰勒于1934年提出来的，但并未对其做明确的界定。其后，许多研究者从不同视角对教学目标做出了不同的界定。现在一般认为，教学目标是指教学活动实施的方向和预期达成的结果，是一切教学活动的出发点和最终归宿，它既与教育目的、培养目标相联系，又不同于教育目的和培养目标。

（二）教学目标的层次系统

既然教学目标是一种预期的结果状态，不同的预期者对不同的对象就会做出不同的结果预期。因此，根据预期者和预期主体的不同，可以把教学目标分为不同的层次系统，主要可分为三个层次：国家或某类教学最高主管部门的教学预期，即教学总目标；学校预期，即学校教学目标；教师预期，即课堂教学目标。

课堂教学目标是教师针对自己的课堂教学，在教学总目标、学校教学目标的指导下，结合所教授学科的性质、特点和学生的具体情况，对学生学习提出的预期结果。根据概括水平不同，这一层级的教学目标又可以分为三个层次，即学科教学目标、单元教学目标、课时教学目标。学科教学目标是教师根据某门学科的性质、特点、内容及学生特点，在进行某门学科教学之前制定的。单元教学目标是教师在进行某一单元教学之前针对所教学生提出的预期学习结果。课时教学目标是教师在进行某一课堂教学之前针对所教学生提出的预期学习结果。

本章主要讨论的教学目标通常是指第三层次的课堂教学目标。

二、教学目标的功能

教学是一种有目的、有组织、有计划的活动，它总是要从一定的教学目标出发，围绕一定的教学目标展开。教学结果的优劣，最终也需要以教学目标为依据来进行测量与评价。可以说教学不能没有教学目标。教学目标的功能有以下几个方面。

（一）导向功能

教学活动追求什么目的，要达到什么结果，都会受到教学目标的指导和制约。整个教学过程都受教学目标的指导和支配；整个教学过程也是为了教学目标而展开的。如果教学目标正确、合理，就会导出有效的教学；否则就会导致无效的教学。所以，教学目标可以被看作是教学活动的"第一要素"，确定准确、合理的教学目标也被认为是教学设计的首要工作或第一环节。

（二）控制功能

教学目标不仅规范着教师和学生双方的活动，也是教师选择教学方法、使用教学媒体、进行教学评价的依据。教学目标一经确定，就对教学活动的全过程起着控制作用。在教学过程中，教师的教学活动、媒体的选择、学生的反应都要受到教学目标的限制。

（三）激励作用

教学目标不仅告诉学生所要学习的内容，而且能显示学生学习完成以后能够达到的能力水平。如果学生的学习目标与教师的教学目标一致，学生就能制订出正确的学习计划，明确学习方向，从而保持学习的积极性。因此，教学目标确定以后，就可以激发学生的学习动力，使学生产生要达到目标的愿望。

（四）中介功能

教学目标的中介功能，首先表现为它是教学与社会需要发生联系的纽带。教学目标的实现就是学校工作满足社会对受教育者的需求。另外，它是教学系统内部各个要素的联结点。教学活动是教学目标、教学内容、教学方法、形式、手段及教师和学生等各种因素构成的动态过程。正是教学目标才使教学活动的各个因素联系起来，构成一个功能系统，并使各个因素为实现教学目标而发挥各自的作用。

（五）评价功能

教学作为一个系统的、由多因素构成并由各个环节连接而成的序列活动，既包括设计、组织、实施，也包括测量和评价。测量和评价教学活动是一个周期的终结，也是下一周期的开始。它既要准确预定结果（教学目标是否实现或达到），又要确定目标达成度，还要获得调整目标的反馈信息，这些都要以已定的目标为尺度。正是通过以目标为尺度、为标准的测量和评价，教学活动才不断得到改进，步步完善。

三、教学目标的分类

西方教育目标分类理论诞生于 20 世纪 50 年代，几十年来相继出现了一些目标分类理论流派。在对教学目标的划分中，比较有影响的理论当数美国心理学家布卢姆。布卢姆认为，教学目标可以分为认知目标、情感目标和动作技能目标三种类型。每一领域由多个亚类别组成，子类间具有层次性。学习过程由下层向高层发展，下层目标是上层目标的支撑。

（一）认知领域

布卢姆等人根据认知的复杂性提出了一种目标分类法，它包括知识、理解、应用、分析、综合和评价六个级别。

1. 知识

知识指个人对学习过材料的记忆，记住了常用词、具体事实、方法、基本概念、原理等。这一层次是认知领域最低层次的教学目标。

2. 理解

理解指个人能够掌握所学材料的意义。对材料的理解有三种形式：一是转换，指用自己的话或用与原来不同的表达方式来表达；二是解释，指对所学材料加以说明或概述；三是推断，指估计将来的趋势，如预测从资料中可能获取的结果。

3. 应用

应用指对所学习的概念、法则、原理应用于新的具体情境。它要求在没有说明问题解决模式的情况下,学会正确地把抽象概念应用于新情境。这里所说的应用是初步的直接应用,而不是全面通过分析、综合运用知识。

4. 分析

分析指能把整体材料分解成它的组成要素部分,从而使各部分间的相互关系更加明确,材料的组织结构更为清晰。进行分析时既要理解材料的内容,又要理解其结构,这是更高水平的教学目标。

5. 综合

综合是以分析为基础,全面加工已分解的各要素,并再次把它们按要求重新组合成整体,强调产生新的模式或结构。

6. 评价

评价是指依特定的目的对材料做价值判断。这是认知领域里教学目标的最高层次。这个层次的要求不是凭借直观的感受或观察的现象做出评判,而是理性地深刻地对事物本质的价值做出有说服力的判断,它综合内在与外在的资料、信息做出符合客观事实的推断。

以上六个级别目标由简到繁,构成金字塔式的排列。布鲁姆认为较高水平的目标包含并依赖于较低水平的认知技能,同时,较高水平的目标比较低水平的目标更真实,因为它们更可能代表学习者生活、工作和玩耍与其中的现实世界所要求的行为类型。

(二)情感领域

情感领域的目标是由克拉斯沃尔(1964)等人制定的,它包括:接受或注意、反应、价值化、组织、个性化。和认知领域的目标一样,这些不同水平的目标是有等级的,较高水平的目标包含并依赖于较低水平的情感目标,等级越高,个体会越投入,越依靠自己,逐渐让自己的情感、态度和价值观不再受别人的约束和支配。

(1)接受或注意:接受或注意是指学习者愿意注意某一特定的现象或刺激。

(2)反应:反应指学习者以某种方式主动参与,积极反应,表示出较高的兴趣。

(3)价值化:价值化指学习者用一定的价值标准对特定的现象、行为或事物进行评判。它包括接受或偏爱某种价值标准,或者坚信某种价值标准,即通常所说的"态度"。

(4)组织:组织指学习者将不同的价值标准组合在一起,克服它们之间的矛盾、冲突,建立内在一致的价值体系,将价值观组织成一个体系,对各种价值观加以比较,确定它们的相互关系及它们的相对重要性,接受自己认为重要的价值观,形成个人的价值观体系。

(5)个性化:是指学习者通过对价值观的组织,逐渐形成个人独特的价值观体系。各种价值观被置于一个内在和谐的构架之中,并形成一定的体系。个人言行受该价值体系的支配;观念、信仰和态度等融为一体,最终的表现是个人世界观的形成。达到这一阶段以后,个体的行为是一致的和可以预测的。

(三)动作技能领域

动作技能涉及骨骼和肌肉的运用、发展和协调。在实验课、体育课、职业培训、军事训练等科目中,这常是主要的教学目标。动作技能领域的目标分类有很多种,哈罗等人于1972年提出的分类系统影响较大。哈罗把动作技能由低级到高级分为五个不同等级。

(1)模仿。学生能根据观察重复教师演示过的行为。

（2）控制。学生只需要书面或口头指导便可以执行某行为。

（3）精确。学生要熟练地重现动作，使动作更加精确。

（4）联结。学生要能协调一系列相关动作，建立适宜的动作序列，精确而有效地执行动作。

（5）自动化。要求学生高度熟练地执行所教的技能或动作，耗费的能量达到最小，行为达到自动化。

四、教学目标的表述方法

在对教学目标分析之后，教育者所面临的一个技术上的问题是，如何将这些教学目标明确、具体、科学地表达出来。从目标表述的角度来讲，根据可观察或测量与否，可把教学目标区分为两类：行为目标和认知目标。

（一）行为目标表述法

行为目标就是用可观察或可测量的行为陈述的目标，它描述学生能做什么以证明他的成绩和教师怎样能知道学生能做什么。一个好的行为目标应该具备三个要素：第一，学生能做什么；第二，学生的行为发生在什么条件下；第三，可接受水平的行为表现是什么。如在前面介绍了心理学关于"学习"的定义，其目标应该为：提供若干反映学习和非学习的新例子（行为产生的条件）；学生能够识别学习的正例和反例（行为表现）；在五个实例中至少有四个识别正确（合格行为的标准）。

（二）认知目标表述法

认知目标就是教师虽然不能直接观察到学生是否理解内容，但是能够观察到预示是否理解的某种行为。如"学生能懂得国家和大陆之间的区别"。在认知目标中，常用诸如"理解""明白""解决"等动词来表明学生将要习得的能力，在此基础上，也可列出学生的一些具体行为样例，如比较两个概念，或区分两种相对立的观点等。

（三）陈述教学目标的注意事项

（1）教学目标体现在学生的学习上，而不是体现在教师的教学行为上。

（2）教学目标反映学生学习的结果而不是学习的过程。就认知学习而言，通常指学生在知识、技能、策略等方面发生的变化。

（3）教学目标的陈述应具体、明确、具有可测性。一些空泛的目标既不可能在一节课中实现，也无法检测，更无法发挥教学目标的功能。

案例 13-1

情绪是可以调适的

（1）了解情绪是可以调适的，认识到情绪与个人的人生态度是紧密相连的。

（2）增强自我调适、自我控制的能力，学会理智地调控自己的情绪。

（3）体验情绪的作用，体会生活的美好，感受生活的乐趣，培养乐观、健康的心态和健全的人格以及学会做情绪的主人。

五、设计教学目标的基本方法与步骤

首先，要依据课程标准，对全课教材内容、教材结构和教学目标有一个整体的了解和把

握。其次，在这个前提下，再根据每一课时的教学内容、教学重点和难点，合理地制定课时的教学目标，具体操作步骤为：

（1）在分析教材的基础上，弄清本课时基本的教学内容有哪些，基本要求是什么；

（2）找出教材内容与学生实际、社会生活实际联系的结合点；

（3）分析、思考、挖掘蕴含在教材内容中的基本观点，能力的培养，情感、态度、价值观等方面的教育因素是什么；

（4）把上述内容按照认知目标，能力目标，情感、态度、价值观目标这三个方面分别加以整理和概括，用简洁的语言表述出来；

（5）适当参照教师教学用书（参考书）中对全课教学目标的表述，纠正、充实、完善自己所制定的课时教学目标。以上是新授课设计教学目标的基本方法和步骤，除了新授课这种最主要、最基本的课型外，由于教学内容和教学活动本身的需要，还有前言课、复习课等。它们各有侧重点，教学目标的设计也各不相同，由于篇幅所限，在此省略。

第二节　学习者分析

教学对象即学生始终是教学过程中的重要角色，因此，学习者分析是教学设计过程中的一个重要步骤，教学设计的一切活动都是为了学习者的学，教学目标是否实现，要在学习者自己的认识和发展的学习活动中体现出来，而作为学习活动主体的学习者在学习过程中又是以自己的特点来进行学习的。因此，要取得教学设计的成功，必须重视对学习者的分析。[①]尤其是在目前强调主体性教育和主体性教学的大气候下，要想在教学活动中真正体现和发展学生的主体性，在进行教学设计时更应该首先去了解学生，即分析学习者的特征。学习者分析主要包括分析学习者的学习态度、起始能力、背景知识及学习风格等。

一、分析学习者的学习态度

（一）学习态度的表现

前第十二章已经对态度的性质等内容做了基本介绍。学习者的学习态度也有认知、情感和行为倾向三种成分。它们既是先前学习活动的某种结果，又是其后继学习活动的某种条件或原因，所以，在教学中分析教学对象时，这是一种需予以关注的重要因素。

学习态度的认知成分是学习者对教学活动的认识和理解，并由此会产生一定的评价。这种认识和评价通常表现为，领悟到了某门学科、某个教学内容、某种教学方法、某类课题作业对个人和社会所具有的价值。

学习态度的情感成分，是学习者对教学内容、教学方法、教学要求等的内心体验，并相应表现出来的喜爱或厌恶、热烈或冷淡等情绪反应。

学习态度的行为倾向成分是学习者的态度与其行动相联系的部分。它是个体学习行为的一种准备状态，即学习者产生对教学活动做出操作反应的意向和抉择，如乐意去听老师的讲座、踊跃参加某项课外活动、主动选择和阅读某类课外读物、积极收集和整理有关资料信息等。

[①] 乌美娜.教学设计[M].北京:高等教育出版社,1994.

显然,学习态度十分重要。诚如心理学家安德森所指出的"学习的每一种形式发展都是一种有实质性的态度系列,这种副产品常比正在教给这个人的初步技能更有调节作用。"[①]所以,教学设计中了解学习者的学习态度就十分重要。

(二)了解学习态度的途径

了解学习者的学习态度通常有以下途径:

(1)通过查阅有关文献资料或凭借所积累的教育教学经验对学习者的一般特点或可能具有的学习态度做出基本或大概的估计。

(2)召开座谈会,听取有关人员(主要是教师)对学习者有关情况的介绍,据此对学习者的态度做出分析和了解。

(3)运用问卷调查法,了解学习者对教学设计将涉及的有关内容、目标、教材、组织、方法、传媒等的看法、喜好和选择。

二、分析学习者的起始能力

学习者的起始能力是不同教学设计的一项重要依据。加涅关于学习的分类和关于教学的任务分析,为把握学习者的起始能力提供了基本思路。

基于学习结果的层级结构的特点,加涅指出教学前段进行任务分析,要求教师首先明确教学目标,或者说要使学生获得哪一层级的教学目标,然后确定为得到这样的结果,学生须具备哪些次一级的构成能力,若再获得这些次一级能力,学生又该具有哪些更次一级的能力,直到把需要的各层次所有的从属能力及其关系都分析清楚。

图 13-1 是"解一般长除法"[②]所需要的主要技能分析图示。

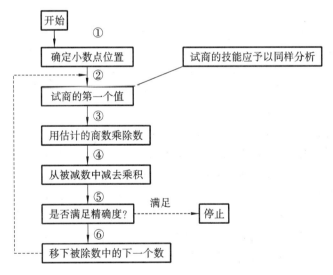

图 13-1　解一般长除法的主要技能流程图
(方框右角的数字代表解题顺序)

---

① [美]林格伦.课堂教育心理学[M].章志光,张世富,肖敏秀,等,译.昆明:云南人民出版社,1983年.
② 邵瑞珍,皮连生,吴庆麟.教育心理学参考资料选辑[M].上海:上海教育出版社,1990.

显然这样的分析同时也是对学习者起始能力的分析和要求。其结果就是要把达到的教学目标与应该先行具备的各项从属知识、技能及其相互关系梳理得清清楚楚,同时关于学习者的起始能力即当前教学的起点或始点也变得一目了然。

三、分析学习者的背景知识

教学时,新教授的内容必然与学习者已有的知识背景发生这样那样的联系。学习者的已有知识不论是正规途径习得的还是非正规途径获得的,都会在接受新知识、理解新知识、重构新知识、形成新的认知结构中发生作用,因此,教学设计时必须分析学习者的知识。

在教学设计中,人们一般对学习者已经具备的有助于获得新知识的原有观念较为重视,而对那些会妨碍新知识获得的旧知识,尤其是对那些从非正规途径获得的旧知识往往会不够重视和缺乏分析。教学设计中应注意:

第一,需要全面了解学习者有哪些有关知识是通过非正规途径获得的,其中又有哪些是与科学概念相悖的,它们会对新知识的教学造成怎样不当的甚至错误的理解。这样便于教学时注意防止这些不当信息的干扰。

第二,需要重视那些与新讲授内容紧密相关的原有观念。在新知识教学前可适当复习相关旧观念,这样可避免原有观念的不清晰、未分化带来的对同化新观念的干扰,也可以防止这些原有观念的可利用性的下降,从而排除了同化新观念的障碍。

第三,重视奥苏伯尔提倡的"先行组织者"在教学中的运用。当然,运用要有针对性,如果学习材料对学习者来说是全新的未接触过的,通常用陈述性组织者;如果新材料与学习者已有知识有某种交叉,则运用比较性组织者为宜。

四、分析学习者的学习风格

关于学习风格的基本知识,我们在介绍学生的差异心理时已做了较为深入的分析。在此仅讨论学习风格的教学含义。首先,通过帮助学生思考和了解自己是如何学习的,可以帮助学生发展自我意识和自我监控能力;其次,可以帮助教师欣赏、接受和适应学生的个体差异,并实行差异化教学,同时也向学生传递了一个信息——老师关心每一个学生个体。

1. 根据学生的认知风格选择适合的教学策略

在教育教学过程中,如果教师采取的教育策略、指导方法与学生的学习和认知风格相适应,就能更大程度地促进学生的发展,反之则可能阻碍其发展。从认知风格的角度来看,教学策略可以分为两类:一是匹配策略,即与学生认知风格中的长处或学生偏爱的方式相一致的策略;二是适配策略,即针对学生认知风格中的短处或劣势所采取有意识的适配。这两种策略各有特点和优劣。匹配策略对学生知识的获得直接有利,它能使学生学得更快更多,但无法弥补学习方式上的欠缺;而有意识的适配策略在一开始往往会在一定程度上影响知识的获得,表现为学习速度慢、学得少,学生难以理解学习内容,但它的特殊功效是能弥补学生学习方式上的欠缺,使学生心理机能的各方面均得到发展。

2. 根据学生的认知风格,采用不同的教育教学措施

教师在考虑学生的学习和认知风格进行教学设计时,要注意以下几点。①认知风格不是能力,而是能力运用过程中的某种偏好方式。它们两者的良好匹配可以创造出一种整体优势,其结果超越单一的认知风格或能力。因此,教学活动中要同时考虑学生认知风格和能力的差异,然后再选择匹配的教学方法和措施。②学生往往不是单纯地具有某种单一的认

知风格,而是两种,甚至是多种认知风格的整合体。③随着任务、情境的变化,学生表现出来的认知风格也会发生变化,某一时间、某一地点表现的认知风格并不一定在另一时间、另一地点有价值,因此,要正确对待学生多种认知风格的价值。④学生所整合的认知风格中的各种"标签"强度不同。例如:同样是整体-言语类型的学习者,有的人倾向于整体型学习,而言语表征较弱;有的人倾向于言语型学习,而整体加工比较弱。因此,在进行教学设计时,教师要全面考虑学生的学习和认知风格。

第三节 选择教学策略、方法和媒体

教学活动是在某种策略的导引下准备、以某种传媒为载体,并运用某种具体方法来使学习者获得新的知识和技能,所以,教学设计中对教学策略、教学方法和教学传媒进行分析和选择也是十分重要的。

一、教学策略的选择和设计

教学策略不是指具体的教学方法,而是指适合达到一定教学目标的一整套教学步骤、方法等。台湾心理学家张春兴把教学策略定义为"教师教学时有计划地引导学生学习从而达到教学目标的一切方法"。① 所有教学方法和技术在意义上分别属于指导的教学策略和发现的教学策略两大类。指导的教学策略就是教师按教学要求事先制定教学程序,学生在教师的系统讲授和直接指导下学习。而发现的教学策略,就是让学生自己去观察、操作、比较有关的学习材料,自己去发现知识,获得概念、公式和原理。

恰当地做出对这两种教学策略的选择,必须对它们的特点及各自的长短之处有所分析和了解。表13-1 就是这两种教学的特点比较。

表13-1 两种教学策略特点的比较

指导的教学策略	发现的教学策略
主要通过教师的讲授、指导	主要由学生自己领悟、发现
要求教师是教学过程的主角	要求学生是学习过程的主角、教师则只是去诱导、引发
主要以教师对教学目的的理解和对教材内容的分析为基础	主要以学生原有的知识经验为基础
主要受任教人员的能力水平所制约	主要受学生的认知结构和智力水平所制约
按原定的统一的教学目标评定学习结果	比较学习结果与学生原有水平
强调获得知识结果本身	强调获得学习知识的方法
强调外部动机	强调内部动机
适用于集体教学	宜用于小组和个别教学

在两种教学策略中,一种策略值得肯定的地方,往往恰恰是另一种策略的不足之处。

近期,有人提出了有指导的发现法,既试图在教学中把两者结合起来。这种策略是,先

---

① 张春兴.教育心理学——三化取向的理论与实践[M].杭州:浙江教育出版社,1998.

有目的地把学生引入教学情境,如提问或者出示材料;然后有步骤地向学生提供诱发、引导性的线索,如已有的知识或相关的经验;最后则强调由学生自己得出有关的概念、公式或原理。例如在教学《长方体和正方体的体积》时,教师直接提出问题:长方体的体积与什么有关?怎样计算它的体积?然后给学生提供正方体学具,让学生独立操作探究并记录结果,填写表格分析并得出结论。

二、教学方法的选择和设计

教学方法是教师和学生为了实现共同的教学目标,完成共同的教学任务,在教学过程中运用的方式与手段的总称。俗话说:教学有法,教无定法,贵在得法。讲授、提问、组织讨论、布置练习和实践是教师完成教学任务的基本教学环节,也是教师在课堂教学中采用的最一般的方法。

(一)讲授法

讲授法是指通过教师的讲解、演示、放电影等方式将教学内容呈现给学生的方法。这是教师在教学过程中最常用的一种传统的教学方法。它能够把教学涉及的大量新信息、新内容较快地向较多的学生传输。

有人批评讲授法只能向学生传递信息而不利于发展学生的能力,导致学生进行机械的、被动的、"填鸭式"的学习,等等。对此,美国当代认知心理学家奥苏伯尔提出了反对意见。他认为,讲授法本身并不一定导致机械学习,只是某些教师对讲授法的误用才导致了机械学习。他特别强调通过讲授法使学生进行有意义的学习,认为,一堂有效的讲座能提供给学生的信息是学生自己花数小时也未必能收集到的。

为使讲授法有效,教师在进行教学设计时,需要考虑以下技巧。

(1)设计先行组织者。当学生原有认知结构中缺乏适当的上位概念时,可以提供陈述性组织者,当学生原有认知结构中已具有了同化新知识的某些概念,但不清晰或不巩固,或者学生对新旧知识的关系辨别不清时,可提供比较性组织者。

(2)设计讲授过程中的信息加工时间。由于信息加工需要时间,而工作记忆的容量十分有限,因此,教师呈现新信息的速度、节奏等都应考虑到这一点,可以在教学中建立信息的冗余度,即对一些重要观点,不是只呈现一次,而是多次,每次用不同的话讲出来基本相同的意思;也可以保持一次连续讲授后给学生一两分钟的间歇时间,让学生以小组的方式比较他们的笔记、相互问问题、分享看法等。

(3)设计讲授时配合使用的各种实物、直观教具或进行示范性实验。在讲解的过程中结合演示,可能较快地使学生的认识上升到理性阶段。

(4)设计内容总结。在讲授结束时,给学生提供总结,将使学生收获很大。研究表明,当学生听到教师讲授内容的概念总结时,他们学习得更加有效。

(二)提问法

提问是指教师在课堂教学中向学生提出问题、引导学生回答问题,并对学生的回答做出适当的评价的教学方法。为使课堂提问行之有效,教师要付出艰苦的努力和大量的实践,在教学设计时要精心设计问题。研究表明,设计课堂提问要考虑以下几点。

1. 问题的难度水平

问题的难度水平是根据学生是否能够回答问题确定的。研究发现,当教师在课堂中所提出的全部问题的75％能够被学生正确回答时,这时的问题难度是比较适当的。当然,对学习新的学习内容和复习熟悉的学习内容时,这个正确回答的比例会发生变化。

2. 不同认知水平或类型的问题

前已述布卢姆的教学目标分类中认知领域的六级目标,许多研究者据此把课堂提问按认知水平进行划分,认为问题从低到高分别是知识方面的问题、理解和运用方面的问题、分析、综合和评价。一方面,如果教学目标是使学生的基本技能熟练化、自动化,那么,低水平的问题可能就是最有效的;另一方面,如果教学目标是培养学生的分析和综合能力,那么,高水平的问题就是最有效的。

3. 要面向全体学生设计问题

教师设计问题时,要考虑到问题是面向全班学生提出的,而不只是对举手的几个学生提出的。

(三) 小组讨论法

讨论法是在教师的指导下,学生以全班或小组为单位,围绕教材的中心问题,各抒己见,相互交流个人的观点、相互启发、相互学习的一种教学方法。讨论法一般在高年级教学中采用。

讨论法是一种以学生自己的活动为中心的教学方法,能让全体学生都参加活动,可以培养学习的主动性、合作意识,激发学生的学习兴趣和积极性,提高学生学习的独立性和创造性。教师在讨论中的作用主要是引导学生围绕议题中心进行发言,并促进学生之间的相互作用,只起引导者、组织者、调节者和参与者的作用。教师在设计讨论的议题时要注意以下几点:

(1) 提出的讨论问题要明确。教师提供一个要讨论的议题,通常是一个要解决的问题。问题本身要明确。

(2) 讨论的问题要具有吸引力。教师设计的讨论议题要让学生有兴趣,有话可说,启发学生的思维,并能让学生展示自己的知识,说明自己的理解及表达自己的观点。

(3) 讨论的问题要立足于现实生活,是学生生活学习中的问题。

(四) 实践练习法

实践练习法是教师给学生一些需要独立完成的学习任务或活动,使学生通过练习巩固知识、运用知识解决问题、形成技能技巧的一种教学方法。在教学中,练习法被各科教学广泛采用。

教师在设计练习时要注意以下两点:

(1) 练习和实践的布置要与教学目标相一致,根据不同层次的目标,安排不同水平的练习,切忌只给学生一些知识记忆性的练习,而忽略了通过练习给学生提供思考和运用所学知识的机会。

(2) 练习题的设计应富于变化,新颖有趣,并有适当的难度,以激发学生做练习的兴趣,并通过练习产生有意义的学习。

除了这些基本方法之外,心理学家在有关的学习理论的基础上又发展出许多新的教学方法,如发现学习、掌握学习、程序教学及合作学习等,教师还可以根据不同的教学目标、教学内容、根据学生的不同特点及教师自身素质灵活地选择其他教学方法。同时,教师在教学过程中常常是多种教学方法配合使用,而不是仅仅用一种教学方法。因此,教师在教学设计时也应考虑到这一点。

三、教学媒体的选择和设计

(一)教学媒体的含义及作用

1. 教学媒体的含义

教学媒体也简称为媒体,是指在教学过程中用以运载信息、传递经验的物质手段和工具,如课本、挂图、录音、录像带等。教学信息本身是观念性的东西,看不见,摸不着,必须借助于一定的教学媒体即信息载体才能传授教学的内容。在教学过程中,老师运用媒体把教学内容的信息传输给学生,学生则通过媒体接受教学内容的信息。

2. 教学媒体的作用

教学媒体在教学系统中的作用,在于它是作为传递对象的经验要素的变质变形的工具,是使经验传递成为可能的工具。经验的传递必须借助于一定的物质形式,其传递才有可能。教学必须借助于教学媒体,赋予作为传递对象的经验以一定的物质形式,使传递中的信息以一定的信号形式发送,经验的传递才有可能。在经验传递系统中,接受者直接接收到的是变了质、变了形的运载经验的媒体和信号,要获得经验或信息,必须把通过感官接到的媒体或信号通过大脑进行复杂的编码与译码的变质变换处理,才能获得经验或信息,从而构建主体的心理结构。

(二)教学媒体的类型与选择

1. 教学媒体的分类

教学媒体可以从不同的角度来进行分类。

《美国百科全书》中将教学媒体分为:印刷材料如书本、杂志等;图示媒介,如图表、地图、公共牌和显示等;照片媒介,如照片、幻灯片、电影等;电子媒体,包括录音、录像设备等。

乔拉奇等人在《教学与媒介》一书中将教学媒体分为五类:实物和人;投影视觉材料;听觉材料;印刷材料;演示材料。

我国邵瑞珍教授则依据教学媒体作用的感觉通道,把教学媒体分为四类:非投影视觉辅助,如黑板、挂图、实物等;投影视觉辅助,如幻灯机、投影仪及其辅助设备;听觉辅助,如录音机、放音机、收音机等;视听辅助,包括电影、影视和录像等。

我国冯忠良教授依据教学媒体所负载的信息特征,把所有教学媒体分为两类五种:非言语系统媒体,包括实物系统媒体、模象系统媒体、动作及表情系统媒体;言语系统媒体,包括口头言语系统媒体和书面言语系统媒体。

2. 影响教学媒体选择的因素

由于具体的教学目标、教学对象、教学内容的不同,以及不同媒体可以传递相同的信息,不同媒体也可以具有相同的特性,所以教学媒体的选择并不存在刻板的一一对应的关系。研究表明,影响教学媒体选择的因素主要有以下几个方面。

(1)教学任务方面的因素。如教学目标、教学内容、教学形式等。选择什么样的教学媒体来传递经验,首先要考虑教学目标。因为有些媒体可能更容易激发学生对所学知识的兴趣,有些媒体可能更适合用来演示需要学生掌握的技能,也就是说有些媒体比其他媒体更适应于某种学习类型。其次要考虑教学内容的特点,即所要传递的经验本身的性质。

(2)学习者方面的因素。教学媒体对经验的传递作用,取决于经验接受者的信号接收及加工能力,如感知、接受能力、知识状况、智力水平、认知风格、先前经验、兴趣爱好及年龄等。学生年龄不同,经验发展水平不同,其内在的编码系统也不同,对教学媒体的接受能力也不同,采用的教学媒体也应有差别。

(3) 教学管理方面的因素。如教学的地点和空间,是否分组或分组的大小,对学生的反应要求,获取和控制教学媒体资源的程度等。

(4) 技术方面的因素。如硬件的费用,软件的开发费用,媒体维修的费用,教辅人员的培训费用等。此外,还要考虑媒体的质量,操作媒体的难易程度,媒体对环境的要求,媒体使用的灵活性和耐久性等。

第四节 教学评价设计

教学成效的测量与评价是教学过程的重要环节,教学的目的在于促进学生行为或行为潜能的变化,因此老师就要善于运用测量的手段来评价教学目标完成的情况,以进一步修订教学内容,改进教学方法,提高教学效果,因此,进行教学设计时也要进行教学评价的设计。

一、教学评价的含义及作用

(一) 教学评价的含义

教学评价是指根据教学目标,对学习者在教学活动中所发生的变化进行测量,收集有关资料,并做出价值判断的过程。

首先,教学评价的依据是教学目标。教学目标是教学活动中所期待得到的学生的学习结果,它规定了学习者应达到的终点行为。教学之后,学习者在认知、情感和动作技能等方面是否产生如教学目标所期望的变化,这是要通过教学评价来回答的。教学评价的标准应该和教学目标相一致,否则就无法客观、全面、准确地评价教学效果的优劣。

其次,教学评价常常通过测量收集资料,但测量不等于评价,评价是对测量结果加以解释,做出价值判断的过程。测量是评价的前提和手段,但并不等于评价。另外,虽然测量是评价的重要手段,但并不是唯一的手段。教学评价还可以通过一些非测量的方法如观察、谈话、收集学生的学习作品等收集有关资料。

(二) 教学评价的作用

教学评价在学习和教学过程中发挥着许多重要的作用。教学评价的根本作用在于了解学生的学习状况,改进教师教学,从而促进学习效果的提高。教学评价的一般作用可以概括为以下三个方面。

1. 为教师检验和改进教学提供依据

教学评价的结果对于教师而言,不仅可以了解学生知识掌握情况及能力与品德的形成状况,而且还可以了解影响学习者学习的各种因素,从而可以更明确地调整教学目标、教学内容和教学方法,为改进教学提供依据。

2. 为学生在学习上的情况提供反馈

教学评价所提供的反馈信息不仅调节教学活动,而且对学生而言,反馈信息能使他们明确自己对有关知识、技能的掌握情况,找出学习中的薄弱环节,从而调整自己的学习行为。也可以激励学生的学习,起到进一步激发学习动机的作用。

3. 为学生家长了解子女在校学习情况提供参考

子女在校成绩优异，家长自然满意。但如果子女在校学习有困难，家长们有权利了解子女在校学习的困难，并配合学校教学的要求，尽家长督导子女的责任。因此，在教学评价之后，学校有义务与家长沟通并使用教学评价，解决学生学习困难等问题。

二、教学评价的类型

（一）准备性评价、形成性评价和总结性评价

根据实施教学评价的时机不同，可将教学评价分为准备性评价、形成性评价和总结性评价。

准备性评价是指在教学之前为了了解学生新知识应具备的基本条件而进行的评价，通过运用所谓的"摸底测验"的方式进行。如果学生在知识和技能方面准备充足，可以对学生进行新知识的教学，如果学生在知识和技能方面准备不足，先实施必要的补救教学，然后再教新知识。

形成性评价是指在教学过程中为了了解学生的学习情况，及时发现教和学中的问题而进行的评价。常采用非正式考试或单元测验来进行。测验的编制必须考虑单元教学中所有重要目标。

总结性评价是指在教学结束后为全面了解教学目标的达成情况所进行的评价。常以考试的方式进行。通过总结性评价，可以对学生一个学期的学业成就做一个综合的评定，并将评定的结果反馈给学生家长。

（二）常模参照评价与标准参照评价

根据对教学评价资料的处理方式的不同，可以将教学评价分为常模参照评价与标准参照评价。

常模参照评价是以学生团体测验的平均成绩即常模为参照点，从而比较分析某一学生的学业成绩在团体中的相对位置或优劣。这种评价对学生成绩的相对考察着重于学生个人间的比较，主要用于选拔（如升学）或编组编班等。

标准参照评价是以根据教学目标所确定的作业标准为依据，根据学生在试卷上答对题目的多少来评定学生的学业成就。这种评价采用的是绝对标准来解释学生的成绩，即学生是否达到了教学目标所规定的学习标准，以及达标的程度如何，而不是比较学生个人间的差异。

（三）标准化成就测验和教师自编测验

从评价时使用的测验的来源不同，可以将测验分为标准化成就测验和老师自编测验。

标准化成就测验是指由学科专家和测验编制专家按照一定标准和程序编制的测验。该测验具有客观性和可比性的突出优点，被视为评价学生学业成绩的重要工具之一。

教师自编测验是指老师根据教学需要自行设计与编制的、作为考查学生学习进步情况的测验。这类测验在学校教学评价中应用最多，也是老师最愿意用的测验。为了保证教师自编测验的信度和效度，在课堂测验的编制、准备、实施及分数解释等方面必须遵循一定的方法和原则。

三、教学评价设计的原则

评价活动是伴随着教学活动同步向前推进的。因此，教师应当在提出教学实施方案的

同时,也提出过程评价方案。在进行教学评价设计时需要注意以下一些设计原则。

(一)目标性原则

教学评价的设计要以教学目标为依据,在教学之后,学习者在认知、情感和动作技能等方面是否产生了如教学目标所期待的变化,这是要通过教学评价来回答的,离开了明确具体的教学目标就无法进行教学评价。

(二)关联性原则

设计教学评价时应关联教学目标与评价方式,追求不同评价方式的互补,通过多样化的评价方式和工具,促进学习目标的实现。

(三)过程与结果统一原则

教学评价,既要评价教学的结果,也要对教学的过程,对教学中的方方面面进行评价。信息技术环境下的教学设计要改变以往过分重视总结性评价的教学评价方法,强调形成性评价、面向学习过程的评价,对学生在学习过程中的态度、兴趣、参与程度、任务完成情况以及学习过程中所形成的作品等进行评估。

(四)客观性原则

在设计教学评价时,从测量的标准和方法到评价者所持的态度,特别是最终结果的评定,都应符合客观实际,不能主观臆断或掺入个人情感。

(五)整体性原则

在设计教学评价时,要对教学活动的各个方面做多角度、全方位的评价,而不能以点代面,以偏概全。为此,教学评价应该具有多样化的特点,实现评价的主体、内容、方式、对象和标准的多元化和评价过程动态化。

(六)指导性原则

在设计教学评价时,不能就事论事,而应把评价和指导结合起来,要对可能的评价结果进行认真分析,从不同的角度来探讨因果关系,确认产生的原因,设计具有启发性的应对方案,以帮助被评价者明确今后的努力方向。

四、教学评价设计的注意事项

(一)评价内容

教学评价设计首先要解决的是"评价什么"的问题。教师在教学过程中实施形成性评价应该认真考虑这样一个问题:各个方面的教学目标究竟以什么形式体现在教学活动之中。教师课堂上看到的是"完整人"的综合行动,我们把这些行动统称为"学生表现",我们设定的教学目标应当反映在学生的课堂表现之中。

学生在课堂中的真实表现可以分为以下几种类型。

1. 学生话语

在语言教学评价中,学生话语是一项重要的指标。教师应当采取有效的措施收集学生的活动表现证据,其中包括话语量、话语真实水平、话语连贯流畅程度、话语的随机建构水平等。

2. 学生行动

伴随着学生话语,还有相应的行动发生。我们需要重点评价学生行动的目的性、互动性、主动性，还应评价学生行动的实际效能。

3. 学生认知水平

教师应当采取有效的手段得知学生的思维进程与线索、学生对教学信息的领悟程度、学生对教学资源的感受深度，以及学生接受新语言学习项目的敏锐程度。

4. 临场机智

课堂过程是教师与学生随机构建教与学的关系的过程。所以，学生在现场所表现出来的临场灵活性、创造性，以及对学习情境的适应性，也是教师的评价内容。

（二）评价主体

评价主体主要指的是"谁来评价"的问题。形成性评价设计应当注意评价主体的多元性。教师、学生以及身居课堂之外的家长都可以是评价的主体。

1. 教师评价

教师评价可以采取以下几种形式：教师对全班的评价、教师对部分学生的评价、教师对学生小组的评价、教师对学生个人的评价。

2. 学生评价

学生以评价的主体身份参与形成性评价，是评价改革的一个重点课题。学生评价可以采取以下几种形式：学生自评、两人互评、小组互评、群体合作评价。

3. 家长评价

在教师与学生分别作为评价主体的基础上，我们要逐渐引入家长评价。在很多地区的学校已引入了家长评价。如学生在家里做完作业，家长给予必要的评语；学生在校的一些课业成果拿回家里做展示汇报，家长对此给予评价。此外，学校举办大型活动或教师在班上组织各种学习汇报、文艺表演等活动时，也可以邀请家长参加，并让他们对学生在活动中的表现做出评价。家长参与评价，需要学校和教师的及时指导。

（三）评价方法

1. 测试

在提供质性评价的同时，我们还必须认识到，测试仍然是日常教学的一种常见的评价方法。

2. 测量

有些教师重视测试的评价作用，但是，却忽视了测量的特定作用。实际上，即使在语言教学中，态度测量、情绪测量、一般智商的测量都对教学改进有明显的效应。同时，测量方法还能够使学生更加了解自己。

3. 观察

课堂教学观察可以采取五种方法：调查严密组织的系统观察方法、生态学观察方法、人种学观察方法、同步等级界定观察方法、非正式观察方法。教师需要在继续教育课程中接受专业的技能培训，以便掌握这些方法。一般来讲，未经培训的教师可以采用人种学观察方法，其要点是详细记录所见所听，可以通过录音和录像收集原始信息。

4. 调查

观察是在活动过程中同步采集信息，调查则是在活动之前或之后采集信息。行之有效的调查方法有问卷和访谈两种。问卷和访谈都需要掌握一定的专业技术，教师实施此类调查应当说是很有必要的。

5. 档案袋

档案袋也可以称为成长记录袋,鲍尔森和麦耶指出,档案袋的作用是"收集、选择和反思",即从收集的所有作业中,学生自己选择存入档案中的材料,可以是他们认为特别有价值的东西,学生对自己的成品和相关表现进行反思。

6. 轶事记录

轶事记录就是对某一时间、地点和环境下发生的行为进行持续客观的描述。此种方法可以用于学生执行解决问题的任务或项目时的质性评价。这项评价活动当然可以由教师来做,但是,我们认为更重要的是让学生来进行轶事记录,长期做这件事可以有效地促进学生的反思能力。

【思考与练习】

1. 解释下列名词:课堂教学目标、教学策略、教学方法、教学媒体、教学评价。
2. 教学目标的作用和功能有哪些?
3. 布卢姆的教学目标的分类学说的主要内容是什么?
4. 设计教学目标主要应考虑哪些方面?
5. 针对不同的学科内容该如何进行教学方法的选择?
6. 学习者分析的内容主要有哪些方面?
7. 指导的教学策略和发现的教学策略有哪些不同?
8. 主要的教学方法有哪些?设计各种教学方法时要注意些什么?
9. 影响教学媒体选择的因素有哪些?
10. 教学评价的原则有哪些?
11. 以初中或高中某科目某一章节为内容做一份教学设计。

第十四章 教师心理

  本章学习提要

- 教师的社会心理角色及职业特点。
- 教师的职业心理品质及其完善。
- 教师成长与教师威信。

  导入案例

张明是小学二年级的学生。自一年级开始在各门学科中都有不及格的现象,学习存在困难。随着成绩的下降,他在班级中没有好朋友了,思想也开始滑坡了,没有纪律意识。

刘老师认为孩子因为学习差,得不到老师和同伴的肯定,自尊心受到伤害,但是孩子仍然有向上发展的内在要求,于是他特别注意仔细观察该生的行为和心理变化。

一次班级组织秋游,秋游有一个采橘子的节目,每个孩子可以采6个橘子。孩子们兴高采烈地采完后就开始吃了起来,这时刘老师发现张明没有吃,而是将橘子放进了书包里。于是刘老师悄悄地走过去问原因。他告诉刘老师说:我要留给爸爸、妈妈、爷爷吃。再问他为什么要给他们呢?他说家人对他很好,而且他们工作都很辛苦,所以要带回去给他们吃,让他们高兴高兴。

这是一个多么懂事的孩子啊!

在第二天的秋游活动小结中,刘老师把这件事以故事的形式告诉了班级的小朋友,并让小朋友讨论一下,这件事的主人公好在什么地方。小朋友们的讨论是热烈的,发言是积极的,都找到了自己的不足,表示要向这个主人公学习。

在小朋友发言时,刘老师注意到张明的脸涨得通红,眼中闪着兴奋的光芒。等小朋友的发言结束后,刘老师让他们猜猜这件事中的主人公是班上的哪位同学。结果没有人能猜对。刘老师说:"他就是张明同学!"这时教室里响起了一阵热烈的掌声。

从此,他在班中也渐渐有了朋友,在纪律方面明显有了好转,老师也适当地降低了对他学习的要求,使他能品尝到成功的喜悦,激励他不断奋发向上。

"亲其师,信其道"。教师是影响学生发展的一个重要的外部因素,在一定意义上甚至能够左右或改变其他因素。对教师心理的研究是教育心理学的一个重要组成部分。教师究竟是怎样影响着学生的?教师是怎样成长的?成熟教师应是什么样的?这些都是本章所要探讨的问题。

第一节 教师角色及其职业特点

一、教师角色

(一)角色、角色期望和角色意识

1. 角色的含义

角色也叫社会角色,这一概念源于舞台用语,指演员按剧本要求扮演某一特定的人物。角色概念引入心理学中,通常指个人在社会关系中的特定位置和与之相关联的行为模式,它反映了社会赋予个人的身份与责任。父母、子女、工人、干部、司机、旅客等都是社会角色。每个社会成员在某一时刻都处于某种社会位置上,这时他便充当着某一社会角色。教师也是一种社会角色。

2. 角色期望与角色意识

社会对处于某一社会位置上的角色都有一定的要求,为他们规定了行为规范和要求,这就是角色期望。符合角色期望的个体行为受到社会的认可与赞许,如"他像个教师""他像个领导"等。每个社会成员必须了解社会的角色期望,当一个人认识到自己在某一条件下所扮演的社会角色和社会对他相应的角色期望时,便产生了角色意识。角色意识调节和控制个人的行为,使人表现出符合某一社会角色的行为,并使个人随着条件与情境的改变而转换角色。良好的角色意识是角色行为有效的前提。

(二)教师的社会心理角色

教师的社会心理角色就是教师在从事教育工作和职业活动时,表现出来的符合社会(包括学生和家长)期待的模式和规范。由于社会结构和教育结构的复杂性,社会对教师的角色期望是多方面的,家长和学生对教师的要求和期望也是多种多样的,这决定了教师社会角色心理内容的丰富性、多样性和复杂性。教师不是作为单一角色出现的,而是一个"角色集"。

1. 言传身教、教书育人的教育者

教师是受一定社会的委托,按照一定社会的要求,以知识信息传播为终结,对受教育者有目的、有计划地施加全面影响,把他们塑造成为社会所期望的合格公民。教师在教育教学过程中起着主导作用,决定着学生学习的内容、进程和方式,影响着学生的思想品德和身心健康。教师对学生发展的影响体现着教师人格力量的引导作用。

教师的人格力量来自学术水平与道德情操的完美统一,教师不仅要学识渊博、循循善诱,更要通过言传身教,通过榜样、无言的力量教给学生做人的道理。在学生眼里,教师是具有绝对权威的人,是一切美好的化身和可效仿的榜样。教师的世界观、人生观和价值观,教师对每一种现象的态度,都通过这样或那样的方式对学生的各个方面产生影响。

2. 学生集体的组织者

教师尤其是班主任教师是学生集体的组织者,其组织作用最基本的就是确定和实现学生集体的目标。为此,教师就要合理组织和使用人才,在集体中建立一定的管理系统,协调各方面的关系,形成和谐的人际关系和融洽的氛围,并形成健康的集体舆论,建立健全的学校和班级规章制度。

3. 学生学习的促进者

"促进者"是从教育目的的角度提出的。教育的目的不在于改造、塑造一个人,而在于促进人的发展。国际21世纪教育委员会提出,以往的教育是以经济增长为目的的教育,21世纪的教育是"旨在促进人的发展的教育"。这就是教师角色的新定位——"促进者"。

美国心理学家布鲁纳也认为认知是一个过程,而不是一个结果。他强调,教一个人某门学科,不是要使他把一些结果记录下来,而是要使他主动参与把知识建构起来的过程。教师在这个过程中起到的是引导和参谋的作用,扮演着学生学习促进者的角色。

4. 心理健康的指导者

学生正处于身心发展的重要阶段,难免会出现这样那样的心理障碍和心理问题。对这些心理障碍和心理问题若不及时消除,轻者会影响学生的学习和生活,重者会导致疾病,严重影响学生的身心健康。因此,现代教师不但要成为人师,而且要充当学生的心理医生、心理卫生保健者和指导者的角色。

(三)教师角色意识的形成过程

一般认为,教师职业角色的形成可以分为三个阶段。

1. 角色认知阶段

角色认知指角色扮演者对某一角色行为规范的认识和了解,知道哪些行为是正确的,哪些行为是不合适的。这一阶段的主要表现是能了解教师职业角色所承担的社会责任,能将教师所充当的角色与社会上其他职业角色区分开。如师范生在正式成为教师之前就已对未来将要充当的教师角色有所认识,但这时还停留在抽象的理性认识上。

2. 角色认同阶段

角色认同指人们通过亲身体验并接受某种社会角色所承担的社会职责,用角色规范来控制和衡量自己的行为。对教师角色的认同,不仅表现在认识上了解了教师角色的行为规范,而且在情感上应有较深的体验。一般来说,对教师角色的认同,是在个人正式充当教师这一角色,有了教育实践经验后才能真正达到。

3. 角色信念阶段

在角色信念阶段,人们将角色的社会期望转化为个体的心理需要,坚信其正确性,并以此作为规范自己行为的指南。教师在角色扮演中,将职业角色的社会要求转化为个体的心理需要,这时教师坚信自己对教师职业的认识是正确的,并将其作为规范自己行为的指南,形成了教师特有的自尊心和荣誉感。教师职业角色信念一旦形成,就会坚信教师职业是一种神圣而光荣的职业,表现出对教育工作的无限热忱和执着忘我的敬业精神。

二、教师职业的特点

(一)教师的职业性质

早在1966年,联合国教育、科学及文化组织就指出,从事教师职业的人应属于专业人员、专家。一般认为,成为专业人员或专家有四条标准:第一,受过专门训练,有专门的知识和技能;第二,在专业活动中有相当的独立自主性;第三,有体现专业特点的职业道德;第四,必须不断地进修学习。这四项专门职业的基本特征,是教师职业所共同具有的。因此,教师属于专业人员、专家,从事教师这一职业需要有较高的素质。

(二)教师职业的特点

1. 教师劳动的示范性

学生情感丰富,极具可塑性,有着明显的向师性。因此,教师首先要通过示范这种特殊的教育方式去塑造学生的精神世界,给予学生丰富的智慧。教师劳动的示范性体现在教育活动的各个方面,其思想、言行以及学识是学生的学习榜样。

2. 教师劳动的复杂性

一方面,学生处于身心发展阶段,他们的个性、主体性意识比较强烈,在认识事物和判断问题时具有一定的能动性和合理性。另一方面,教育的目的在于育人,育人这项工程是十分复杂、系统的过程,它包括目标的制定、方法的使用、效果的达成等多方面的相互作用。

3. 教师劳动的创造性

教师劳动的创造性一方面表现在教育对象上是各不相同的,他们的智力、知识基础、学习态度、学习风格、人格特点都不相同,教师要发挥自己的主观能动性,针对不同的教育对象,即不同的班级、不同的学生创造性地进行教育教学工作;教师劳动创造性另一方面的表现是,随着社会的发展,教学内容和教学条件都在发生着变化,教师不可避免地会面临新的问题,原有的一些教育理论和教学方法,需要时时更新,教师必须从实际出发,不断更新教育观念,改革教学内容,改进教学方法。

4. 教师劳动的长期性

教师劳动不同于其他社会生产劳动可以在短时期内完成,其劳动的结果需要长时间才能初见成效。长期性是教师劳动特性中最为突出、最为明显的性质。同时,教师劳动的效果具有滞后性。

5. 教师劳动的互动性

教育教学活动是双边的、互动的。因此,教师要时刻清楚自己在教育过程中的地位,坚持学生主体的教育理念,注意调动学生的兴趣,激发学生的主观能动性。另外,教师劳动是师生双方相互激励、相互作用的互动行为。作为教师要深刻理解互动对学生学习、发展的意义,避免照本宣科、灌输式的教育方式。

6. 教师劳动的合作性

培养学生不是某一个教师个体可以单独承担的,要靠教师群体齐心协力,共同努力。另外,从终身教育的视角来看,教师劳动的成果也是学校、家庭、社会各方相互协作的成果。

第二节 教师的职业心理品质及其完善

一、教师的职业心理品质

教师良好的职业心理品质不仅表现为一种教育才能,直接影响到教育教学工作的成败,而且作为一种巨大的教育力量潜移默化地影响着学生的人格。教师的心理品质是指教师在长期的教育教学实践中,因扮演各种不同的角色而形成的特有的良好心理特征,这些心理特征是从事教师这一职业的人所共有的、典型的特征。教师良好的心理品质还影响着整个学校的组织文化特征和心理气氛,影响着教师的职业幸福感和教师的职业声望。

(一)教师的认知特点

教师的认知特点包括教师的注意力、记忆力、想象力、观察力和思维品质等方面的特点。

1. 善于分配的注意力

一个好教师是善于分配自己的注意力的,在讲课时,教师既要将注意力集中在教材的内容上,又要关注学生听课的表现和神态,还要从学生的表情、姿态的反馈中,注意调整自己的教学内容、速度和方法。

2. 清晰的记忆力

教师清晰的记忆力主要表现在对教材、学生、活动及学生反映情况的记忆等几个方面。教师备课后要记住教材内容与课堂设计,并且条理清晰,内容准确无误;教师还要根据学生的性别、身高、胖瘦等外部特征和个性特征来记住学生的名字、认识学生,从而提高教师的威望,有利于教师完成自己的工作。

3. 丰富的想象力

丰富的想象力对教师创造性地进行工作有很重要的意义。只有具有丰富的想象力,教师才能在教学中培养学生的想象力。想象力也是教师完成教学任务所不可缺少的心理因素。另外,教师丰富的想象力使他能够根据学生个性的特点和智力水平,预测他们发展的动向,从而对学生给予某种特定的教育影响。

4. 敏锐的观察力

苏联著名的教育心理学家赞可夫曾经说过:"对一个有观察力的教师来说,学生的乐观、兴奋、惊奇、疑惑、恐惧、胆怯和其他活动的最细微的表现,都逃不出他的眼睛。一个教师如果对这些表现熟视无睹,他就很难成为学生的良师益友。"教师的观察力是洞察学生内心世界的变化与个性特征,对学生因材施教的先决条件,是教师了解学生借以获得教育依据的重要能力。

5. 良好的思维品质

教师良好的思维品质应包括思维的逻辑性、问题性、整体性、灵活性等特征,这些思维品质对教师来说是相当重要的。如果教师在教学中逻辑混乱,语无伦次,或者照本宣科,枯燥乏味,就不会收到良好的教学效果。教师良好的思维品质不仅有利于提高课堂教学的效率,减轻学生的学习负担,而且有利于培养学生良好的思维品质,改善学生的思维方式。

(二)教师的情感特征

1. 教师的爱

爱是一种内在的体验,表现为一种倾向、一种态度,从而成为行为的一种动力。没有爱就没有教育,爱是教师教育学生的基础和开始,是教师的基本心理品质。一个好教师必须是既爱教育事业又爱学生的典范。它表现为对教育工作高度的责任感、荣誉感、事业心,以及把爱集中倾注在自己的教育对象——学生身上。

对学生的爱,首先就应该是教师毫无保留地贡献出自己的精力、才干和知识,使学生在精神和智力成长上取得最好的成果;其次,是对学生要有慈祥的、关怀的、温暖的"母爱";最后,教师不仅要爱理想中的学生,而且要爱大家爱不起来的后进生,对后进生的爱,是教师真正的爱。当然,对学生的爱应当同合理的严格要求相结合。

2. 教师的期待

教师把具有各种各样个性的学生用某种观点来分析,从而提出不同的要求,称为教师的期待。期待学生成才,这是教师很重要的心理品质,教师的期待是与情感紧密相连的。

专栏 14-1

心理学家罗森塔尔研究了教师对学生学习成绩期待的效果。实验对象是小学一至五年级的学生,他在每个年级中抽出20%的学生作为教师期待的对象,其他学生不作为教师期待的对象。他先对学生做了言语活动能力和思维推理活动能力的测验,然后他把这些学生的姓名和他们的成绩告诉教师,要教师相信这些学生比其他学生更有可能提高学习成绩。事实上,这些学生并不是罗森塔尔有意挑选出来的,而是随机抽取的。其实他们的言语能力与推理能力与其他学生差不多,只是罗森塔尔向教师虚报为智力较高。教师对全体学生(其中20%的学生是期待对象,80%的学生不是期待对象)教育指导了8个月,罗森塔尔又对他们做了一次测验,发现被教师期待的学生全都提高了成绩,低年级提高得更多,教师对期待对象的评语也普遍比非期待对象的好。这就是教师期待的结果。这就是罗森塔尔效应。

教师在每个学生心目中都占有重要的地位,每个学生都希望得到教师的赏识和较高的期待。教师应善于从多方面把握每个学生的个性特征,对每个学生都提出恰如其分的希望与要求,从而产生良好的期待效果。如果教师对某些学生没有真正地了解,看不到学生身上发光的东西,就会信心不足,不提出任何希望与要求,当然不可能发生期待作用,学生则可能会自暴自弃,造成恶性循环。

(三)教师意志方面的心理品质

1. 目的性(自觉性)

教师意志的目的性是指教师完成教育任务的明确目的性和力求达到这一目的的坚定意向。教育工作具有长期性、超功利性和反复性等特点,这就要求教师有坚定的职业信念,能够耐得住寂寞,不为外界纷繁复杂的现象所干扰,专心致志、持之以恒地从事自己的教育教学工作。这不是一件容易的事情,它需要坚定的信念和顽强的意志力,需要克服外界和内部的各种困难,才能保证教师无论在顺境还是在逆境中都能够不改初衷,对教育充满信心,对事业满腔热情。

2. 果断性

教师意志的果断性指的是教师善于及时地决断的能力。

教师的意志品质既表现在为了达到某一目的而采取的正面行动上,又表现在为达到某一目的而拒绝或阻止某一行为上。教师在工作中经常面临许多两难选择的情境,教师必须本着"有所为,有所不为"的态度,在需要抉择时当机立断,决不背叛自己的职业信仰。

3. 自制性

教师意志的自制力,是自己能够掌握或支配行动的能力。自制力表现在强制自己去做应做而不想做的事,强制自己不做想做而不应做的事;表现在善于控制自己消极的情绪情感、激情状态与冲动行为;表现在坚持不懈地了解和教育学生;也表现在对学生所提要求的严格、明确和不断地督促与检查上。所以教师的自制力与教师的沉着、耐心、首尾一贯的坚持性紧密地联系在一起,它是有效地影响学生的重要心理品质。

专栏 14-2

教初中英语的张老师,在一次上课时不小心将小黑板碰掉了,这时课堂上出现了一阵哄堂大笑。张老师想发火,但他还是克制住了。他从容地将小黑板重新挂起,接着转过身来,静静地看着全班的同学。这时教室里一片肃静,同学们都在等待着老师的训斥,但是张老师却没有这样做,而是在一段安静过后微笑着问同学们:刚才我讲到什么地方了?这时同学们一下子将注意力又重新转移到了学习内容上来。这不仅表现了教师良好的教育机智,更重要的是体现了教师的内在修养和良好的自制品质。

4. 坚持性

坚持性包括充沛的精力和坚韧的毅力。教师的精力和毅力也是影响工作效果的意志品质。教师长期不懈地教书育人,坚守岗位,并且对待自己的教学任务能够精神饱满,满腔热情,这些都将感染学生。

(四) 教师的个性特征

教育家乌申斯基有一句名言:"只有个性才能作用于个性的形成和发展,只有性格才能形成性格。"毫无疑问,教师的人格特征对学生的人格发展以及学习的成败起着至关重要的作用。

教师的性格特征对教学、教育工作具有显著的影响。教师在教育教学活动中应更多地表现出积极的性格特征,如热情、正直、坦率、勇敢、助人、谦虚、认真、乐观等。瑞安斯在美国进行了一项对教师的品格及其与教师效能关系的最为广泛的调查研究,发现成功的教师是趋向于温和、理解、友好、负责、有条不紊、富于想象力和热情奔放的。教师的这些性格特征能满足学生的需要和动机,热情的教师易于同学生打成一片,建立良好的师生关系,产生与学生共同合作的学习气氛,这是学生取得良好成绩的主要因素之一。

中小学生正处于性格形成的时期,因此教师的性格特征对学生影响极大。

(五) 教师的特殊能力

从事任何一种职业都应具备该职业所需要的能力要求,教师应具备以下一些特殊的能力。

1. 教师的表达能力

教师的表达能力是指教师把自己的思想、知识、信念和感情,通过言语和表情动作向外表现的能力。它是教师传授知识和教育学生的主要手段。教师的表达能力包括:教师的言语表达能力和表情能力(非言语表达能力)。

2. 教师的组织管理能力

现代学校在越来越大的程度上承担着使学生的个性社会化的功能,现代科学发展的高度综合、高度社会化的特点要求科学家通过合作来进行创造,现代学校是一个具有多要素、多层次的十分复杂的系统。要发挥系统的整体效能,取得最佳效果,也需要教师开展有效的合作,这一切都要求现代教师必须具备较强的组织管理能力。

教师的组织管理能力包括:组织教学的能力和组织管理学生集体的能力。

3. 教师的教育机智

课堂教学过程是一个动态过程,因此常常会发生一些意想不到的突发事情。对此,教师常能用聪明才智,抓住机会,不失时机巧妙地加以处理,表现了不凡的教育机智。教育机智反映了教师对学生活动的敏感性、理解性;反映了教师对偶发事件的意义做出准确判断、及时采取恰当措施的能力。它是教师聪明才智和丰富经验的结晶,它能使教学进入一种艺术的境界。

教师的教育机智表现在以下三个方面:

第一,要巧妙地因势利导。教师在遇到棘手的突发问题、处于窘境时,要能够审时度势,利用积极因素,消除消极因素,因势利导地处理突发问题。

第二,要能够灵活地应变。当出现扰乱正常教学秩序的情况时,教师若能利用智慧,巧妙处理,机敏地摆脱窘境,不仅表现了教师高超的应变能力,也使教学、教育活动顺利进行,为建立良好的师生关系创造了条件。

第三,要注意"对症下药"。教师能够敏感地准确地判断问题所在,善于从学生的实际情况出发,采取灵活多样的方式和方法就能有的放矢地进行教育。

教育机智是教师认真学习教育和心理学理论,不断总结经验形成高度的责任感和深刻了解学生、爱护学生的结果。

4. 教师的独创能力与教育科研能力

教师的独创能力是指教师在教育教学工作中表现出来的独立性与创造性,这是教师可贵的心理品质之一。教师工作的最大特点就在于创造。教师上的每一堂课都是一次创造的过程。教师的独创能力是教师顺利完成教育和教学工作的必要条件。它主要表现为能因材施教,因时、因地制宜,能不断探索教育工作的新途径和新方法。

作为一名合格的教师,只有掌握了一定的教育科学理论知识,具备了教育科学研究能力,才能结合自己的教育教学实践活动,进行深入的研究和探索,才能不断把教育教学的经验上升到理论的高度,从而不断摸索新的规律,也才能不断开发教师的潜能。

二、教师职业心理品质的完善

(一)不断学习,提高认识

学习是教师职业心理品质和人格完善的重要方法和途径。因此,教师要加强专业文化知识的学习,不断提高自己的知识素养和专业技能,保证自己向学生传授的是科学、正确的知识。教师还要加强科学理论的学习。科学理论首先包括马克思列宁主义、毛泽东思想等理论,不断提高教师的道德水平和道德选择能力,自觉地把祖国和集体的利益放在首位,把党和人民的利益放在个人利益之上,端正教师从事教育活动的动机;还包括教育科学理论,教育科学理论能帮助教师形成对教育规律的正确认识,树立科学的教师观、学生观和科学的学习观,在教育教学过程中自觉运用教育学、心理学理论,科学育人。

(二)积累经验,培养情感

教师的职业道德情感主要是指教师对教育事业、对学生、对所教学科的基本情感。丰富而健康的情感,不仅是教师做好本职工作、创造性地教书育人的根本保证,而且也是教师进行人格自我修炼的重要内容。一个对教育事业充满深厚的爱的教师,就会乐于献身教育事业,精心哺育一代新人。教师的这种对教育事业、对学生、对所教学科的情感,可以从教师的实际教育经验积累进行培养。教师在实际的教育教学过程中,通过自己不懈地努力促进了学生的健康成长,如丰富了学生的知识,启发了学生的积极思考,培养了学生的动手能力,激发了学生的上进心、自尊心和学习的积极性,促进了后进生向好的方面转化,等等。教师的这些经验会通过学生和社会的尊师作用于教师,从而使教师获得心理上的满足,并产生从事教育工作的自豪感和幸福感。

(三)坚韧不拔,磨炼意志

教师坚强的意志品质是顺利而有效地进行教育工作的保证,也是学生学习的榜样,它表现为具有明确的教育工作的目的性,从事教师职业的坚定性和坚持精神,抗拒各种物质利益的诱惑,克服教育工作中遇到的各种内外部困难。

教师的劳动是一项十分复杂而艰巨的劳动,需要教师付出很多时间和精力,而他们的收入相对较低。这就容易造成教师心理上的不平衡。一些教师意志薄弱,抵挡不住高薪的诱惑,放弃自己选择教师职业的初衷,纷纷改行;还有许多教师在遇到困难和阻力时,没有坚强的毅力和顽强的意志,在困难面前畏缩不前,半途而废。

（四）严格要求,身体力行

人格的修养本身就是一种实践活动,身体力行既是教师完善职业心理品质的目的,也是其根本方法。看一个教师人格是否高尚,不是看他能讲哪些道理,而是要看他是否言行一致,是否能够在教育实践中自觉地、严格地按照教师应有的高尚人格特征去身体力行,做学生的人格表率。

身体力行并不是一句空话,它有着实实在在的内容。它要求教师从自己做起,从小事做起,时时处处事事对自己严格要求。

第三节 教师的成长

| 专栏 14-3 |

一个新手型教师的日记[①]

专业学习,基本上都是"纸上谈兵",我们知道很多中外著名的教育家、心理学家,我们学了很多心理学理论,学前教育理念,但我们却不知道到底应该如何运用到幼儿教育中……在活动的实施上,虽然我脑中清楚教案的流程,可在真的开展时,常常脚踩西瓜皮,滑到哪里是哪里。而且幼儿的表现是你不能预设的,因此常常会脱离教案或被幼儿牵着鼻子走……从一个新手型教师要达到一个经验丰富的教师游刃有余的程度是要经过多长时间的实战锻炼啊!

一、教师成长的理论

（一）福勒和布朗的生涯关注理论

福勒和布朗根据教师的需要和不同时期关注的焦点,把教师成长划分为关注生存、关注情境和关注学生三个阶段。

1. 关注生存阶段

刚入职的教师面临的是一个教师专业发展的关键期,这一阶段的突出特点是"骤变与适应"。教师面对着自己新角色的适应,关注的焦点是自下而上的适应性。课堂纪律、激发学生动机、处理个别差异、评价学生作业是这一阶段教师常遇到的问题。这使他们常感到自己并未做好充任教师的专业准备,由此引发了初任教师强烈的职业焦虑和无助感,而对专业知识与能力的发展问题,他们往往难以更多地顾及。

2. 关注情境阶段

在顺利度过关注自下而上的阶段之后,教师进入了关注情境的阶段。随着教学基本"生存"知识、技能的掌握,教师的自信心也日渐增强,由关注自我的生存,转到更多地关注教学情境中来。在这一阶段,教师关注的是如何教好每一堂课的内容,他们总是关心班级大小、

[①] 陈帼眉,姜勇.幼儿教育心理学[M].北京:北京师范大学出版社,2007.

时间压力和备课材料是否充分等与教学情境有关的问题。

3. 关注学生阶段

随着教师对常规教学的逐渐熟悉,教师的专业自信越来越强,注意力也可以更多地转移到常规教学以外的对象。这时教师开始尝试通过自己的教学对学生产生影响,使自己教的内容逐步适应学生的现有水平和需要,从而进入关注学生阶段。

在这一阶段,教师会考虑学生的个别差异,认识到不同发展水平的学生有不同的需要,某些教学材料和方式不一定适合所有学生。当然,也有一部分教师从来就未能进入第三阶段。

(二) 伯利纳和德瑞福斯的教师成长五阶段理论

伯利纳(1988)在德瑞福斯(1980)理论的基础上,从教师专业发展的角度来进行划分,提出教师的成长大致可分为以下五个阶段。

1. 新手阶段

实习教师和刚从学校毕业的新教师属于这个阶段。他们一般都经过系统的教师教育与专业学习,但是还缺乏实际教育教学经验。他们的主要特征是:第一,理性化,新手教师通常是在分析和思考的基础上处理问题;第二,缺乏灵活性,新手教师处理问题时缺乏经验,比较机械死板;第三,刻板性,新手教师都是刻板地依赖特定的原则、规范和计划。他们最需要的是积累各种实践经验。

2. 优秀新手阶段

一般具有两三年工龄的教师处于这一阶段。这个阶段的教师通过一段时间的实践工作积累了一些经验,意识到教学环境的相似性。优秀新手阶段有四个方面的特征:第一,实践经验与书本知识逐渐整合,开始逐步掌握教学过程的内在联系;第二,教学方法和策略方面的知识与经验有所提高,处理问题表现出一定的灵活性;第三,经验对教学行为的指导作用提高,但还不能很好地区分教学情境中的重要信息和无关信息;第四,对自己的教学行为还缺乏一定的责任感。

3. 胜任阶段

从时间上来讲,大部分新手教师大约工作3~4年就可以成为胜任教师。这是教师发展的基本目标。其特征是:第一,教学行为有明确的目的性;第二,能够区分出教学情境中的重要信息,并选择有效的方法或手段达到教学目标;第三,对自己的行为结果表现出更多的责任心,对教学的成败表现出强烈的情绪情感反应;第四,教学行为还没有达到快捷性、流畅性、灵活性的程度。

4. 熟练阶段

大约再需要5年左右知识与经验的积累,有一定数量的教师进入了熟练阶段。突出特征是:第一,具有较强的直觉判断能力,这种直觉判断能力使他们能在教学中出现的与以往教学情境类似的情况进行判断,并做出适当的反应;第二,教学技能接近自动化水平;第三,教学行为已到了快捷、流畅和灵活的程度。

5. 专家阶段

有一定数量的教师可以达到熟练阶段,但能进入专家阶段的教师就不多了。专家型教师有两个特点:第一,观察教学情境和处理事物是非理性的,而是直觉型的,不需要进行仔细的分析和思考,凭他们的经验便能准确地发现问题并采取适当的解决方法;第二,教学技能完全自动化。他们对教学情境中的问题的解决不仅达到了快捷、流畅和灵活的程度,而且已经达到了完全自动化的水平。

二、教师的成长目标:专家型教师

(一)专家型教师的内涵

一般认为,专家型教师是指那些在教学领域中,具有丰富的组织化了的专门知识,能高效率地解决教学中的各种问题、富有职业的敏锐洞察力的教师。美国心理学家斯滕伯格认为,可以从两个方面将专家型教师和非专家型教师区分开来:一是承认专家型教师总体的多样性;二是承认不存在一套就教师个人而言是必要的,但对总体来说是充分的专家型教师特征。这样,既可以将那些具有丰富的高度组织的知识的教师视为专家型教师,也可以将那些明智解决课堂问题的教师视为教学专家。

新手要针对自己存在的问题不断地去改进教学策略、提高教学效果。然而,成为专家型教师并不是一个简单的过程,它需要年轻的教师系统地去学习和发展教学技能。

(二)专家型教师和新手型教师的差异

连榕等人认为,在新手型教师与专家型教师之间存在着过渡的中间环节,即熟手阶段。他们运用自编量表考查新手—熟手—专家型教师的心理特征,结果表明他们在以下几个方面存在差异(表14-1)。[①]

表14-1 新手型教师与专家型教师之间的区别

区别		新手型教师	专家型教师
课题计划上的差异	内容	会把大量的时间用在课时计划的一些细节上	只是突出了课的主要步骤和数字内容,不涉及细节
	修改	新教师要在临上课前做一些演练	课时计划的修改都是正式计划的时间之外
	实施	不会在课堂情境中任意修改	有很大的灵活性
	预见性	预见不到计划的执行情况	能够预见计划的执行情况
教学过程的差异	课堂规则的制定和执行	规则含糊,不能坚持执行下去	课堂规则明确,执行力强
	吸引学生注意力	很难做到	有一套完善的维持学生注意的方法
	教材的呈现	很难做到回顾先前知识,并能根据教学内容选择适当的教学方法	在教学时注重回顾先前知识,并能根据教学内容选择适当的教学方法
	课堂练习	把课堂练习看作必须经过的一个步骤	将练习看作检查学生的手段
	家庭作业的检查	有一套规范化、自动化的常规程序	要花五六分钟时间检查家庭作业
	教学策略	缺乏或不会应用	有丰富的教学策略并灵活的运用

---

① 连榕.新手—熟手—专家型教师心理特征的比较[J].心理学报,2004(01).

续表

区	别	新手型教师	专家型教师
课后评价的差异	关注焦点不同	谈论教学管理问题和自己的教学是否成功	关注那些他们认为对完成目标有影响的活动,多谈论学生对新材料的理解情况和他们认为课堂上值得注意的情况
	细节上	更加关注课堂中发生的细节	不怎么关注课堂中发生的细节

三、教师成长培养的途径

(一)系统的理论学习

新手在成长过程中,一定要进行相关理论知识的学习,这包括:所任学科的知识、教师职业的有关知识、教师基础理论知识、教育实践的基本技术与方法的知识、现代教育技术的知识、操作性实践与指导知识以及教育科研的知识,等等。通过学习,有助于新手胜任自己的工作。斯滕伯格认为,专家型教师所拥有的专业知识类型包括如下三类。

(1) 内容知识,即有关所授学科内容的知识。

(2) 教育学知识,即怎样进行教学的知识。

(3) 特定内容的教育学知识,即怎样对所教的具体内容进行教学的知识,怎样解释一个具体概念,怎样说明和解释某个过程和方法,怎样纠正学生在学科知识上的一些错误理论和概念,等等。这些都可以通过系统的理论学习来掌握。

(二)课堂教学观摩

对新手而言,成为专家型教师的一个重要途径是进行课堂教学观摩和分析,尤其是对专家型教师的课堂教学进行观摩和分析。课堂教学观摩可以是有组织化(有计划、有目的的)进行的,也可以是非组织化进行的。一般而言,为培养新教师和教学经验欠缺的年轻教师,宜进行组织化观摩,这种观摩可以是现场观摩(如组织听课),也可以是观看优秀教师的教学录像。非组织化观摩要求观摩者有相当完备的理论知识和洞察力,否则难以达到观摩学习的目的。

(三)微型教学实践

微型教学是指通过自己实际进行教学而获得丰富经验,这是提高教学水平的另一重要途径。即以少数学生为对象,在较短时间内(5~20分钟),尝试做小型的课堂教学,可以把这种教学过程摄制成录像,在课后再进行分析。

(四)教学决策训练

通过让教师或实习生进行教学决策训练,可以提高教师的教学能力。特韦克尔(1967)设计了决策训练的程序[①]。事先向接受训练的教师提供有关所教班级的各种信息,包括学业水平、学习风格、班级气氛等。然后,再让他们观看教学录像,从中吸取自己认为重要的成分。在此过程中,指导者一面呈现出更恰当的行为,一面给以说明,让新手获得近乎实际的

---

① 陈琦,刘儒德.当代教育心理学[M].北京:北京师范大学出版社,1997.

上课经验,而且可以获得指导者的及时解释和说明。通过这种方法,不仅可以改善他们的教学行为,还可以使他们对决策的有效线索更加敏感。

(五)教学反思训练

通过教学反思训练来提高教师的教学水平是近年来教师心理研究的一个重要课题。

1. 教学反思的含义

教学反思是教师以自己的教学活动过程为思考对象,对自己所做出的行为、决策以及由此所产生的结果进行审视和分析的过程,是一种通过提高参与者的自我觉察水平来促进能力发展的途径。这里所说的反思不是一个人独处放松,而是一种需要认真思索并付出极大努力的过程,而且常常需要其他教师合作进行;它也不是简单的教学经验的总结,而是伴随整个教学过程的监视、分析和解决问题的活动。

2. 教学反思的内容

有人(1993)提出,教师的反思包括三个方面的内容:第一,对活动的反思,指个体在行为完成之后对自己的行动、想法和做法的反思;第二,活动中的反思,指个体在做出行为的过程中对自己在活动中的表现、想法、做法进行反思;第三,为活动反思,指个体以上述两种反思为基础,总结经验,指导以后的活动。研究表明,教师通过对自己的教学进行反思,在教学活动中扮演双重角色,既当演员,又当评论家,有助于提高自身的教学能力。

3. 教学反思的过程或环节

教学反思的进行经历了以下四个环节或阶段。第一,具体经验阶段:具体任务是使教师意识到问题的存在,并明确问题情境。第二,观摩与分析阶段:教师广泛收集并分析有关的经验,特别是关于自己活动的信息,以批判的眼光反观自身,包括自己的思想、行为、信念、价值观、目的、态度和情感等,并进行分析,明确问题的根源所在。第三,重新概括阶段:教师在观察分析的基础上,反思旧思想,并积极寻找新思想与新策略来解决所面临的问题。第四,积极的验证阶段:检验以上阶段所形成的概括的行为和假设。在这四个环节中,反思最集中地体现在观察和分析阶段,但它只有与其他环节结合起来才会更好地发挥作用。

4. 教学反思的方法

教师的教学反思可以有多种方法。如布鲁巴克(1994)等提出的以下几点。①写反思日记。在一天的教学工作结束后,写下自己的经验,并与指导教师共同分析。②详细描述。教师相互观摩彼此的教学,详细描述他们所看到的情境,并对此进行分析和讨论。③交流讨论。来自不同学校的教师聚集在一起,首先提出课堂上发生的问题,然后共同讨论解决的办法,最后得到的方案为所有教师及其他学校所共享。④行动研究。为弄明白课堂上遇到的问题的实质,探索用以改进教学的行动方案,教师以及研究者合作进行调查和实验研究。

【思考与练习】

1. 解释下列名词:专家型教师、教学反思。
2. 简述教师的社会心理角色。
3. 分析教师有哪些应具备的良好的职业心理品质。教师如何完善自己的职业心理品质?
4. 试述福勒关于教师成长的三阶段理论的内容。
5. 试析专家型教师和新手型教师的差异。
6. 结合实际谈谈教师成长培养的途径有哪些?
7. 教学反思的过程和方法有哪些?

参 考 文 献

[1] [美]理查德·迈耶.教育心理学的生机——学科学习与教学心理学[M].姚梅林、严文蕃,等,译校.南京:江苏教育出版社,2005.

[2] 陈琦,刘儒德.当代教育心理学[M].北京:北京师范大学出版社,2007.

[3] [瑞士]J.皮亚杰,B.英海尔德.儿童心理学[M].吴福元,译.北京:商务印书馆,1980.

[4] [奥]弗洛伊德.精神分析引论[M].高觉敷,译.北京:商务印书馆,1984.

[5] 林崇德.发展心理学[M].2版.北京:人民教育出版社,2009.

[6] 华红琴,翁定军,陈友放.人生发展心理学[M].上海:上海大学出版社,2000.

[7] 陈帼眉,沈德立.幼儿心理学[M].河北:河北人民出版社,1982.

[8] 高月梅,张泓.幼儿心理学[M].2版.杭州:浙江教育出版社.1993.

[9] 翟理红,学前儿童游戏教程[M].上海:复旦大学出版社,2008.

[10] 朱智贤.儿童心理学[M].北京:北京师范大学出版社,2002.

[11] [美]劳拉·E.伯克.伯克毕生发展心理学——从0岁到青少年[M].4版.陈会昌,等,译.北京:中国人民大学出版社,2014.

[12] [美]哈维·席尔瓦,理查德·斯特朗,马修·佩里尼.多元智能与学习风格[M].张玲,译.北京:教育科学出版社,2003.

[13] 张大钧.教育心理学[M].北京:人民教育出版社,2005.

[14] 谭顶良.学习风格论[M].南京:江苏教育出版社,1995.

[15] 联合国教科育、科学及文化组织国际教育发展委员会.学会生存——教育世界的今天和明天[M].北京:教育科学出版社,1996.

[16] 皮连生.教育心理学[M].3版.上海:上海教育出版社,2004.

[17] 冯忠良,伍新春,姚梅林,等.教育心理学[M].北京:人民教育出版社,2000.

[18] D.P.奥苏伯尔.教育心理学:认知观点[M].佘星南,宋钧,译.北京:人民教育出版社,1994.

[19] [美]安妮塔·伍尔福克.教育心理学[M].12版.伍新春,张军,季娇,译.北京:中国人民大学出版社,2015.

[20] 罗伯特·斯莱文.教育心理学:理论与实践[M].10版.吕红梅,姚梅林,等,译.北京:人民邮电出版社,2016.

[21] 高觉敷.西方近代心理学史[M].北京:人民教育出版社,1982.

[22] [美]简妮·爱丽丝·奥姆罗德.学习心理学[M].6版.汪玲,李燕平,廖凤林,等,译.北京:中国人民大学出版社,2015.

[23] 莫雷.教育心理学[M].北京:教育科学出版社,2007.

[24] R.M.加涅.学习的条件和教学论[M].皮连生,王映学,郑葳,等,译.上海:华东师范大学出版社,1999.

[25] [美]布鲁纳.教育过程[M].邵瑞珍,译.北京:文化教育出版社,1982.

[26] 莫雷,何先友,冷英.教育心理学教学参考资料选辑[M].广州:广东高等教育出版社,2004.

[27] 邵瑞珍.教育心理学[M].修订本.上海:上海教育出版社,1997.
[28] 顾明远.《教育大词典》第一卷[M].上海:上海教育出版社,1990.
[29] [美]J. R. 安德森.认知心理学[M].杨清、张述祖,等,译.长春:吉林教育出版社,1989.
[30] 蒯超英.学习策略[M].武汉:湖北教育出版社,1999.
[31] 张述祖,沈德立.基础心理学[M].北京:教育科学出版社,1987.
[32] [美]Richard A. Magill.运动技能学习与控制[M].张忠秋,等,译.北京:中国轻工业出版社,2006.
[33] [美]戴维·迈尔斯.心理学[M].9版.黄希庭,等,译.北京:人民邮电出版社,2018.
[34] 董奇,陶沙.动作与心理发展[M].北京:北京师范大学出版社,2002.
[35] 《湖南教育》编辑部.苏霍姆林斯基教育思想概述[M].长沙:湖南教育出版社,1983.
[36] 乌美娜.教学设计[M].北京:高等教育出版社,1994.
[37] [美]林格伦.课堂教育心理学[M].章志光,张世富,肖敏秀,等,译.昆明:云南人民出版社,1983年.
[38] 邵瑞珍,皮连生,吴庆麟.教育心理学参考资料选辑[M].上海:上海教育出版社.1990.
[39] 张春兴.教育心理学——三化取向的理论与实践[M].杭州:浙江教育出版社.1998.
[40] 陈帼眉,姜勇.幼儿教育心理学[M].北京:北京师范大学出版社,2007.
[41] 林崇德.小学儿童数概念与运算能力发展的研究[J].心理学报,1981(03).
[42] 沃建中,林崇德.青少年自我监控能力的发展研究[J].心理科学,2000(01).
[43] 乐国安.论新行为主义者斯金纳关于人的行为原因的研究[J].心理学报,1982(03).
[44] 卜令苏,郭怀中.格式塔学习原理在中学物理实验教学中的应用模式[J].物理通报,2011(04).
[45] 孙莉.试述布鲁纳的学习理论及其在教学中的应用[J].教育理论与实践,2004(14).
[46] 黎中英,陈敏.运用发现——讨论式学习培养幼儿创新潜能的途径和方法[J].武汉市教育科学研究院学报,2006(07):77-87.
[47] 鲁翔.发现学习理论在中学化学教学中的应用[J].成都教育学院学报,2000(10).
[48] 赵芬.浅谈讲授法在初中数学课堂教学中的运用——也为讲授法说句公道话[J].科学大众(科学教育),2012(09).
[49] 张攀,仲玉英.基于加涅信息加工学习理论框架下的小学英语课堂教学设计[J].现代教育科学,2010(10).
[50] 廖小燕,谢祥林.离子键的学习条件和教学设计[J].化学教育,2012(02).
[51] 杨盛春.知识表征研究述评[J].科技情报开发与经济,2012(19).
[52] 李同吉,杜伟宇,吴庆麟.复杂陈述性知识学习过程中学习活动对学习成绩影响研究[J].心理科学,2009(04).
[53] 吴吉惠.程序性知识的获得与学生能力的发展[J].西南师范大学学报(人文社会科学版),2005(05).
[54] 周志平.论程序性知识及其教学[J].教育理论与实践,2001(04).
[55] 赵恒泰.中小学生学习策略的发展特点与培养[J].天津师大报(社会科学版),1994(06).

[56] 张霞.幼儿元认知训练方法[J].科学咨询(教育科研),2003(06).
[57] 连榕.新手—熟手—专家型教师心理特征的比较[J].心理学报,2004(01).
[58] 尹娜.高中信息技术教学中基于Webquest的学生高级思维能力的培养[D].长春:东北师范大学,2008.
[59] 史耀芳.二十世纪国内外学习策略研究概述[J].心理科学,2001(05).